Beyond Japan

The Dynamics of East Asian Regionalism

东亚大局势

日本的角色与东亚走势

[美] 彼得·J·卡赞斯坦（Peter J. Katzenstein）
[日] 白石隆（Takashi Shiraishi） 编
王星宇 译

中国人民大学出版社
·北京·

目　录

第1章

不断变化的东亚局势

彼得·J·卡赞斯坦

东亚正处在不断的变化中，这个地区内的每个国家就像一根线，这些代表不同国家的线正被编织到一起，织就一幅新的区域性的画卷。区域主义（此处按习惯做法定义）和区域化（此处定义为一个需要参与的过程）不再是某个具体的国家的模式。相反，它们正在把这些模式组合到一起，形成新的、不同的、远远超过任何国家的模式。

这是一个重要的转变。批评家和政客以前都是从不同国家模式的起起伏伏的角度思考区域形成。比如，自从 20 世纪 70 年代中期以来，日本和美国走的是不同的道路。当日本在 20 世纪 80 年代高速发展时，美国却把注意力放在国家危机的预警上；人们普遍认为东亚能反映出这种国家命运上的转变，因为日本统治下的和平就在眼前。20 世纪 90 年代见证了一个大逆转。现在，美国的实力达到顶点，日本却踌躇不前；东亚再次成为投射出这种国家命运转移的屏幕，只是这次时代变了，变成美国治下的和平。同时，中国的崛起暗示着一个新的地区大国的到来，还有印度潜伏在后方。如果我们继续愚蠢地坚持国家模式的区域延伸，那么中国和印度的时代将会到来，也会消逝。对于国家模式不恰当的崇拜是短暂的——似乎每个模式在衰落之前都经历了短暂的辉煌。

现在转变观点的时机已经成熟了。东亚正快速超越任何单一国家模式，发展成为几种选择共存的局面，并且出现了真正的复合型的区域主义。本书通过具体考察日本和东亚之间的关系，进一步论述此观点。本书会成为研究区域形成方方面面的具有重大意义的研究项目。这样的一个研究项目要求我们从美国和美国化、中国和中国化、印度尼西亚和伊斯兰化以及其他亚洲政体的观点来追踪这些过程，其中一些亚洲国家创造出了具有特色的参与这一地区事务的形式。因此，本书采用的是实证主义的研究方法并着眼于小的焦点。可是，如果本书，从日本的观点来看，在东亚区域主义否认了传统上对这一问题认识的案例研究是成功的话，那么其他的学者可以从对其他国家有利的原则出发来研究复合型的区域主义。

这个论点对于那些把日本看做一个正在衰退的政治、经济大国的人来说，可能还不够有说服力。日本 2002 年最畅销的歌曲名字是《好的，不要当第一》(It's OK. Not be Be No. 1)，这和傅高义（Ezra Vogel）的《日本第一》(*Japan as Number One*)(1979) 正好背道而驰。难道中国不是已经取代日本成为亚洲的领头羊了吗？难道中国不是最有可能挑战美国第一位置的国家吗？那么为什么要从日本的观点分析东亚区域主义？这些问题看似有道理，因为现在媒体中有很多对中国有利的报道，这让人回想起 20 世纪 80 年代媒体对日本让人喘不过气来的奉承。但是，这些都很牵强。

虽然中国增加了它的国防预算，但就总的国防费用以及军队的技术尖端程度来看，中国仍然是远远落后于日本的区域军事大国。半个世纪以来，日本和美国之间一直保持持久的同盟关系。由于日本可能在美国和中国之间持中立的立场，未来东亚的权力转移将决定性地取决于日本和东亚如何参与对方事务。

此外，日本经济、社会的技术尖端继续大幅度领先中国。中国进入世界市场依赖的是外国公司的投资和技术。这样的事实制约着中国，使中国无法成为日本或美国在技术上的对手。中国自从 1978 年开始进行经济改革以来，到 21 世纪初已经吸纳了大约 5 000 亿美元的外国直接投资，这是日本在 1945—2000 年间积累总和的 10 倍。2002—2003 年，外资公司出口额占中国总出口的 55%，占高科技产品出口量的 85%。外商独资企业占中国新外国直接投资的 65%，并且掌控着高科技产品的出口；和合资企业相比，它们更不愿意向中国公司转让技术。因此，中国的发展模式和日本、韩国有很大的不同，因为外国人对中国技术的基础有更大的控制权。

总之，给予中国应有的地位和因为所有不相关的意图和目的而对日本下结论之间是有区别的。在两国的声望方面正在不断发生变化，自 20 世纪 90 年代中期后中国显然胜过日本。但是相当大的经济、军事和技术上的差距仍将使今天日本的地位和明天的中国可能会达到的地位有所区别。

在第一章里，我要解决四个问题。首先，日本化、美国化这样的过程是如何结合到一起的，对于真正属于复合型的东亚地区而言，越来越严重的中国化会产生什么影响？其次，谁是东亚区域化最重要的角色？最重要的机制又是什么？再次，在哪个政策领域里，仍旧可以辨别出国家模式的区域延伸？在哪些领域里这些模式已经完全融为一体了？最后，我们该如何思考东亚并分析东亚在区域构成中的新力量？

东亚的区域形成：国家模式以外

东亚不仅仅是具体的国家模式的延伸。在某些方面，日本和美国通过各种各样的和约在塑造东亚。在其他方面，一些进程正在缔造东亚。这些进程使东亚实际上不可能摆脱截然不同的国家影响。就具体的技术、流行文化和民主问题而言，我阐述了两种情况，因此把第 4 章到第 9 章的主要结论概括一下就是：东亚正朝着某个单一国家模式影响以外的模式发展。

日本化

日本化的概念是一个抽象术语，指的是多样化的、经实践验证过的模式。没有固定的标准来衡量日本化的传播。相反，日本化是一个不受限制的过程，包括传播、效仿以及采纳生产、消费和行为的独特的模式。因此日本化没有提供可以在不同的国家或地区环境下复制的清楚的模式。精心的机构设计、共同的认知模型和规范的秩序所带来的持续的渐变以及竞争性利益驱动下的政治冲突，都会导致不同模式的组合。对日本化所进行的最为细致的案例研究——美国机车工业，显示出上述所有三个机制的重要性。适用于美国汽车行业的日本化的东西也适用于东亚的日本化。

在 20 世纪 80 年代，“日本化”这个词被用来概括从旧的到新的生产范式的转变的特点。日本化指的是日本公司在出口工业制成品，如汽车、汽车零件和电子产品中创造大的生产利润中所表现出的与众不同的才智。日本化还指在海外建立日本工厂，这一行为在全球汽车工业里掀起了革命浪潮。托尼·阿尔杰（Tony Elger）和克里斯·史密斯（Chris Smith）这样写道，从更广泛的意义上说，“日本化这一概念已经成为一个比较不受限制的调查研究日程的标签，而不是一套对日本生产技术传播的范围和特点的强硬断言”。然而人们对“日本模式”的意识随着日本对外直接投资的铺开而增加，特别在 20 世纪 80 年代中期以后。当时，东亚国家的政府和汽车生产商寻求日本的投资并鼓励引进新产品和生产流程。美国贸易保护所带来的威胁激励日本公司在日本以外的地方创造出新的生产平台。而且，日本政府喜欢把对外直接投资当做再循环日本大量的贸易顺差的一种很有吸引力的方式。20 世纪 80 年代，形形色色的角色带着复杂的动机，推动了日本化的进程。

到 20 世纪 80 年代初期，日本开始挑战美国在关键技术上的领先地位。到 20 世纪 90 年代，日本已经成为世界上重要技术的领导者，并深入到几十年前还只是美国公司所垄断的领域。日本的决策者把技术看做宝贵的国家财富，需要高度警惕地加以保卫；日本生产商非常渴望获得技术而且极不愿意丧失技术。理查德·萨缪尔斯（Richard Samuels）仔细地分析过这一过程。自从 1945 年以来，日本以几千亿美金的代价取得了其他国家开发出来的几百亿美金的技术。萨缪尔斯写道："一旦买下这些技术，很快就会获准合作生产。合作生产之后就是合作开发。这些都在预算范围之内，也符合政治意愿，现在合作开发的项目今后将变成本国化生产。"在其他工业化国家，外国公司在专利应用中所占的比例有所增长，日本却与此相反，从 20 世纪 70 年代中期到 80 年代中期，这一份额下降了大约 50%。在美国和欧洲，外国公司在全部专利中所占的份额是日本的 5～7 倍。

在技术出口方面，情况则有很大的不同。在技术完全转化成商品之前，日本公司并不情愿丧失任何技术，而且日本技术出口到非附属公司的比例已经有所下降。长期以来，日本的东亚贸易伙伴对此都颇有怨言，因为它们的贸易数据显示出它们对日本技术极度依赖，日本是它们关键部件的主要供货商。比如，台湾的芯片产业，完全依赖日本的设备制造商。韩国的汽车工业已经完全和国际生产链条一体化了。在这个生产链中，日本公司往往起主导作用。产品的专门化和后向一体化加强了东亚贸易伙伴和日本之间的联系。正如迪特尔·厄恩斯特（Dieter Ernst）在第 7 章中告诉我们的那样，随着整个产业充满活力地发展，如果日本不愿意或不能开放技术就会触动日本和邻国的关系。日本仍然相当超然，抵制全球技术的呼唤——这一立场会带来区域性的后果。

在 20 世纪 90 年代，整个东亚出现了新一轮的日本化，这次的日本化浪潮和较早时候的日本化几乎没什么关系。如戴维·莱昂尼（David Leheny）（第 9 章）和白石隆（第 10 章）阐述的那样，日本的流行文化正受到越来越多的刚刚变得富有的年轻一代"中间大众"的追捧，这些人遍布全东亚的大都市。日本的富足和技术上超强的能力侵袭了这些国家，日本的百货公司和超级市场改变了消费文化。20 世纪 90 年代，日本流行文化工业的产品——歌曲、电视节目、漫画、玩具、宠物小精灵（Pokemon）游戏、时装和食品，以真正令人瞠目的速度席卷东亚。今天日语在新加坡是最受欢迎的外语。日语不再被看做是能到日本公司工作的护照；相反，日语被看做能打开日本流行文化大门的魔法钥匙。新加坡和日本之间的学生交流以前数量很少，但是在新加坡国立大学创办的日文系，满足了不断增长的学生需求，即便这种情况发生的背景是新加坡政府开始弱化向日本学习的政策。日文系的教学任务是从新加坡的文化背景出发了解日本，而不是简单地照搬照抄日本的社会习俗。

今天，日本的流行文化在全球都很有吸引力。“凯蒂猫”（Hello Kitty）是西式的，所以它可以在日本销售，而它又具有日本的特点所以又可以在西方销售。日本文化产业的部分吸引力来自于它们灵活、吸收力强的特点。日本的文化产品和特有的语言方式促进了它们在某一地区内的传播。它们最大的商业优势就是它们并不传递明显具有日本特点的信息。对此，安妮·阿利森（Anne Allison）这样总结道：

> 日本的文化产业触动了这个网络技术和后工业社会化时代的千禧儿童的想象力和生活。它们把灵活性和富有创意的想象合在一起转变成便携式的技术、超可爱的本质和形形色色不同寻常的产品形式。而且，当它在整个世界的儿童娱乐市场的声望（缓慢）上升的时候，日本正在让自己靠近全球文化的中心。这样做的一个结果就是远离曾经一直被欧美（特别是美国）所霸占的文化（娱乐）潮流。

这个结论和我们所知道的日本对亚洲民主化的立场相一致。日本作为世界上最大或第二大的对外援助国，总是避开明确的政治立场。相反，日本政府制定政策的目标在于改善能保持经济持续增长的环境，并往往采用有利于日本企业利益以及东亚经济增长和政治稳定的方式。当美国要求用一个更政治化的方式解决经济问题时，比如用实施制裁来表示政治上的不支持，如果必须这样做，日本往往会追随美国，但这样做并不是因为它相信这样的政策是明智的。在亚洲创造充满活力的出口市场是日本援助政策在短期和中期的核心利益，但是日本政府把创造充满活力的民主制度看做长期的事情，这不是靠治国艺术中的经济工具就能加快速度的。

新加坡的经历说明了在相对有利的条件下日本化是如何发挥作用的。新加坡在20世纪80年代初开始了非常有组织的“向日本学习”运动。因为新加坡是个小国，相对来讲，日本投资者的数目和日本在新加坡的对外直接投资的数量就被放大了。如果说，东亚的某个地方曾处于日本化的集中影响下，那这个国家就是新加坡。而且，新加坡实现了现代化却并没有失去自我，它对西方现代化的模式进行了创新并使之符合东亚的情况，因此新加坡的官员认为日本尤其具有相关性。

日本的某些做法和模式并不适合新加坡的情况。比如，日本式的管理即便是对于附属于日本的企业也不合适。新加坡盛行个人主义，由于缺乏对公司的忠诚，限制了员工对大型生产厂的依赖。而且像新加坡这种不同种族生活在一起的社会和日本这样的单一民族社会是完全不同的，因而无法不做任何改动就直接采用日本的管理方式。家庭是新加坡社会的基石，这就使得新加坡不可能转变成像日本那样以公司为基本文化单位的群体文化。新加坡的其他机制和做法与日本的制度和做法有很大关系。比如，质量控制圈在 20 世纪 80 年代被大规模引进到新加坡。同样的还有日本式的邻里警务，尽管新加坡的犯罪率比东京的低，但是对此的需求却很高。

新加坡日本化的种种经历揭示出某些规律性的东西：来自日本的最初的支持和对日本制度、社会习俗不时的效仿最终产生的结果是要进行一定的修改以适应当地的情况，再往后会对此越来越冷漠。伦·唐和 S. K. 甘丝毫没有担心日本化所带来的普遍影响，他们的结论是"自'向日本学习'时代以来，日本公司和文化出现在新加坡生活的方方面面，与此相比，日本的影响是相当不够的。这是很荒谬的"。从更广泛的意义上说，"向日本学习"这个运动在 20 世纪 90 年代的后半期戏剧性地减慢了速度。T. J. 潘佩尔（T. J. Pempel）这样写道："无论是追随日本的领导还是允许日本成为亚洲通往西方的主要桥梁，在亚洲的很多地方对效仿任何所谓的'日本模式'是否是个明智的做法都持怀疑态度。"简而言之，在东亚区域的发展过程中，"雁行模式的日本化"已经过时了，现在流行的是"日本以外"。

美国化

日本化的情况也适用于美国化。一个多世纪以前，威廉·斯特德（William Stead）认为新世界对旧世界产生了巨大的影响。即使在那个时候斯特德的观点也只能算得上是部分正确：美国的确在影响世界，但是世界也在影响美国。《韦氏新国际英语辞典》（第三版）（*Webster's Third New International Dictionary*）把"美国化"定义为移民转变成美国人的过程。现在已经时过境迁了。在融合不同国家的影响方面，把美国、东亚和世界联系到一起的过程已经变得越来越复杂。

美国化与全球化和西化关系密切，就像表兄弟一样，但是仔细分析的话，美国化还是很有自己的特色的。全球化是普遍的现代化和具体的采纳美国的产品和做法的结果。自从 17 世纪以来，全球化缔造了美国，而不是美国缔造了全球化，这主要表现为将人口（其中有自由人也有奴隶）大量带到新世界。今天，由于美国国内市场的规模和它在信息技术方面的领先地位，许多在其他国家出现的现代化的产品都披上了美国的伪装，因此很容易被误认为仅仅是美国化的产品。实际情况并非如此。而且，因为美国对移民的开放，许多产品（其中包括比萨饼、汉堡包和法兰克福香肠）看上去是地道的美国货，而实际上它们是进口货。

美国化的标志是英裔美国人在世界政治中的优势，这是一个长达 200 年的传奇。这种优势可以从两个方面来衡量：物质上的能力和制度上及意识形态的吸引力。美国今天在东亚的优势就像美国半个世纪前的优势一样。但是今天这种优势更加明显，原因是不再受传统的强权政治限制的那些进程正变得日益重要。

美国从第二次世界大战中脱颖而出成为无可争议的全球科技的领先者。一项研究报告显示，从 20 世纪 70 年代初开始，国际上大约 2/3 的未物化的专利技术来自美国，英国排在第二位，但远远落后于美国。从 1977 年到 20 世纪 90 年代中期，美国公司把它们在海外的研发开支从 7%提高到 10%，这使德国和日本公司的同类数字相形见绌，经过日本在 20 世纪 70—80 年代的快速发展之后，从 20 世纪 90 年代中期以后美国和日本科技上的差距再次被拉大了。

美国化还指美国流行文化被不同的社会阶层、群体、世代所喜爱，每一个群体又创造出特有的次文化，所有这些文化合到一起又构成了一个民族文化。对年轻人、日常生活、性别角色、世代交替、文学、流行音乐、电影和电视的美国化的研究，让我们可以洞悉东亚文化和社会变化的复杂过程。美国化既有积极的（财富、现代性、包容、启蒙）也有消极的（非亚洲的、文化上低人一等、肤浅的、物质至上的、贪求利润的）内涵。积极和消极的内涵又保持各自的特点融合在民主和资本主义两个概念里。在 20 世纪 50 年代和 60 年代，东亚地区的极少数人开始接触到美国式的生活方式。二三十年后，东亚主要大城市的变化已经把人们从以前能接触到美国式的生活方式变成熟悉这种生活方式。研究流行文化的人用诸如“文化的克理奥尔化”这样的概念来强调本土参与者在选择和分配美国大众文化中所起的积极作用。“自我美国化”对于得到可以被那些不是处在民族同源的社会里，而是处在一个各种文化相互吸引的复杂网络里的人，不受限制地进行无数重新组合的全部社会实践来说，并非一个不好的方式。

格尔德·格木登（Gerd Gemünden）这样写道："美国化远非一个已经统一了或正在统一的过程。"比如，好莱坞在很大程度上是为非美国人所拥有，好莱坞的许多最著名的导演和演员都不是美国人。和唱片业的发展一样，20 世纪 90 年代初，在七大好莱坞电影公司中，只有三个是被美国公司所掌控：迪士尼、派拉蒙和华纳兄弟。然而，电影公司到底是哪个国家的对人们如何看待电影以及在好莱坞拍摄电影几乎没什么影响。实际上，外国电影制作人的涌入可以追溯到 20 世纪的 20 年代和 30 年代。在所有权和艺术天赋方面，好莱坞是世界性的。詹姆斯·弗尼尔（James Verniere）写道："越离奇就越好。你最喜欢的美国电影经典是由来自别的地方的人执导的。"就像"自我美国化"，当代美国流行文化产业中的"他者美国化"说明美国和它的全球娱乐业之间的杂交性和多样性。

民主是阐释美国化的又一个侧面。从一开始，也许在世界政治中美国所肩负的使命中最重要的一面是威尔逊似的——通过模仿和战争，让世界安全地享有民主的统治。世界政治的其他参与者也都曾尽力强化民主的力量：20 世纪 50 年代和 60 年代英国在它的一些前殖民地；20 世纪 70 年代和 90 年代欧盟在南欧和中欧；包括天主教会到大赦国际在内的非政府组织在拉丁美洲、亚洲以及中欧和东欧。可是，从历史和横向比较的角度看，美国人的努力以及它所产生的模棱两可的后果，是引人瞩目的。里根总统坚持要实现一场全球性的"民主革命"，从中美洲和中欧开始。这场革命要先于美国在世界范围内传播民主。2003 年，在布什政府为证明攻打伊拉克是正确的而提出的不计其数且往往在相互矛盾的理由当中，有一条理由非常突出，那就是希望从伊拉克的民主中受益。

在亚洲传播民主是美国所发动的革命的一个组成部分。菲律宾（1986）、韩国（1987—1988）和印度尼西亚（1998）已经采用了民主的政府机制。在有些亚洲国家，尽管经济和社会转型以异乎寻常的高速发展，强硬的或软弱的当权政府还在继续坚持原有的体制。虽然亚洲民主化的决定力量来自国内政治，但是在某些时候，来自外界的对民主反对运动的支持会使局面有所不同。韩国的民主化得益于美国政府在 20 世纪 80 年代中期以后对民主化目标的政治支持。尽管美国政府长期以来一直是独裁的马科斯政权的坚实后盾，最终美国政府还是改变了立场，促进菲律宾向民主化过渡。还有，苏哈托政权在亚洲金融危机之后紧接着就倒台了。来自国际货币基金组织的强硬经济和政治要求帮助印度尼西亚推翻了美国政府支持了几十年的一个强制性的政权。

法里德·扎卡利亚（Fareed Zakaria）这样写道："美国的崛起和主导地位使民主化似乎是不可避免的。"但是亚洲式的民主和美国事先构想的自由市场和民主携手并进的情况是相矛盾的。比如，无论是作为教义还是政策，里根经济学认为，减少政府在经济中的作用将会加强公众社会和政治上的民主。无论美国模式有哪些优点，东亚经济奇迹并没有支持这一重要的主张。相反，东亚经济奇迹证明了尽管有政府的干涉，民主化也有可能发生在市场竞争繁荣的情况下。在亚洲的民主化中，政治和社会等级被重新界定，以群众为基础的政治成为社会变革的一个重要的动力。因此，东亚说明民主化的实用性，这种实用性既可能发生在大型商业集合体也可能是在投票站里。

复合型区域主义和中国化

在东亚，日本化和美国化的进程已经融合到一起，使区域化超越了任何单一的国家模式。在 20 世纪 50 年代、60 年代和 70 年代，美国兵、第一次对贸易和资本自由化的要求、不断增长的外国直接投资、爵士乐、摇滚乐、口香糖、动画片和迪士尼动画、情景喜剧和巧克力，可口可乐和好运连连牌香烟，都在传递着美国式的生活方式的希望。在 20 世纪 80 年代和 90 年代，美国在世界政治中不断增长的相对实力、贸易和资本流通越来越自由化、跨国生产网络的铺开、环境退化以及由此产生的政治上的反向运动、快餐连锁店、好莱坞动作电影和美国流行音乐都加深了东亚的美国化。

这种美国化已经和日本化融为一体。由于日本和其他东亚国家潜在的文化相似性以及日本比其他国家受美国化的影响时间更长，都使日本在调停东亚和美国之间的联系上发挥核心的作用。比如，日本的流行文化产业，常常把西方的感受进行剪裁以适应东亚人的口味。在时装业也同样如此。日本把美国和欧洲的想法转化成"对水平、色彩、品位和感情的判断力，这些都是日本和东亚，而不是西方，所共同拥有的"。

由于日本和美国之间的特殊关系，日本还负责调停美国政府在东亚的地缘政治和商业需求及期待。在这种调停过程中，日本化在个人主义的意识上和集体的意识形态上留下的烙印并不太明显。比如，日本的流行文化产品是在整个东亚激发共同的文化经历的完美化身。日本的漫画正在成为东亚的漫画。与其说美国化和日本化的混合传播了某个突出的国家的模式，不如说这种混合有助于促进复合型的区域主义。

中国的崛起和东亚的“中国化”强化了复合型的区域主义潮流。这里中国化的含义既包括中国日益增长的重要性，还包括生活在东南亚的华裔人口在社会、经济和政治上的重新主张。

在过去的 20 年里，中国大踏步地向前发展，今天越来越多的观察家都在推测中国治下的和平的到来：东亚不会抵消中国的影响而是会随着中国的崛起而站在中国的一边。近来有关这样的猜测的记录并没有激起人们的信心。当金融泡沫破灭的时候，即将到来的日本治下的和平结束了；没过几年，美国由于持续赤字、惴惴不安并陷入自己选择的战争泥沼中，美国治下的和平也不得不就此低头了。中国作为一个大国正在对东亚产生巨大的影响，这是毋庸置疑的；而且这种影响正在快速增长。但是中国化并没有按照中国的形式重塑东亚。相反，白石隆在第 10 章中的分析将我们指向另外一个方向。东南亚的中国化在不同的国家表现出不同的形式。作为少数族裔华人在东南亚的职业阶层中占很大的比例，并且控制着各个国家商业部门的大部分。1985 年后日资的涌入在不同程度上影响了这些华人阶层，这就产生了在区域层次上颇具变数的中国化。中国化非常重要，原因在于它的结果是复合型的区域主义。这样的区域主义是不可能让某个国家单独分离出来的。华侨在东亚所起的重要作用强化了这一地区复合的本质。

20 世纪中期，华侨经历了很多的磨难。他们曾受到大萧条、太平洋战争、日本占领以及民族主义者的反殖民革命的迫害。在 20 世纪 50—70 年代期间，他们在政治上和中国失去联系，东南亚的华侨受到了东南亚国家政府强加给他们的同化政策的影响，这些政策是民族建设的一部分。到了 20 世纪 60 年代，随着华侨商人跨越国界，进入地区和全球市场，他们的经济实力重新崛起。渐渐地，他们更多被看做东南亚政治中可以信赖的支持者，而非受歧视的贱民。华侨商人谨慎地调整了他们的战略，他们在东南亚、中国和美国的投资比例大体相当。上等阶层和中上等阶层的华人，尤其在印度尼西亚和泰国，开始把他们的子女送到中国香港和新加坡的高中学习，目的是让他们更好地学习英语和汉语普通话，还把他们送到美国和英国去接受大学和职业教育。华侨商人在做生意的时候已经不再依赖闽南语、广东话和潮州话这些方言。新一代的华侨也不再利用帮派或者区域性的联系来构建他们的社交网络。作为能讲汉语普通话、英语和家乡方言三种语言的人，他们把他们的华人身份作为社交网络的关键。中国化是一个和中国的崛起密切相连的受市场推动的现象，因为在促使中国向前飞跃发展的外资中，很大一部分属于生活在东南亚的华人。

中国的货币和美元之间正式或非正式的钉住政策以及参与区域货币交换的协议都是值得关注的，但是这些都远远谈不上把中国模式强加给东亚的金融格局。在贸易问题方面（第 6 章），中国和东南亚国家联盟（ASEAN，简称东盟）之间的就自由贸易协定进行谈判的协议加快了日本朝同一方向迈进的速度，此外日本和东南亚国家签署了更多的双边协议。因为中国和日本之间的许多贸易关系仍为互补型，而且在未来的日子里，中国在执行国际协定中还将面临一些问题。这样的话，有可能出现中国化融入到，而不是取代，一个复合型的区域主义里的情况。区域范围内的贸易协定远远超过了任何国家模式。

中国台湾和海外华人是缔造东亚的区域性生产网络的核心（第 7 章）。这一发展受中国大陆的影响比较小，更多的是受日本和美国公司在某些部门竞争位置的变化影响。而且，中国电子工业（作为出口生产的基础、作为尖端的增长市场、作为创新和专业技术的来源）的崛起对东亚可能会产生持续的影响。在电子工业领域，中国将为增效过程作出贡献。增效过程对于日本出口的持续扩张和经济增长来说是至关重要的。这些将使东亚的区域化超越任何具体的国家模式。中国的市场规模和充满活力的调整在东亚生态重组中也起到了巨大作用（第 8 章）。在短短几年内，日本在东南亚地区的重要生态影响力的角色为中国所替代。中国在资源密集型的肉禽、家具以及蔬菜出口等方面都对日本在东南亚的传统农产品出口区形成了巨大挑战。这也使中国为严峻的生态问题所拖累。最后，随着中国流行文化市场的对外开放，在中国开始出现东亚的流行文化（第 9 章）——这是对快速改变东亚经济的日本化的补充，而不是取代日本化，特别是在年轻人当中。比如，在流行音乐中，香港明星（如张学友）的歌曲就明显具有受日本流行音乐影响的痕迹。千叶美加（Chiba Mika）在日本国内默默无闻，但她是一位专门为东亚市场而打造的日本流行界的明星，红遍中国大陆、台湾和整个东南亚。中国香港的漫画书产业，以《玉郎》（*Jademan*）之父黄玉郎为代表，多年以来都依赖于盗版的日本漫画。中国台湾的情况也同样如此，范万楠所经营的东立出版社有限公司在15年里出版了1 000多本类似的书。香港和台湾是通往中国大陆市场的门户，这个市场对日本的漫画书和动漫很有兴趣。

流行文化领域里的现象也同样适用于更广的范围。在东亚浮出水面的过程中，把日本化、美国化和中国化分离开来是不可能的。比如，在北京的北部，高档豪华社区"橘郡"（Orange County）的开发造价超过50万美金。日式的便利店（konbini）正在韩国快速开新店。国际市场对国家控制、文化世界主义对后殖民民族主义、城市对农业生活、海洋—沿海对内陆—大陆地貌——这些对立都没有抓住正在浮出水面的复合型东亚的特点。就像白石隆部分所阐述的那样，能概括这个特点的是东亚社会的新的社会基础。"在东亚，大约十一二个大都市（仅代表这个地区土地面积的1%，总人口的不到7%）共同占这个地区国际活动的80%到90%。"这就构成了一个泡沫状的消费主义，反映出一个网络化了的区域主义，这种区域主义反过来建立在全球的资本主义之上。国家模式不再按照先后顺序互相代替。相反，国家模式融为一体并且构建出人们意想不到的区域构成图。这样的复合会破坏现有的人们对日本和中国之间、东方和西方之间的差别的预想。从东京到洛杉矶到新加坡到西雅图，从上海到胡志明市，东亚超越了所有的国家模式并融合为一个全新的区域主义，东亚展现在我们眼前的是一个拥有前所未有的机会和全新挑战的未来。

参与者和机制

超越国家模式的区域主义呈现出一幅复杂的图画。对缔造了东亚区域化的参与者和机制仔细研究一下，能帮助我们理解东亚正超越具体的国家模式向前发展的进程。

参与者

参与者包括政府、公司、非政府组织、公民个体和消费者。在涉及安全、金融和贸易的受政治指导的领域里，政府是核心。对于仍深受美国影响的东亚，首相、外务省、防卫厅、警察厅以及美国国务院和国防部对日本在东亚的安全政策的演变都至关重要。读者从第5章和第6章将会看出，在金融和贸易领域里也同样如此，只是程度不同而已。1997年的亚洲金融危机和世界贸易组织1999年的西雅图会议都说明，一个影响深远的政治化使政府而不是官僚成为亚洲金融和贸易秩序的驱动者。对于全球性和地区性的政府间组织，比如国际货币基金组织、世界银行、东盟以及世界贸易组织，政府也是核心的参与者。

与此相反，如同对电子、生态和农业综合企业以及流行文化的案例研究所说明的那样，在区域生产网络中，跨国和多国公司的作用更加重要。无论是从分析的角度看还是从实证的角度看，这两种类型的公司参与者之间的差别并不是固定的。从“国家商务系统”或“全球化公司治理”任何一个角度来看，这两种公司形式在东亚的作用都是至关重要的。

就所有权、控制、高层管理和合法国籍而言，只有为数不多的公司是真正意义上的跨国公司。它们的总部大多都设在欧洲小国，并且包括几个两国公司。跨国公司是受全球化的影响而形成的，它们要面对的问题是协调分布广泛的市场的活动。它们必须应对全球对最优方法的要求、在不同国家所面对的具体的制约和机遇以及不同的公司历史和文化。要想在全球市场上生存下来，这种类型的公司往往构建复杂的、分成等级的网络。随着金融和实物资本越来越多变，技术将时空变得越来越小，各个国家的保护性措施也越来越少。这样的公司正在将全球经济转型成一个岛屿。按照大前研一（Kenichi Ohmae）的话说，“这样的岛屿比一块大陆——美国、欧洲和日本连体经济区还大。这个岛屿由经济高速增长的中国台湾、香港和新加坡组成”。第7章中将提供一些例子支持这个观点。

世界范围内的核心公司职能的扩张和一体化是多国公司之间竞争的动力，这些职能包括研发以及不同生产商之间的战略联盟的增长。多国公司仍主要受国家意识形态和组织机构的影响，它们正是在这样的环境下开始运营的。它们经营活动的主要目标市场是北美、欧洲和东亚。无论这些公司选择什么作为衡量的指标——生产率、附加值、雇员情况还是利润，在过去的20年里，它们的增长都是不成比例的。这些公司的成功导致它们之间新式的竞争以及不同国家在经济上的合作。到20世纪90年代初，这些公司的运营已经达到了第一次世界大战之前的重要程度。然而，胡耀苏（Yao-Su Hu）写道："没有国家的生产并不一定意味着没有国家的公司。"在很大程度上，在广泛的国际领域里运营的公司，它们的国家基础仍然是不容争辩的。罗伯特·吉尔平（Robert Gilpin）在很久以前就对这一点进行了论证，那时他就注意到，美国的多国公司的首要位置并不是由于自由的国际经济秩序而在于美国的政治实力。保罗·多里默斯（Paul Doremus）和他的同事们用相当多的实例证明了这样一点：持久的国家政治制度会影响那些公司的运营。在东亚情况的确如此。如第 7 章和第 8 章所示，日本的公司遍布整个东亚，就是得益于以一个自由化的区域经济作为政治基础以及英明的公司和政府政策。

比如，在食品和流行文化领域，消费政治学主要反映的是个人的选择。比如，工作和家庭生活的变化造就了个人的品位，为冷冻食品和出国旅游开发了市场。诸如此类的发展正在对东亚的政治生态学产生深远的影响。这并不是要否认个人在其他问题领域里的作用：来自不同背景的专业人士参加的第二轨道和第三轨道会议，通过这样的会议，政府、智库和非官方机构就安全问题交换信息。犯罪分子组织贩运非法移民以及非法毒品交易。企业家和学者参加无数的会议和研讨会来讨论迫在眉睫的金融和贸易问题。社会运动活动家和单个的消费者通常在万维网所提供的虚拟空间里相会，争论如何促进社会变革。无论用何种方法，他们都是东亚区域形成的参与者。

机制

各种各样的机制都对在当今的东亚构建一个区域起到推动作用。本书中的六个案例研究提供了丰富的阐释。这些研究仅仅跨越一二十年，因此并没有为寻找广泛的、导致区域发展的各个环节提供充足的数据。在此，也没有为区域的发展提出任何解释。然而，这些案例展示出一些有趣的、初步的结果。关于安全问题，第 4 章举出例子证明，在 20 世纪 90 年代，美国政府依靠一系列的强迫性和劝说性的谈判来扩大日本的政策以满足更广泛的区域利益。在国内安全的某些方面，比如日本的反恐政策，明显是向美国的警方借鉴来的。相比之下，东亚国家对日本和日本的政策仅仅施加了很小的影响。试探性地向多边安全协定转移说明未来可能会发生某些变化，这些变化将以劝说性的谈判技巧为基础，这样可能能让韩国和中国克服痛苦的历史记忆。与此形成鲜明对比的是，对于朝鲜对日本的安全所构成的威胁，日本的态度中包含着非常强硬的强迫性谈判的成分。总之，对于国家和国际安全问题，影响区域形成的是模仿和谈判，而不是完全的强迫、互相的利益或者纯粹的劝说。

关于贸易政策的问题，第 6 章认为以利益为基础而不是强迫性或劝说性的谈判才是区域形成的典型机制。和安全形成鲜明对比的是，贸易领域在过去五年里一个突出的创新是由日本政府和其他国家的政府（如新加坡）提出的一个动议——用更加灵活的双边自由贸易协定作为对棘手的多边协定的补充。2003 年夏天，决定和韩国达成这样的协议是目前为止这种趋势最重要的写照。因为市场规模上的差异总是不可避免地产生这样或那样的软肋，朝贸易自由化迈进可能会加强而非颠覆东亚的政治等级制度。如第 5 章所述，多变性和脆弱性在金融问题上会显得更加突出。与国家安全和贸易问题不同，没有双边或多边的政策协调已经使东亚政府容易遭受大规模的破坏，就像 1997 年的金融危机明确告诉世人的那样。因此，游说、信息共享、建立在危机基础上的学习、建立在知识基础上的谈判（特别是在国际货币基金组织内部和周围），以及相互设定标准，这些都已经确定了东亚的区域形成；和这些联系起来的还有全球金融市场的不稳定性，以及一个在很大程度上（尽管不再是唯一）由美国所规定的政策一致。总之，这三个案例的重点在于不同类型的谈判方式、不同类型的学习方式、标准设定和信息共享。而且这些例子还说明了在双边主义仍然占统治地位的领域里朝多边协议迈进的趋势。这些例子还揭示出在多边主义盛行的领域里，朝双边交易发展的趋向。

在另外三个案例中，竞争性合作和效仿是突出的机制。第 7 章告诉我们，区域生产网络受技术竞争和合作的双重影响；一个区域范围内的生产组织会合了竞争、模仿和共同的技术开发。第 8 章则说明对于生态问题，日本公司正在寻找新的方式来组织贸易并把技术转让给其他东亚公司。日本的超市和便利店正在试验新的营销策略。日本的消费者正在发掘新的口味和消费模式。而且，环境变化对东亚区域政治经济的组织方式有直接影响。在区域形成中，参与者谈判的模式和建立在危机基础上的学习与环境退化所带来的物质的、未经调停的后果交互影响。最后，就流行文化问题，第 9 章告诉我们市场竞争和社会模仿是如何形成机制从而带来社会和经济变革的。

尽管这些观察研究的结果对于系统地推断东亚区域形成的原因来说还不够充分，但还是提供了一些基本的发现。对于经历不同变革速度、受不同参与者实践影响的部门，它们所揭示的机制也是不同的。人们普遍认为，同正式的政治协定相比，东亚的区域主义更多的是依赖于非正式的市场机制。新的、以市场为基础、以竞争和模仿为核心的机制现在产生出一个复合型的结果——它和传统的雁行模式有很大的区别。而雁行模式曾经一度代表了日本和东亚关系的特点。

超越国家模式

日本和东亚正进入共同参与投入的一个新阶段。尽管确切地划分当前的过渡是从什么时候开始的还是一个有争议的问题，但是大多数人会同意这个过渡发生在 20 世纪 90 年代日本经济泡沫破灭和 1997 年亚洲金融危机之间。不管我们选择哪个时间，有一件事是确定的：日本不再是其他亚洲国家面前充满魅力的经济和社会发展的国家指导模式。

当前，一个新的区域化正在从日本出现。日本展现出新的政治、经济和社会行为模式，但是迄今还没有经历制度上的转型。在日本政治中，一个占主导地位的社会经济联盟、一套正式的组织安排和某一特殊的政策融合不再相互起到强化的作用，日本作为一个发展型国家的名望就此终结。而且，作为一个健康家庭的日本社会模式已经越来越多地在与公众意识形态相冲突的过程中失去了它最重要的部分。20 世纪 90 年代，日本社会出现了各种各样的变革：一种新型的政治领导作风、党派政治更加具有职业水准、政客们贿赂选民的情况越来越少、年龄代际的变化使独立选民的重要性日增、官僚的权力减小，女性、移民、媒体、消费者维权组织以及非营利部门等的作用增强，这些变革成为日本社会的标志。与此同时，政治和社会制度显示出体制的黏性。行为上的变化和体制上的延续性结合到一起，就使得曾经连贯一致的国家模式被掏空了。

第 4～6 章对一些变化进行了分析，这些变化从根本上促使政府和公司在安全、金融和贸易问题上共同参与。克林顿执政初期，日本在和美国就安全问题保持一致上曾一度彷徨，但经过这段时间后，这种一致得到了强化。与此同时，日本政府开始对捍卫一个同种族的、没有犯罪的日本表现出很大的热情。这意味着日本要面对由非法移民、有组织的犯罪和毒品交易所造成的区域性威胁。同时，在东亚金融秩序的建设中，日本对由国际货币基金组织和美国财政部倡导的“华盛顿共识”持观望态度。最后，在东亚不断发展的贸易王国里，日本率先提出的促进双边贸易自由化的议案是对美国和世界贸易组织促进多边贸易自由化的补充。在所有这三个领域里，政府和公司的做法在不同程度上受美国和日本的影响。

第 7～9 章聚焦的问题不仅涉及政府和公司，还涉及技术、生态、消费和生活方式问题的其他参与者，这些问题反映出在东亚的主要大城市中城市中产阶级的出现。比如，东亚电子工业区域生产网络的壮大反映出日本企业的滑坡和美国公司重新维护自己的权利——以及中国台湾、韩国和其他东南亚生产商的崛起。一种更为复杂的区域化正在浮出水面而非用一种国家模式取代另一种国家模式。这种新的区域化的特点是涌现出新的参与者、以部分融合为特点的持续多样化的总体模式、多层面的区域网络——在对技术、产品开发和营销的控制中或多或少存在着等级分化。在资源密集型部门，日本消费者需求的转变促进了可再生资源的开发利用。一个延伸的链条将微观层面的日本消费者的选择和宏观层面的生态后果联系起来，市场和政治在中间起调节作用。生活方式的变化、农工部门的进步和环境退化也是一个完整连续的网络的组成部分。日本流行文化产业也同样如此。人们对个性化的生活方式的选择已经在东亚市场上对日本流行艺术家的创造力和快速更新的产品产生了强大的需求。政府的传媒政策寻求让这些区域发展对日本有利。日本的政客们寻求利用在东亚日本正在积累“软权力”这样一个概念——这是一个值得怀疑的主张，但是这和长期以来的一个概念相呼应，那就是调和东亚和西方是日本要扮演的特殊角色。

本书认为，东亚的新区域主义既是由东亚主要大城市新的阶级结构所创造出来的，也是它的产物。共同的生活方式和意识正在浮出水面，由此带来的政治影响在很大程度上仍然难以定论。

日本模式的终结？机制和行为的分裂

T. J. 潘佩尔在第 2 章中提到 20 世纪 90 年代一个引人瞩目的发展：民主机制、政治均衡和负面的经济运行这几个方面之间令人困惑的融汇。在日本，尽管至少应该对政府进行变革，甚至对政体进行变革，但日本政治一直以机制上的延续性为特点。整个 20 世纪 90 年代日本的经济运行状况都非常糟糕，这就无法进行大范围的体制上的试验。日本的选举制度、政党体制、官僚制度、行政权力的强化，脱离长期的、连锁的和商界的联系以及日本的金融界，的确发生了程序上的变化。体制和政策改革方面的政治斗争使不同派别的权威的内部人士相互对立。然而，自从 20 世纪 70 年代末以来，日本"不同寻常的民主"并没有遇到在其他陷入困境的民主国家中的一个正常现象：有组织的外部人士和不易改变的内部人士的斗争。相反，日本的内部人士，尽管他们陷入了古老的但是不再切实可行的政治经济模式，但他们已经阻止了重大的政策上的变化。来自美国的外部压力和日本的国际地位一起下降，但是各种政府机构，特别是经济产业省（METI，以前的通商产业省），现在用它们特有的压力方式（naiatsu）来给国内改革的步伐施压，比如，寻求双边贸易协定，这样就可以让受到保护的经济部门有能力面对来自外国的竞争。与此同时，还发生了根本的结构性的变化，这些变化包括：外国直接投资的作用越来越大、日本人口的老龄化，以及不断变化的国际安全环境。这些发展变化注定会反映到体制上。第 2 章表明日本花费了十年的时间才确立新的政治平衡，这种平衡似乎更适合应对长期的经济问题。

威廉·凯利（William Kelly）和梅里·怀特（Merry White）在第 3 章中对日本社会进行分析，他们指出了在行为变化和制度僵化之间的一个类似的脱节。他们的出发点是分析日本作为一个以竞争型经济和独特的文化价值观为核心的家庭式国家的公共意识形态。随着时间的推移，这种意识形态和许多日本人的生活方式变得越来越没有什么关系——个人现在有更多的自由去尝试他们所追求的生活方式。有实力的参与者已经失去他们对构建令人信服的意识形态形象的控制了吗？或者，他们在诸如家庭、学校和工作场所这样的核心机构中的地位下降了吗？不论答案是什么，以前曾一度很有说服力的公共意识形态对人们生活方式的影响已经大不如前了。社会制度正在逐渐失去施加传统的意识形态和它所规定的行为方式的能力。2004 年，年仅 20 岁的金原瞳（Hitomi Kanehara）和另一个 19 岁的年轻人一起获得了日本顶级文学奖，他们所写的两部最畅销的小说紧紧抓住了日本泡沫经济崩溃后的第一代人的特点：缺少期望、对个人的满足感有强烈的欲望。日本对社会常态的界定和实践现在具有明显的脆弱性。

凯利和怀特研究了被认为处于主流意识形态之外的五个群体的经历，为读者描画出普通日本人的日常选择。这些选择削弱、抵消并最终把一个越来越和社会现实脱节的公共意识形态掏空。学生、闲散人员、单身、老年人和外来者正在尝试新的社会实践，但是这些做法侵蚀中产阶层以及人们对社会主流的一致看法。他们这样做是对作为一个和谐大家庭的日本这种官方意识形态的延伸，有时候甚至是瓦解了这种精心打造出来的意识形态。个人并没有等待政治领域出现具有催化作用的变化，相反，个人正在给社会不同阶层之间的差距带来重大变化，即使日本社会中缺乏能支持这样行为创新的机制。

超越单一国家模式

日本政治和社会模式被掏空，这已经改变了东亚的区域形成。美国和日本分别为安全、金融和贸易领域提供了可供选择的模式。如第 4 章所述，在日本，国家安全被看做一个综合性的问题，包括传统的军事问题和新的社会问题。政治和社会变化已经导致最多只是边缘性的制度和政策变化。这些变化并不是依赖于区域的发展。日本社会党的瓦解为重新界定日本的军事政策搬开了一大块来自日本国内的绊脚石（这是美国自 20 世纪 80 年代初以来一直积极推动的事情）。通过在伊拉克部署军队，日本政府最终跨越了第二次世界大战后的一个分水岭。尽管这一决定似乎强化了日本和美国的安全关系，但实际上对在伊拉克布兵的条件是有严格限制的。东亚的区域安全问题会带来什么后果尚不清楚，这些问题包括朝鲜的导弹问题和可能制造大规模杀伤性武器、日本致力于战区导弹防御系统、台湾问题的冲突。在发动全球的反恐战争之时，日本会继续严重依赖于美国吗？日本会通过东亚区域论坛上的政府间谈判、军事访问和演练以及加入第二轨道来谋求区域反应吗？还是会像整个 20 世纪 90 年代那样，继续把这两种选择结合到一起？

有关内部安全问题，日本警方对区域发展持防备态度。因为警方和外国居民缺乏良好的沟通，日本黑社会的作用下降使警察的工作变得更加困难。而且，区域发展对日本作为一个家庭民族的同源性所构成的威胁，对日本政治不再具有以前的那种牵引作用。日本警方在界定来自区域的威胁方面非常成功，这有利于确立日本的防御立场。在一个越来越需要地区安全合作的时代，日本继续倾向于和美国以及其他国家的双边协议。最后，日本的反恐政策指向对威胁的政治定义中存在的多变性。警方竭尽全力淡化 1995 年恐怖组织奥姆真理教在东京地铁中实施的沙林毒气案，这是（恐怖组织在日本）第一次使用大规模杀伤性武器。现在，在由美国选择主要用军事方式解决的反恐战争中，日本警方正在发挥中坚作用。

除了国家安全，再也没有其他问题像金融问题一样和政治、经济以及社会生活等所有领域密切相关。娜塔莎·汉密尔顿-哈特（Natasha Hamilton-Hart）在第 5 章中指出，就像外部安全一样，金融部门的区域化和全球的发展密不可分。1985 年后美元对日元的汇率的合作性调整为区域贸易和生产链的增长提供了舞台。这还在 1997 年夏天在美国没有能解决亚洲金融危机时，为日本抓住主动权提供了契机。日本确信大多数东亚国家的金融基础是没有问题的，日本意识到最大的需求是提供短期的资产折现力（在日本的带头下，在没有美国参与的情况下，向泰国提供了 170 亿美金的救助一揽子计划），而不是对金融业进行根本性的经济重组以及大范围的自由化。因此，1997 年日本要求国际货币基金组织的东亚成员国增加需要缴纳的配额，以便使国际货币基金组织能以更有序的方式应对以后的危机。此外，日本还提出成立一个亚洲货币基金。美国和国际货币基金组织强烈反对日本的议案。相反，国际货币基金组织调动了足够的储备来稳定韩国和印度尼西亚的金融。

日本的政策倡议被搁浅了，但是仅仅 14 个月后，美国的决策者就做出让步，认为这个方法可能比“华盛顿共识”所强加的硬性的结构改革要更好。国际货币基金组织和美国的财政部强迫印度尼西亚接受的宏观经济财政政策有很多的限制，微观结构改革政策不合理，最终的结果是加速了苏哈托政权的倒台。然而，在 1997—1998 年，日本的目标并不是推进全球的金融改革，它的重点是区域金融改革。美国和国际货币基金组织在经历了和日本的最初冲突之后，做了充分的调整以满足日本政府的最低要求。然而，实际上美国和国际货币基金组织政策中所强制的方面靠“柔声细语”的面纱是无法掩盖的。

日本继续小心秘密地坚持（在很大程度上是和国际货币基金组织合作）它在 1997 年所勾画出的解决资产折现力、金融标准和监督问题的方式。在新的情况下，有无数的政府和非政府机构参与进来，而且它们之间往往意见相左，对亚洲金融危机的解决，从对制定政策的控制方面，对美国来讲是个全胜；从实际的政策制定上，对日本来讲是个局部胜利。由此，在美国和日本之间产生了区域性的劳动分化。然而，实施不同政策的国家所反映出来的实际情况给人们上了一课，这样的结果是事先无法预料的。在金融危机期间以及危机之后，日本所支持的马来西亚的政策获得了相对的成果，这就印证了在无法预见的金融市场，尝试制定一些超越“华盛顿共识”之外的政策会变成一笔财富。然而，改变的余地还是相当有限的，而且，美国的评级机构已经抢在日本前面，以首选的、国家的关系，着手解决马来西亚几乎近于瘫痪的金融机构。而且，由于中国大陆、日本、中国台湾及其他东亚国家和地区自己的消费者手头有更多充裕的资本，这些国家和地区就没有那么多现金来为不断膨胀的美国贸易逆差和预算赤字融资。

美国的老大地位和东亚不断变化的金融关系的各个方面并非同等重要。比如，货币上的合作和流通体制引发了大量的讨论，并促进了对这些问题的共同研究。不可否认，通过特别的或制度化的政策协调（市场和政治诱因，以及日本国内金融体制的脆弱性都会起到阻碍作用），这些提议距离执行还有很长的一段路要走。同时，日本公司的资金，特别是银行贷款从东亚撤走，说明在东亚范围内进行了重新洗牌。到2004年底，日本、中国大陆、韩国和中国台湾持有美国政府公共贷款的40%，总计约为18 000亿美金。应对未来的金融危机，东亚各国可能仍然会采用实验的办法，并且不需要美国的领导，而且也不一定按照华盛顿喜欢的方式。

在过去的20年里，东亚的贸易经历了爆炸式的增长。在第6章中，宗相直子（Naoko Munakata）指出，出现这种增长的原因在于东亚区域范围内的政府议案和区域范围的公司活动。比金融业更清楚的是，日本的政策和日本公司的行为是对世界贸易组织自由化计划的补充。东亚区域性的自由贸易倡议正在对区域内的日本、中国台湾、韩国、美国和东南亚的生产网络提供支持。就日本而言，这些区域性的倡议还寻求加快国内政治经济结构性改革的速度。因此，出口导向型和进口竞争型的部门以及它们政治上的盟友直接受日本在东亚对外贸易政策的影响。自1997年，出现了在东亚以及更广泛的太平洋和小范围的东南亚进行区域贸易的倡议。这些地理范围上的变化有可能会让东亚贸易摆脱美国的控制。越来越多的双边贸易议案可能会使日本和中国成为区域贸易的中心。

贸易可以通过全球的、地区的和双边谈判得到实现，不同层面的贸易之间的差别对行使政治权力具有重要的意义。除了中国，日本目前拥有东亚最大的市场。因此，日本在双边和地区性的谈判中的谈判实力要比在全球贸易谈判中的实力大得多。当然，对于贸易的非对称性如何影响政策还存在着一个政治解读的问题。在第 6 章中，宗像直子主张，这一点促使中国提出和东盟成员国签署自由贸易协定。贸易谈判还为日本政府提供了有用的工具来驱散国内颇具实力的抵制改革的团体。日本和菲律宾签署了《经济伙伴协定》(Economic Partnership Agreement)，并且正在与泰国和马来西亚进行双边谈判以期和上述两国达成类似的协定。在所有这些倡议中，最雄心勃勃的是《日本—大韩民国自由贸易协定》，这个协定将使两国经济联合起来，国内生产总值合起来将有 5 万亿美金。在所有这些谈判中，某些具体的市场自由化将很有挑战性，这包括：和泰国谈判的日本农业，和马来西亚谈判的马来西亚汽车业，和菲律宾谈判的日本劳动市场中的护士和专业护理人员。而且，处在不断发展中的东盟的倡议走得更远，该倡议寻求建立一个能将东盟和中国、日本、韩国连接起来的自由贸易区。在多边贸易谈判中，美国要继续保持领导地位，东亚要签订新型的双边和区域贸易协定，这二者之间的紧张关系可能会加剧。比如，中国前总理朱镕基在 2002 年秋提出的中日韩自由贸易区，必将把贸易问题从美国各日报的商业版面转移到头版，并将迫使美国对东亚贸易政策的发展做出反应，而不是领导这一进程。

不同国家模式的复合

在广泛的领域里，公司和个人往往会削弱或者避开政府，并且在区域层面上，创造真正的不同于国家模式的混合物。

在 20 世纪 70 年代和 80 年代，在东亚正在蓬勃兴起的电子工业领域，日本为区域范围内生产网络的发展提供技术、资金、零部件和战略管理模式。迪特尔·厄恩斯特在第 7 章中指出，在 20 世纪 90 年代，日本的主导地位有所下降。由于在电子工业领域的过度集中，再加上日本的经济严重萧条以及美国的新经济热，技术和市场方面的实力发生了变化：美国领先日本公司，特别是在电子业技术最领先的领域。厄恩斯特向读者说明，电子业里不再存在不同国家模式之间的竞争。公司之间的级别关系和它们的关系日益增长的复杂性变得更重要。中国作为一个重要的电子产品生产国和消费国而崛起；国际商业组织结构上发生变化，目的是在全球营销、生产和创新网络范围内，进行垂直而且往往是区域性的专业分工。单个的公司很难应对由这两个因素带来的新的、复杂的关系。日本公司并没有从东亚撤出，而是在重组、扩大、升级它们的生产。简而言之，生产网络的亚洲化正在取代日本化和美国化。

这个过程的口号是复合。日本公司现在必须要走的路线是充分开发非日本员工（包括工人和工程师）的创造力。这不是一个轻而易举的事，因为日本公司的家庭模式对日本的企业文化有着较大影响。这种影响比政治的模式对日本社会的影响要大。在过去，坚持日本方式可以反映出力量，现在这种方式暴露出日本公司管理上的严重不足，具体表现在：对当地技能和人力资源的利用、渗透当地市场、外购支持性服务、使用先进的通信技术。这些不足反映出日本公司的核心特点并且很大程度上制约日本企业在东亚的运营。人们熟悉的概念，诸如“本国技术保护主义”或“技术全球主义”已经无法再表现出日本公司在企业再造和调整方面所付出的艰苦而漫长的努力。电子工业的区域化过程已经使国家模式变得模糊，其特点是复合而不是朝最优方法的全球标准努力。

德里克·霍尔（Derek Hall）在第 8 章谈到，在环境问题方面存在类似的发展。历史上，日本和东南亚的关系并不复杂。日本把东南亚当做资源库，将有污染的工业转移到那里，攫取重要的资源。比如，养虾业和桉树种植业可能会对当地脆弱的生态环境带来灾难性的后果。当为出口市场而进行生产时，在这些生态环境中生存的人们不得不做出让步。尽管在诸如电子这样的制造业中，生产场所的环境退化引起了人们一定的忧虑，但是生产的持续发展对东亚的农业综合企业至关重要。日本娱乐业在裕仁天皇长期生病并于 1989 年去世期间非常萧条，这种情况导致在日本对虾的消费量以及虾的价格都大跌。东南亚虾行业的收入锐减描绘出日本的需求和东南亚的生产之间的密切关系。

在 20 世纪 90 年代，日本和东南亚之间的因果关系变得更加复杂，不是那么清晰。霍尔认为生态的持续发展是复杂的区域链的结果。这个链条的出发点就是日本消费者需求的变化。无论日本的“生态阴影”有多大，在 20 世纪 90 年代还是发生了一些变化，根源就在于日本经济滞胀、日本消费者需求和零售贸易的变化、贸易和投资自由化、中国作为一个新鲜和速冻蔬菜以及木制品的主要出口国的崛起。由此带来的结果出乎人们的意料：我们没有看到日本对东南亚生态影响的深化。我们发现，一方面日本的“生态阴影”变得更加全球化；另一方面，“生态阴影”变得更加集中于中国。

戴维·莱昂尼（David Leheny）在第 9 章中对日本流行文化业的分析所表现出的复杂性也非常明显。日本在东亚的文化影响非常突出。传统的、缺乏自控力的、等级鲜明的、以经济为核心的日本在东亚的影响已经减退，新的、冷静的、无秩序的、文化上充满活力的日本的影响在上升。约瑟夫·奈（Joseph Nye）最早提出软权力的概念，但是却是道格拉斯·麦克格雷（Douglas McGray）使这个概念普及开来。在一篇巧妙地取名为“日本的国民生产酷值”（Japan's Gross National Cool）的文章中，麦克格雷分析了日本各种娱乐业在东亚的巨大成功。日本拥有软权力，这个想法对日本的记者、政客、公共知识分子和官僚非常有吸引力。当其他的、更强硬的权力正在消减的时候，软权力为那些感觉受到发展威胁的精英们提供了一个很有吸引力的选择。这个情况适用于 20 世纪 80 年代末的美国和今天的日本。一个“酷”的日本可以形容一个受他国喜欢、被他国信赖的国家。

然而，正如莱昂尼所述，衡量日本的国民生产酷值是不可能的，如果强调这一点的话，对重塑东亚的潜在作用是误导视听。讨论日本（或美国）的软权力让我们更多地了解到政治参与者和国家之间冲突的身份，相比之下它所揭示的有关流行文化的影响要少些。日本的流行文化产业具备明显的经济收益。日本的公司推销身处流行文化的不同部门的艺术家所创造出的产品。塑造生活在东亚主要大城市的年轻人对生活方式的梦想为日本的公司和艺术家提供了一个展示的区域性舞台——而且还可以赚很多钱。可是，日本的庞克乐队和动漫画家却无法让日本走出经济低迷的困境，达到文化占先的新高度。相反，他们影响其他社会和市场的发展并且受其他社会和市场发展的影响。这既包括东亚也包括北美。因此，这些乐队和画家为创造一个复合型的区域流行文化——包括流行音乐、游戏机、电视剧、动画片和电影，出了一份力。

创造新东亚的社会基础

在本书的结论部分，白石隆分析了东亚复合型区域主义的社会基础。在美日安全协定的大伞下，在美国领导下的世界经济自由化下，从 20 世纪 80 年代中期以来，区域进程一直在创造一个不同国家背景下的大都市主流。新兴的由职业人员构成的社会阶层促进了区域范围内的意识的传播，这种意识的形成有赖于生活方式、消费、流行文化、大学教育、职业培训、旅游、婚姻和语言资质方面广泛的共性。所有这些因素正在为一个以市场为中心的东亚区域化提供社会基础。

这些社会基础的出现塑造了一个全新的东亚。2002 年，东亚的个人消费约为 50 000 亿美元，和欧盟的数字持平，和美国的 69 000 亿美元差距也不是太大。消费增长非常快，再加上消费者银行业是东亚金融机构增长的为数不多的赢利领域。在东亚，信用卡的使用是爆炸式的。2001 年，控制着东亚市场半壁江山的威士国际组织（Visa International）报告说，零售销售额和现金取款业务增长了 44%，达到 3 100 亿美元。韩国的总的消费者债务增长了 28%。一旦东亚国家将它们摇摆的银行业危机安定下来，这个地区就会成为世界经济中对消费品需求最大的地区。这样的发展对美元的地位、对美国贸易和预算赤字的融资、对美国的利率和经济增长将会产生深远的影响。

同样没有把握的是这种新的、以大都市为主流的构成会对民主、繁荣、和平的对外政策会产生什么影响。在世界上的其他地区以及历史发展的其他阶段，中产阶级偶尔会倾向于恐外的民族主义。由于中国的中产阶级突出的政治地位，这种结果似乎不大可能，至少在东南亚不会这样。东亚的新兴中产阶级的崛起受日本的影响较小，更多的是受诸多复杂因素的影响。这些都强化了东亚的复合型区域主义。

超越等级和二元论的区域进程

强调政治权力中的等级以及不同文明之间的双重差别，这些会妨碍我们认识是什么正在重塑当代东亚。像名为“亚洲，一个正在形成的文明”（Asia，a Civilization in the Making）和“世界的亚洲化”（The Asianization of the World）这样的文章帮助我们把注意力放在多样化进程上。这个进程是超越具体国家模式的区域延伸。

权力等级：美国秩序下的日本

一百多年以前，日本开始试图在东亚建立一个真正的帝国。日本的政策注定会和英国、荷兰、法国和美国在东南亚的殖民帝国以及东北亚以中国为中心的正在崩溃的秩序相冲突。对于日本的精英们来说，军事安全是最重要的考虑。中日甲午战争之后，1895 年日本通过吞并获得了它的第一个殖民地——中国台湾岛。在日俄战争中获胜后，从 1911 年开始朝鲜半岛成为日本的殖民地。再以后，日本扩张到亚洲大陆，将它的势力扩大到中国的东北。到了 20 世纪 30 年代，日本着手将日本、朝鲜和伪满洲国变成一个强大到能发动全面战争的独裁的区域性帝国。日本由此引发了中国的反帝、抗日民族主义，把日本拉入一个范围更广、代价更高的仅限于中国本土的战争。日本的政策开始了一个进程，这个进程的结果是以英国为主导的非正式的帝国在中国的崩溃，日本陷于和美国的直接冲突中。东南亚处于最初的“东亚共荣圈”范围之外。可是，随着日本在中国陷入泥沼，不向中国的民族主义和西方列强屈服的唯一办法就是向南转移到荷兰控制之下的东印度群岛。这里自然资源丰富，尤其是石油，这样就可以使日本帝国在资源上能实现自给。1939 年，“大”这个词被添加到最初的战略设想中，以挽救当时已告破产的有关建立伪满洲国的想法。这是一场充满风险的赌博：日本向美国和英国开战。战争的结局是日本灾难性的失败，日本的殖民帝国土崩瓦解。

自 1945 年以来，日本在东亚一直按以美国为中心的秩序行事。反共情绪决定了美国在 1945—1975 年期间的外交政策，导致了朝鲜战争和越南战争的爆发。在朝鲜和南越，美国选择打击共产主义，结果朝鲜战争美国陷入僵局，越南战争是美军历史上伤亡最惨重的战争。美国的政策不但坚定地支持了日本的保守和反共政权，还支持了韩国和南越、泰国、印度尼西亚和菲律宾的保守和反共政权。在 1945 年之后的这段时间里，日本是一个精明的附庸国，抓住了朝鲜战争的机会，也多少抓住了越南战争的机会。战争使日本经济复苏，日本是美国在东亚的兵工厂。战争还造就了日本经济的高速增长和发展方式的转变，日本成为其他东亚国家效仿的榜样。

20 世纪 50 年代，日本的注意力都集中在国内有关其政策应该具备什么样的特点的争论上。在这之后的几十年里，日本成为世界上最大的贸易国之一。到 20 世纪 70 年代初，日本国内政治秩序的强化和经济与社会的重建为日本重新加入到东亚做好了准备。《亚洲的新巨人》（*Asia's New Giant*）一书的出版反映了日本快速提升的地位。该书的封面是地平线上一个橙红色的太阳。所有的读者都明白这个太阳是在升起而不是下落，因为在黄金般的 20 世纪 70 年代，智慧女神弥涅耳瓦的猫头鹰在黎明飞行，预示日本在新千年里将成为技术上的超级大国。实际上，日本不是一只猫头鹰，而是一只雁。如果把东亚国家比作大雁，日本就是大雁飞行时“人”字形排列里的头雁，要凭借它在制造业里无与伦比的成功拉动东亚向前发展。东亚的新兴工业化国家接二连三地复制日本的成功模式，在制造业的尖端化和经济发展方面稳步向前。日本仍旧是这个地区毫无疑问的领导者，掌握所有关键技术和核心产业，然而其他国家很快也可以从中受益。

日本因此在美国为东亚设定的安全秩序中占据了一个核心的经济地位。除了朝鲜以外，东亚国家创造了可能是资本主义历史上最大的经济奇迹。对于这些东亚国家中的大部分来说，日本树立了一个从第三世界上升到第一世界的楷模。经济转型的速度被缩短，经济繁荣的速度在半个世纪前是无法想象的。日本、韩国、东盟成员国（如新加坡、马来西亚、印度尼西亚和菲律宾）、中国大陆、中国台湾，最近的还有越南，都经历了或者正在经历经济和社会变革，这些变革在时间上被大大压缩，简直就像是革命一样。这些变革进一步促进了一个相互联系的区域政治经济的诞生。艾丽斯·阿姆斯顿（Alice Amsden）认为后美国世界（The Rise of “the Rest”）是有正当理由的。

20 世纪 90 年代，这种日本在东亚的影响模式结束了。日本经济停滞，中国和美国的经济增长。日本和中国生产网络之间的相互竞争创造出一个新的环境，既面对竞争不断加剧这个事实，也看到进行更广的合作的前景，而不是围绕日本区域生产网络形成经济集团。而且，美国由于在军事上占据无与伦比的优势，在 20 世纪 90 年代极力推进自由化和解除管制。日本不具备构成挑战的实力，部分原因在于它和美国之间特殊的安全协定；部分是因为美国市场仍然是东亚出口商首选的市场。由此导致的关系上的非对称性继续给美国经济政策一个不合比例的权重，这更加速了日本模式在东亚的衰落。

文明的二元论

东方文化和西方文化深刻地描绘出使我们按照二元特点来看世界的思维模式："我们—他们"、"理性—非理性"、"现代—传统"。相互撞击的文明是思维方式的最新化身，它把文明看成是截然不同的东西。运用在东亚和东亚与世界的关系上的二元论会把人们引向充斥着口号和简单化的死胡同。这些二元论会妨碍我们认识重塑当代东亚的复杂的相互交织的进程。

西方文化和它所揭示的对西方的蔑视抑或崇拜的态度不等于亲近美国或讨厌美国。伊恩·波鲁玛和阿维莎依·玛格丽特（Ian Buruma and Avishai Margalit）发现了大多数对西方文明的描述的四个特点：城市、资产阶级、理性和女权主义。这四个特点每个都隐含着无力、贪婪、颓废，人们一般都把这些看做西方的和负面的。其他对西方文明的描述强调其正面的特点——欧文·哈里斯（Owen Harris）曾经这样写道，"希腊的光辉和罗马的宏伟，基督教，文艺复兴，宗教改革，启蒙运动，法国和工业革命，代议民主政体，法治，市场经济"。然而，无论是把西方文明看成是负面还是正面的，都不应该把它和美国混为一谈。萨缪尔·亨廷顿（Samuel Huntington）写道："一个正在出现的同种的、普遍性的西方世界在不同程度上是被误导的、自负的、错误的和危险的。"正如多如牛毛的对当代福利资本主义的研究所阐明的那样，在西方社会有各种不同的方式可以让一个国家实现现代化，而不一定要变得像美国那样。美国例外论的支持者坚持认为，一道鸿沟将美国和西方分隔开。其他人则认为美国和西方之间存在着像家人一般的相似性，就像他们认为挪威和西方之间存在相似性一样，他们并不坚持二者之间完全一样。

西方对东方文化的评论也揭示出其既批判又羡慕的态度。比如，奥斯瓦尔德·斯彭格勒（Oswald Spengler）在两次世界大战之间曾经发出警告，日本的黄祸正威胁到会吞没文明世界的地步，揭开其一清二楚的种族形象，这样的言论仍然是美国和欧洲表达日本和中国在当今世界事务中的崛起中的一个有力的潜在倾向。与此形成鲜明对比的是，"亚洲价值观"的支持者赞美集体主义、儒家思想这些凸显东亚政治并把东亚和西方的颓废、过于个人主义的政治分开的美德。政治权力不是来源于标志西方的干涩、冷漠、理性主义、民主个人主义，而是来自构成东方的湿润、温暖、激发感情的、温和的独裁的集体主义。马来西亚前首相马哈蒂尔·穆罕默德（Mahathir Mohamad）和日本民族主义政治家、现任东京都知事的石原慎太郎（Ishihara Shintaro）概述了当代的东方文化。他们消除了马来西亚公开承认的、多种族政治和一个已经从公共意识形态里消除了（小了很多）种族分歧的日本之间的根本差别。他们的观点忽略了一个事实，即新加坡在20世纪70年代最早提出亚洲价值观的意识形态，并把它当做国家建设的一个自觉战略。然而，无论是被批评者还是支持者所利用，东方文化这个词的范围太广、太抽象、太没有动感，无法抓住正在重塑东亚的社会和政治进程的特点。

多样化区域主义：权力等级和文明二元论以外

现在正在重塑东亚的进程融合了不同的国家模式。它们把这些模式打成碎片，让它们可以用新的方式重新组合起来，并用于复杂的因果关系。

当然，东亚的形成离不开像日本、美国和中国这样的大国以及它们所反映出来的国家模式——这些是我们所熟悉的。更令人耳目一新的是，国际和全球进程的融合使东亚变得更加多样化。这两个概念指的是不同的进程。全球化正在改变东亚；它突出了这个过程中新的参与者和新颖的关系。国际化证实了国际体系里基本的延续性；它把注意力放在传统参与者的持续相关性与现有关系的强化上。虽然国际性限于领土空间范围之内，全球性却可以超越地理界限。全球进程为共同的标准和不同国家实践的汇合带来了压力，但却为在当地进行调整留下了空间。国际进程强化不同国家的实践，通过颇具实力的国家机构协调地把它们组合到一起。大公司的战略和制度说明了这些基本差异。在全球经济下，跨国公司往往会打国家政策的擦边球，按照首选的全球标准调整公司的做法，这会引发跨国公司经营地所在各国的广泛的反应。在国际经济下，各国政府继续按照多国公司的运营调整当地经济。

全球化和国际化相互影响，而且这两种影响一般都同时出现。当地区变得富有多样性而又保持特有的机制的时候，我们就可以发现它们的互补性。发生在世贸大厦和五角大楼的“9·11”袭击事件为我们提供了一个生动的说明。一个全球性的恐怖主义网络能够实施如此大规模的破坏证实了新参与者和新关系日益重要，因为即使像美国这样的大国都会遭受如此令人错愕的袭击。然而基地组织的权力很大程度上有赖于它和阿富汗塔利班政府的共生关系。清除塔利班政权就让基地组织失去了它的避风港。而且，全球化和国际化进程和共同作用对不同地区有不同的意义。在华盛顿的眼里，“9・11”事件是直接对美国实施的“战争”行为，需要对此做出军事反应。在欧洲的眼里，这次袭击是一个“罪行”，需要耐心的像警察一样维持秩序的工作以及经过协调采取国际行动。

东亚的区域主义既包括物质的也包括想象的方面。它是地理所“赋予”、通过政治而“形成”的。地理上的邻近加剧了各国的社会和经济交往，政治和其他关系的突出也加大了协调政府政策的压力。但是，认知实践和政治话语也塑造了东亚。疆界的纠葛是区域主义政治的一部分。比如，从中国的角度，沙特阿拉伯和伊拉克是西亚的一部分；从美国的角度，这两个国家是中东的一部分。尽管很少得到承认，但这样认知上的差别是必然的。

随着各种进程的交互作用，多样化的地区浮出水面。在命名的时候，我们往往把复杂性减小，在这个或那个方面冒犯错误的风险。首先，我们把全球化进程中涉及具体国家内容的部分删除掉。比如，英裔美国人在两个多世纪的突出地位，让世界政治中的核心机制和广泛的实践里充满“自然”的氛围。私有财产、人权、科学思想的自由流淌，以及最近对它们的技术应用的法律上的限制——这些被视为理所当然的事情往往反映出权力斗争、成功和失败以及不同的政策选择。其次，我们往往把国际化进程的影响弱化，贴上国家的标签，如日本化、美国化和中国化。这些术语包含着政治组织寻求用“环境目标”来塑造他们所居住的周围地区阿诺德・沃尔弗斯（Arnold-Wolfers）。然而，这样的目标实际上要服从于新的组合和新的复合。这些进程合起来塑造出一个东亚，这个东亚弱化了从权力的等级和文明的二元论进行思考那种有局限性的观察，这种简化是英雄式的。只有当我们超越国家或文明模式的界线，朝着区域复合化来看问题的时候，我们才能开始认识到一个新东亚的出现。

本书首先分析日本的政治和社会进程，这些进程使以前日本曾经为东亚提供的模式变成了空架子。然而，日本仍然是东亚的一支主要力量，并且和美国、中国以及其他政治组织一起，为这个地区提供更广泛的政治选择。其次说明，在不同政治领域，各种国家模式可以共存的环境下的东亚区域化正在出现。就安全问题而言，日本仍然是美国的亲密盟友，日本坚持捍卫一个号称是同种族的、没有犯罪的国家。就贸易问题，日本和美国的政策显示出广泛的互补性。关于其他问题，就像接下来阐述的那样，东亚的区域化的标志是不同参与者之间不断增长的复杂性和变化无常的联系。像区域性生产、生态和农工综合企业以及流行文化这些差别很大的领域也同样如此。东亚在这些领域里取得的成功超越了明确的国家模式，使复合型的区域主义成为现实。本书的结尾分析了这种复合型的区域主义的社会基础——这一点仍然缺乏一个有力的政治定义。

在过去的二三十年里，我们反复被要求相信：仍然会有一轮冉冉升起的太阳为整个亚洲带来“国家化”色彩。现在是需要改变观念的时候了。东亚自己为新鲜事物、不同的事物的出现做好了准备。在 21 世纪初期，许多不同的参与者重新塑造东亚，这种塑造方式显示出许多无法预见的、复杂的联系，结果产生了一个混血儿，区域化的发生摆脱了清晰的国家印记。本书认为，无论我们是从日本的观点，还是从中国、美国或其他国家的观点分析这一进程，都会使我们的论证具有不同的重点。然而，这不会改变其中的基调：东亚的区域主义和区域化正在一个超越所有国家模式的领域里进行。

第2章

10年的政治低迷：当政治逻辑战胜经济理性

T. J. 潘佩尔

日本的政治经济状况像一个令人困惑的谜团，让人非常着急。日本拥有民主所有正式的特点，包括一个自由的、通常持批评态度的大众传媒界，各式各样组织严密、往往相互竞争的利益集团；一个包括大量独立的、意识形态多样的、相互竞争的政党在内的政党体制；用任何比较的标准衡量都相对自由和公平的定期选举。然而，尽管存在这些民主机制，日本在1990—2005年期间经历了工业化国家中最严重的经济萧条，但是在能扭转经济下滑的政府或任何掌管公共政策的部门方面并没有发生实质性的变化。可能直到2005年9月11日的选举之前，日本的民主对那些在国家经济崩溃期间执政的官员没有任何实质上的选举方面的惩罚。我相信，这种民主机制和政治上的停滞的结合，在经济运行极端不利的情况面前，构成了日本近来政治经济方面最让人困惑的谜团。

经济的停滞和反应迟钝的政治之间的组合与日本从20世纪50年代初期到90年代期间的发展形成鲜明的对比。在整个这个阶段，日本拥有一套稳定的政治机制、社会力量和公共政策，所有这些融合成一个强大而稳固的政权，这个政权和世界级的国家经济活力紧密相连。这种混合被贴上各种各样的标签——“1955年体制”，“发展型国家”，“镶嵌式重商主义”。而且，正如威廉·凯利和梅里·怀特在第3章中阐明的那样，在这个阶段，日本社会被灌输以“家庭模式”的概念，其发展也与此相呼应，这个模式几乎很少受到质疑。实际上，所有的主要参与者都表现得好像他们相互依赖，相互扶持。经济的增长、长期的保守的统治、社会的稳定和个人的满足相互强化，创造出一个长期的积极的发展曲线。

日本的经济发展模式不仅在国内广受支持，在国外也有很多效仿者，尤其是在亚洲。在一系列战争赔款、限制性援助、投资和生产网络的驱动下，日本经济、金融在亚洲的统治地位为日本公司带来了明显的利益，与此同时把日本放到一个在整个亚洲都无人能挑战的首要位置。日本获得了一种突出的吸引力，吸引着各种各样的亚洲政治和经济精英，他们试图通过采纳日本的核心做法来重塑他们自己的政治经济。

30多年的有利的经济环境使人们不费力气就能明白为什么日本政治权力的结构在国内能如此牢固，在亚洲拥有如此重要的地位和吸引力。在国内，选民和利益集团没什么要去挑战那些掌权者的动力，他们无论合法与否，都对这个国家巨大的经济成功作出了贡献。而且，日本的“创造性的保守”在拉拢有吸引力的反对派的提议和当地政府的倡议，由此调整政策细节以缓和市民的不满方面很有技巧。如果有一个“原则”对从业的政治家和政治学家都具有可信性的话，那就是充满活力的经济有助于让政府官员保住他们的职位。而且，崇拜经济最繁荣的邻国这一点没什么可让人感到奇怪的。

更让人困惑的是保守的日本政府在日本经济“遭受损失的十年”并没有对社会或政策进行全面审视，不但如此还依然执着于这些做法和政策。这个谜团让人们更有兴趣，因为，自从 20 世纪 90 年代初期，日本的全国选举制度和政党制度发生了巨大转变——这通常被看做联系民众和政府的最重要的媒介。选举制度在 1994 年进行了重大的结构上的改革。紧接着，日本的政党制度也经历了过多的组合和再组合。尽管日本的选民在选举的选择上没有任何损失，也有无数人信誓旦旦要取代日本的统治者，可他们还是保住了自己的位子。

这些选举和政党制度上看似大的变化并没有带来重点社会经济团体以及他们各自的特权和劣势方面的迅速调整。这些变化也没有产生新的经济决策者或成功的经济政策。一党长期执政，并且是长期依靠相同的社会经济集团支持而获得执政权力，同时在执政中执行的是对经济发展没有明显效用的经济政策。也没有什么迹象表明政治领袖进行政治学习或政治调整，选民也没有对他们进行政治惩罚。因此，在过去的 15 年里，日本政治的主要形象一直是持续的而没有发生变化。

唯一有所不同的是，从 1993 年开始由七党联合成立政府执政九个月，它们奉行的是保守的统治政策。然而，这个政党联合的成功却是短命的，其政策议程几乎没有涉及国家经济问题，而且，在那之后的夏天，自由民主党（LDP）重新执政。出现这样的结果是因为自由民主党和以前它在意识形态上最不能和解的对手——日本社会党（JSP）结成了在过去看来是无法想象的联盟。这个结盟产生了日本自 1947 年以来第一位社会党的首相——村山富市，但是自民党仍然是议会和执政联盟里占主导地位的政党。从那以后，至少到写这篇文章期间，在接下来的历任政府里，自由民主党仍然是最大的政党，控制着首相的职位、内阁和 1994 年以来的国家政治议程（最近和公明党结成联盟）。在重要的社会经济集团的相对权力中也没有重大的上下起落。尽管选举和政党制度发生了变化，保守势力的主导地位一直得以维系。尽管一系列的数字（在此只提几个最突出的，国民生产总值增长、失业、生产率、股市日经指数、公司破产、不良银行贷款、在世界出口中的份额、公共部门的负债、外国客户信贷分类）都为我们提供了充分的、明显的有关日本经济大规模恶化的指示。一系列这样的指示（比如失业、破产、增长、退休金缩水、股票价格）对大部分国民的生活产生了直接影响。其他的一些指示给重点支持集团的财产带来灾难。这些数据一直都是负面的，公共政策也没能扭转它们，到了这个程度，人们可能会希望国民起来反抗或者出现来自内部的保守的反抗。实际上，尽管尝试了一个接一个的不同的，有时甚至是竞争性的经济政策，但实践证明都是无效的；然而，政治上的报复和反抗微乎其微，社会经济的调整微不足道。为什么没有发生这些变化呢？

民主和政策上的变革

民主和政治变革间存在至少两个截然不同的联系。第一个包括各种外部压力。这些压力会导致一届政府官员及其政策议程被另外一群支持新政策的官员所取代。最广为认同的是选民惩罚在任者中那些被认为没有充分应对新的或正在变化的市民优选权的权力。由于对当权政府的政策导向不满（可能是重大社会变革和社会经济调整的结果），相当多的选民改变他们以前支持过的候选人，投票把在任者赶下台，取代他们的是反对党人士，选民认为他们的政策更有吸引力。这是有关民主的教科书中所介绍的政府中最为经典的转变。玛格丽特·撒切尔（Margaret Thatcher）、罗纳德·里根（Ronald Reagan）、阿里埃勒·沙龙（Ariel Sharon）、金大中（Kim Dae Jung）在选举中的胜利为这种由选举中的变化而带来的公共政策的方向变化提供了经典的例子。

还有一个截然不同但也是以国民为中心的联系，即由在任政府抢先进行政策上的变化。在这种情况下，政府官员凭借他们敏锐的政治触角，意识到现行政策的不足、国民的变化或者其他官员任命方面的优先选择等这些可能出现的波动，会在选民公开反抗之前调整或扭转过去的政策。尽管这和选举时的反抗相比，不那么具有戏剧性，这种先行的政府行为更难以分析，但是到目前为止，这是日本在1955—1990年期间最为常见的政治变革模式。而且，就日本的情况而言，这种由精英领导的变革模式里一个尤为重要的变量是日本的地方政府或者日本的法院所采取的行动，这些行动一直都是活跃的催化剂，鞭策国家政府采取新的措施，而不仅仅是改变选民的情绪。

但是，在 20 世纪 90 年代期间，日本并没有发生国民反抗，造成新政党上台或者政府抢先采取措施进行政策上的调整来缓和潜在问题的情况。为什么经过这么多年后，日本通过选举产生的领导人没有能够提出指导经济朝新的方向发展的政策呢？或者，为什么尽管在政治的诸多领域都发生了改变，包括在选举规则的改变、投票方式的变化、新政党及其自身在选民中明显缺乏声望等，日本的保守派还是能想方设法紧紧抓住权力不放呢？同样让人困惑不解的是，为什么反对派的政治家没有利用这个国家经济持续滑坡的机会呢？为什么尽管其他处于竞争地位的权力也做出了努力，但却没有出现其他的领导团队挑战在永田町（Nagatacho）执政的政治家的垄断地位呢？为什么商业团体和参与投票的公众没有在反抗中联合起来要求进行政治变革？总之，为什么日本的政治制度没有带来更有效的经济政策或选举上有其他政党复仇雪耻呢？我认为，答案在于一个政治经济的深刻的制度根源，这个政治经济制度抵制经济学家熊彼特所说的“创造性的毁灭”过程。当然，在过去的 15 年里，日本政府并非没有付出任何努力来重新调整政治权力和公共政策的结构，实际情况是，这些努力继续面对更强有力的抵制。新势力扎根，但未带来根本性的变革，这在部分程度上证明这些新势力所扎根的政治土壤是坚如磐石的。要想了解日本十多年来政治上的僵化，就必须重视过去所采取的制度的持久的影响力。

社会经济学和宪政政治

自由民主党在 1955 年成立时，还只是混杂在各式各样的选区当中，萨缪尔斯（Samuels）曾巧妙地把这个阶段的特点概括为“流动的意识形态界限和在政治上不顾一切”，这些选区联合起来的基础并非它们之间有什么一致的政策议程，而是因为它们都反对刚刚统一起来的日本社会党，还有就是这些政党拥有一个共同的愿望——参与权力分肥。刚刚合并到一起的保守派尽管正式地在组织结构上联合起来，然而无数的问题却造成它们之间出现分裂，这些问题包括：安全、重整军备、和中国的联系、教育以及重新修订宪法。在接下来的 35 年里，这些问题继续分化政党里面不同的帮派。

但是，关于经济情况，政党内部相互竞争的选区之间的几个重要的紧张关系却通过特别幸运的妥协得到解决。经济上的民族主义仍然是一把大伞（提高国民经济的竞争地位是一个被广泛认可的目标），但是要采取哪些具体的机制来实现这个目标，在这一点上还存在巨大的分歧。大企业一直是促进政党形成的主要催化剂；支持新政党的还有许多以前的官僚，如池田勇人、岸信介、福田赳夫和佐藤荣作。一般来说，这样的利益严重向某些情况倾斜，包括：官僚领导的工业政策、严格平衡预算、大型公司快速的技术提高、国内寡头垄断和对出口市场的过分追求。然而，同样重要的是，新政党中许多最有实力的政治家所代表的选区是小企业和农业经济呼声最大的地方。同样，他们不太能接受第一集团的政策倾向，相反，他们要求实施地方保护，抵制城市日本企业和海外进口的威胁。这样的选民利益驱使这些政治家拥护经典的猪肉桶政治、政府税收的区域间再分配、社会安全网的维护，这些会防止市场因素削弱他们那个地区的企业和就业率。如果这样的政策对严格的平衡预算不构成什么大范围的忧虑的话，那就这样吧。对于代表小企业和农业经济的这个集团来说，快速的经济增长和确保他们那个地区的农场和小企业的经济生存能力相比，前者远不如后者重要。

自由民主党经济政策的巧妙之处在于它能通过把高增长和地方保护结合到一起来包容这些相互具有竞争性的社会经济和政治因素。这种融合带给日本一个强有力的"福利"要素，这和西欧大部分地区盛行的福利国家模式有着根本的不同。日本的安全网给贫穷的个人提供的公共支持不多，更多的是提供给经济萧条或增长缓慢的地区经济部门。从理论上说，这样的支持使这些地区和部门赢得了艰难过渡的时间；实际上，就像其他国家的许多接受社会福利的个人在生活上更加依赖公共捐助一样，只要自由民主党议员充当掌管福利的官员，日本的许多地区、经济部门和公司就成为日本国库半永久性的保护对象。

对政府机关的保守控制和逐年加大的预算促进了这两种差别如此之大的选区之间的强制婚姻。无数程度不同的合法和非法的前后渠道填满了政党的保险箱，给政党的领导者提供了资金，让潜在的反对者一文不名，远离越来越有利可图的公共资金龙头。所有党员对由自由民主党常年执掌公共机关的职位而带来的数不过来的政治利益的相互认可消除了政党内有关经济政策的争论。施莱辛格（Schlesinger）捕捉到这个结论，认为政党既是“乞讨者”也是“政治家”的工具。

自由民主党多样化的选区可以通过相对全面、行业类社团主义者网络反映出来。在日本有无数的行业类而且往往是区域综合性的农业和不同类型的企业协会，如医生、牙医、律师这样的专业人员协会。大多数这样的协会包括了其所代表的群体中的大部分人，在国家利益集团政治中可以用相对一致的声音说话；有些甚至喜欢在议会的上院中拥有直接的代表权；最重要的是能在对政策议案的官僚调查中确保一席之地。与此同时，几乎所有的国家官僚机构喜欢对具有竞争性的社会经济选区进行严密而又无限的控制，并与它们进行有规律的互动。因此，财务省（原大藏省）对日本的银行和金融机构实际上负有唯一的责任，农林水产省是和农村地区联系最密切的机构，经济产业省是和大公司以及寡头企业联系最密切的机构，但它也包含中小企业机构（the Agency for Small Business），这个机构所负责管理的范围完全不同。

和拥有不凡实力的经济利益集团之间的官僚联系又进一步通过自由民主党分工明确的政策事务研究会（Policy Affairs Research Council）的委员会和占统治地位的自由民主党的下属部门联系起来。该协会由一系列的委员会组成，这些委员会和各种各样的内阁办公室及官僚机构是平行的。经济活动不同领域里的横向合作和一体化比纵向的分开更不易觉察。从根本上说，政策上的疏失和任何求变的试探性建议都会涉及一些“铁三角”，每个铁三角由一个官僚机构、一个或多个利益集团和经过挑选的自由民主党的政客组成。只有当这些具有不同功能的铁三角内部达成协议时，新的提议才能被提交到内阁和国会。这样的体制为自由的公民社会群体、为独立的接纳某人为内阁成员或者为官僚机构或有关利益集团之间的广泛的横向合作提供的空间微乎其微。随着时间的推移，这样政策类的网络就变得越发根深蒂固，难以根除。

在其他地方，我已经把由此导致的经济政策归纳为“嵌入式重商主义”。日本的国内市场对能对日本国内工业构成威胁的大多数外国产品和投资是封闭的。与此同时，就在国内市场在很大程度上对外部渗透封闭的时候，随着时间的推移，日本在从机械工具和消费性电子产品到汽车和机器技术的一系列行业里建立了无数拥有全球竞争力的公司。这些公司最初在国内市场占主导地位，渐渐地，它们把最好的产品出口到全球市场，创造出一流的跨国生产网络，生产和营销活动遍布世界多个国家。这些公司再加上它们在国内的规模更小的转包商及分销商，是日本经济在第二次世界大战结束后的头 35～40 年里高速增长的主要动力来源。同时，缺乏这样全球竞争力并且主要市场仍局限于国内市场的公司和行业，则凭借政治所提供的保护这种根深蒂固的体制以及国内的寡头垄断下的特权而生存。由此带来的“国民经济”实际上是一种油和水的组合——某些部分非常尖端、生产率高、和世界其他地区紧密结合为一体；其他部分则非常依赖于受保护的全国市场，并且几乎很少受到全球的挑战和竞争的冲击。

自由民主党的长期统治对这两种截然不同的潮流的融汇至关重要。对政府职能部门的掌控使保守派追求能避免在可能存在竞争关系的选民之间艰难抉择的经济政治策略。大型的、具有全球竞争力的公司的快速增长所产生的充裕的财政收入使占统治地位的政客们能向小企业和农村地区少量发放一大块猪肉，施加大范围的保护。实际上自由民主党已经习惯凭借增长和再分配之间相当对立的逻辑所推动的经济政策而蓬勃发展。

国民生产总值红红火火的增长率使政府的财政收入也自动上扬。这反过来使得官员们无须调整旧的政策或减少对没有效率的行业的支持，就能开始推行新的政策。尽管随着时间的推移，为日本最不具备竞争力的行业（建筑、分销、金融服务、航空运输、公路货运、食品、农业和小企业）提供经济保护的政策的代价变得越来越高，但是只要不会自动削弱在诸如汽车、消费性电子产品和机械工具这样的领域里广泛的公司竞争这个前提依然存在，那么这些政策仍将持续。

在缓和党派间紧张的经济关系方面，占统治地位的政党得益于日本的中选举区制度的选举制度。在这个制度下，成功的下院（众议院）候选人只要得到其选区总选票的 12%～15%就可以当选。因此，两个、三个、四个，有时候五个自由民主党支持的议员都可以在同一个地区当选，即便（特别是如果）他们拥有不同的选区并支持不同的政策目标。通过投票给他们最偏爱的候选人，即使是来自最特殊群体（牙医、兽医、杂货商等）的选民都能确保在议会里有人能代表他们的利益。国家政党政策的位置很大程度上被从选举竞争中移开，而个性化的、客户式的政治策略是大多数竞选活动的动力。

大范围的选区的不公正划分确保了农村地区在议会中的代表人数超出正常的比例。农村地区常常能以 1/3 或者少于在城市地区获胜所必需的票数选举议员。而且，农村地区继续在议会的下院里占所有席位的大约 1/3。在这里，保守派的势力最强，新的反对党（以及任何对经济解放、自由化和结束补贴的要求）面对它们最大的障碍。同时，最活跃的社会变革来自不断扩大的城市和郊区，因此农村地区在议会中的代表人数超出比例对轻而易举地将这些社会变革转化成政治权力产生不利影响。

尤为重要的是，按照日本的选举制度，通过投票反对执政党几乎是不可能的。因为每个投票者只有一票，每个地区最多五个代表，通过把一个人的票转给同一政党的另外一个候选人或者给一个得到提名的独立候选人，而且这个人在选举后往往会依附于执政的自由民主党，以此来投票反对一个不喜欢的人，这太不同寻常了。让心里不痛快的投票者反对一个在这个地区有超过一个代表的政党是件尤为困难的事。

就是这样，日本的政治提供的是一个根深蒂固的制度，这种结构使这个国家的许多经济上最不可能有望成功的地区和经济部门享有特权。对政府部门的控制、内部寡头垄断、保护主义以及日本最具全球竞争力的公司和行业的高速增长，减弱了市场竞争这样的非常手段对这些地区和行业的冲击。

没有终点的经济低迷

保守派将具有全球竞争力和受国家保护的经济选区融汇到一起，这个做法受到了 1985 年的《广场协议》（Plaza Accord）的重大打击，但是并没有脱轨。由于日元的币值翻了一番，日本得到良好的契机将它的国民经济从受保护、出口导向型转向以更少的规则、更多依赖国内需求、对外国进口和投资更进一步的开放为代表的新方向。日本政府的委员会提出了各种各样的建议，最突出的是，它们所追求的就是这样一个目标。但是要想实现这种政策上的转移，就要牺牲那些曾接受大量投资的国内的一些行业、官僚机构和政客——而它们都有能力运用相当大的选举和经济影响力来抵制这样的转移。

然而，随着无数的日本公司在世界各地扩大它们的生产能力和银行投资，大约 40%的外国直接投资（FDI）流往北美，25%流往亚洲其他地区，经济活动所提供的两种不同路线之间可能出现的冲突得以避免。1989 年，所有权归属日本的公司制造能力的 5%～7%发生在日本以外的地方；到 2000 年这个数字攀升到 14%～15%。在关键性行业，如电子业（25%）和汽车业（33%）这类数字要更高得多。在很多领域，就像迪特尔·厄恩斯特在第 7 章中所做的广泛探索一样，许多日本公司已完全和世界生产网络融为一体。

这种外流的 FDI，再加上一个尤为松散的货币政策，给日本国内构成相当大的进行艰难抉择的压力——要么将焦点持续放在国内保护加出口上，要么转向以外来投资和进口为动力的更开放的经济以及扩大国内消费。日本的银行和金融机构仍然在继续发放贷款，这些贷款安全性相对较差，但开始的时候还是有利可图，而且扩张的速度很快；并且间接地受到土地价格和股票资产价格上升的推动。结果导致的是人为的、膨胀的经济，这种膨胀的经济继续掩盖日本具有国际竞争力的公司和部门与农村地区、小企业和受到保护的部门（包括银行和金融业）之间潜在的紧张关系。简单地说，日本在《广场协议》后到 20 世纪 90 年代初的政策避免了在政策或经济部门之间进行艰难抉择，相反却强化了这两类经济选区的实力。结果是产生了令人难以置信的资产泡沫。在 20 世纪 80 年代后半期，整个日本都被包裹在这个泡沫里。

一旦这个泡沫在 1990—1991 年破灭了，在相互对立的政策之间进行抉择就彻底摆在了决策者的眼前，而且需要用政治的方式解决。然而，在经济增长缓慢的情况下，任何以解决日本经济问题之名提出的专门的做法肯定会在不同的经济部门和地区内产生明确的赢家和输家，因而会破坏精心打造的不同选区之间的政治平衡，而这可一直是保守派政治统治的核心。由于可能的输家已经融入国家政治体系之中，由于官僚和利益集团的权力已经构筑好以防强行让它们接受可能对任何享受特权的选区非常不利的政策，最终的结果是根深蒂固的、集体抵制任何反对既定利益的艰难抉择，无论某些选择对国家经济整体上会多么有益。掌握权力的人没有任何动力参与，而且强大的制度上的障碍也会阻止他们追求这样的迅速的政策调整，这样的调整的结果是取代旧的掌权者，支持新的掌权人。

投票者反抗的障碍

社会变革和投票者的不满本应该使日本在 20 世纪 90 年代期间得到一个成熟的时

机进行选举上的反抗。缺乏活力的经济以及由此所带来的负面后果是令投票者不满的不可抗拒的原因。伴随而来的是越来越多的贪污丑闻，牵扯到日本最高层的选举产生的官员和公务员。此外，在日本发生了几件事，显示出政府处理紧急事件时的失职，包括在面对由宗教恐怖组织奥姆真理教对主要城市发动的沙林毒气袭击时所表现出的胆怯，以及在 1995 年具有破坏性的神户地震发生时政府应对的无力。占统治地位的自由民主党看到了其声望的大幅下滑。实际上，民意调查时不时地显示出自由民主党是日本主要政党中最不受欢迎的，几个在任的自由民主党首相在 20 世纪 90 年代中后期受欢迎的程度仅为个位数字。

投票者与日俱增的不安凌驾于社会变革的更深的暗流之上，在经济低迷之前和经济低迷期间席卷整个日本。日本的人口经历了从农村到城市和郊区的大的变迁。随着人们不再对某些政党保持固有的忠诚，独立投票者数量增多，投票者的身份发生了变化。在 20 世纪 60 年代，日本的选民中认为自己是“独立的”不足 10%。到 1993 年选举的时候，这个数字上升到 38%，到 1995 年 1 月，是 50%。这些有投票权的人不均衡地集中在日本的城市地区，他们的生活方式与他们生活在农村或者年长的先辈们的生活方式不同，他们已经准备好接受新挑战者的动员。

在第 3 章，凯利和怀特明确指出自 20 世纪 80 年代后期，日本社会经历了一系列更有特色的变化。他们认为，在至少五个主要群体中——学生、闲散人员、单身、老年人和外来者，新的社会行为意味着早年“主流意识”的权力衰退激发了国民的雄心和努力。然而，宏观人口变化和独立投票人的增加这二者的结合并不等于反对派政党的胜利。凯利和怀特所研究的社会群体也没有采取以谋求重大政治变革为目标的明确的政治组织形式。相反，长期的制度上的障碍妨碍将日本广泛的社会制度变革转化成有政治意义的形式，尤其是对提出不同经济议程的反对党的一如既往的、持久的支持。实际上，凯利和怀特所确认的这些群体仍然以内部事务和个人事务为中心，而不是追求政治活动或者用一致的政治议程铸就充满活力的全民组织或社会经济集团，因此，他们在政治上已经被边缘化了。

以前众议院的选举制度会妨碍在不同政党的候选人以及不同政策之间进行明确选择。政党和候选人之间的差别变得模糊了，而不是更加分明。日本的选举制度在 20 世纪 90 年代初期从根本上发生了一些变化，但是那些变化并没有很快产生明确的政党和政策主张。

1993年上台的细川护熙（Hosokawa Morihiro）七党联合政权在选举法上进行了广泛的改革。四项立法确立了新的竞选规则以及对众议院选举制度进行了一整套改革。后者在2000年选举之前又再次被修订。日本的众议院现在由300个一人当选议席再加上按政党得票比例产生的180名比例代表组成。参议院的选举制度在2000年也进一步进行了修订。

在新的选举制度下，政党体制发生了大幅度的变化。形成了新的政党，政党重组的速度让人困惑不解。随着时间的推移，被里德（Reed）称为“可行的政党”在数量上得到加强。其中，至少有两个（新边疆党和日本民主党）代表着可以高度信赖的对自由民主党的挑战。比如，在1996年的下院选举中，这两个政党一起赢得了比例代表票的44%多，而自由民主党得到了32.8%。同时，自由民主党和联合起来的反对党在一人当选的选区得票比例与此持平。在1998年的上院选举中，自由民主党的议席数从61下跌到44，而民主党和日本共产党的席位都翻了一番，使联合反对党成为多数派。在2003年的下院选举中，日本民主党在比例代表投票中击败了自由民主党，以177个席位（37%）成为战后历史上最成功的反对党，政党体制似乎围绕两个大政党——自由民主党和日本民主党得到加强。这些变化本应该有助于提高投票者反抗成功的概率。

同时，尽管这些变化的影响大到足以使它们经常登上日本和外国报纸的头条，但是没有一个变化带来政党统治上、日本国内潜在的权力制度上或者对核心政策方向的推进，特别是经济上的大规模变化。日本并没有经历深层结构上的权力转移。相反，日本此前的政治经济模式（嵌入式重商主义）经历了调整，但不是从根本上重新配置。选举政治、社会经济集团、最高层的管理部门在抵制根本改革上都非常有战斗力；在保守党长期统治期间所建立起来的框架继续妨碍快速变革。因此，尽管反对党在1996年在总选票中得到更大的比例，也仍然眼巴巴地看着自由民主党所得的选票超过了它。因为后者得到了差不多48%的席位而反对派只得到42%。反对党在1998年上院选举中的明显胜利只是短暂的，最多只是产生了有限的持久选举动力，而在2000年的众议院选举中，自由民主党设法赢得了48.5%的席位，而日本民主党只得到26.5%。实际上，在2001年的上院选举中，自由民主党，在新党魁小泉纯一郎（Koizumi Junichiro）的领导下，赢得了极大的胜利，在2003年的众议院选举中，小泉纯一郎又重复了这样的胜利。只有在2004年的参议院选举中，才开始出现这样的现象：也许一个主要的反对党，因为它的选区没有和旧政权结合到一起，产生了把它推进为政府权力的动力。

当然，在日本经济处于最低谷的十年或更长的一段时间里，没有出现哪个政治上的反对派能提出可以挑战执政党经济政策的令人信服又在选举上有吸引力的经济远见。如沙因尔（Scheiner）所述，“自从20世纪80年代末，日本公众对新政党提出的方案变得越来越渴望，但是当新政党的恶兆头迅速上升的时候，他们没有找到一个办法维持投票者对他们的忠诚，所以自由民主党还没有面对一个能持续构成严峻挑战的新政党”。

投票制度和政党组织模式上的变化是缓慢的，没有办法消除新政党和新候选人所面对的巨大障碍。因此，反对党很难实现在选举中打个快速翻身仗并取得胜利的目标。罗伯特·韦纳（Robert Weiner）指出，政党反对派在日本实力比较弱，这本身没什么特别不同寻常的。大多数民主国家的选举都对在任者有利，这就使对执政党构成真正有威胁的反对成为一件艰难的任务。（美国人可以回想一下一个简单的事实：在2004年众议院435个席位的选举中，真正有竞争性的不超过25个席位。）参加竞选的信得过的反对派候选人要面对的障碍仍然是巨大的——在任的优势、知名度、公职的权力、竞选的高额支出，以及任何新反对党在和有政治经验的候选人竞争时所面对的困难，这里提到的只是最引人注目的几个障碍。日本在职的议员为他们的每个选民和他们经济上的支持者做广泛的个案工作。一项研究显示，大多数自由民主党的议员每个月提供10万美元支持他们的选民——以婚礼、葬礼礼物以及类似的形式。这笔钱是他们每月薪金的三倍多。某一个政党执政的时间越长，越有可能成为雄心勃勃的年轻政客选择的工具，这样，反对党就更难发展丰富的有才华的、有可能成为全国性候选人的人才储备。

在任者的巨大优势在农村地区尤其有价值，因为在农村，长期的个人选举机器和世袭的保守政客最根深蒂固。比如，1996年，在农村地区有70名自由民主党在任议员，与此相比，新反对党只有28人。与此形成对比的是，在城市地区新反对党能以68名的数量和自由民主党只有33名在任议员的数量比拼。1996年，自由民主党在一人当选地区得到农村选票的47%，新反对党只有30%；到2000年，这个差距进一步加大为50%∶7%。实际上，自由民主党在大城市的问题在1998年最为突出，当时自由民主党在日本都市人口最多的县没有赢得一个席位。而且，尽管生活在城市和农村的日本人口的比例极其不协调，自由民主党在农村的垄断仍然固若金汤，保守派的农村堡垒使反对党夺取权力变得更加困难。沙因尔（Scheiner）把反对党的困境归纳为："即使一个反对党赢得农村 SMDs［一人当选地区］的 30%，和所有 PR［比例代表］的 1/3 席位（这个结果比日本民主党在 2000 年取得的席位要多），要想赢得［议会的］① 多数，它也还需要赢得剩余席位的 75%（混合以及城市 SMDs）。"

创造性地运用刚刚修改过的选举制度可以给在任者提供保护（至少是短期的），这种支持具有讽刺意味。在一人当选地区失利的保守派候选人可以通过在本党比例代表名单中赢得足够高的点数保住议员身份。因此，1996 年，多达 84 名在一人当选地区失利的候选者通过"赢得"他们在政党名单中的重复候选资格而"获救"。

在日本，侍从主义和财政上的集中结合起来，使反对派面对特殊的困难，这二者都对自由民主党在任者有利。这么多年来，国家政府在对地方财政的控制上占有优势，其程度足以使刚刚成立的反对党几乎难以在地方政权中发展它们的堡垒。从这些地方政权中，它们可以培养候选人，同时获取支持，试验新政策并对在全国占统治地位的政党发起可以信得过的挑战。由于这些原因，雄心勃勃的政客们有相当的动力依附于在全国掌握财政的一个或多个政党。在 20 世纪 90 年代形成的刚刚重组的政党不得不努力地挣扎以战胜这些长期存在的障碍。

同样，尽管在日本，新的非政府组织（NGOs 或 NPOs——非营利组织——在日本人们更常用 NPOs 这个名称）猛增，但这些组织也面临着来自官方的相当大的反对。在日本 6 000 个非营利组织中，大约有一半在 1995 年的神户地震之前都是不存在的。这些组织存在的年头不长，再加上日本是一个没有公共慈善传统的国家，这意味着它们大部分资金薄弱、人手短缺。此外，1998 年开始执行的公共存取法案（public access law），给日本的"国民社会"以大的支持。由于各类公众组织可以获得原来被封存的公共档案，大量"不再是秘密"的政府行为得以披露。然而，非营利组织仍然要面对官方对它们活动的巨大反对。例如，在 2002 年 1 月为遭受战争蹂躏的阿富汗筹款的国际会议召开之前，一位非常有实力的自由民主党领导人铃木宗男（Suzuki

① ［］内内容为译者所加。

Muneo）就成功地向外务省施加压力，没有让非营利组织参加。各种各样的政府机构对在新的阳光法案下寻求有关政府数据的个人和非营利组织进行了广泛而又秘密的背景调查。如果说“国民社会”在日本的势力有所增强，成为平衡长期以来主导决策的政党、官僚关系的一支力量，这种情况的进展速度也是缓慢的，而且面临着来自官方的强烈抵制［和施瓦茨及法尔（Schwartz and Pharr）的观点对立］。

总之，自由民主党的长期统治以及按照不公正的方法划分的选区和对预算的控制制造了不可抗拒的障碍，妨碍将社会变革或者投票者的困惑快速转化成反对党的胜利。十多年的经济低迷可能也确保了理论上的政治报应，但是任何从外面向保守派占主导的这个密不透风的城堡发起进攻的人不得不攻克深深的机制上的壕沟、高耸的保护性的壁垒，以及保守派的武器弹药库。因此，反对派在选举上获得胜利还远没有到来这件事就不足为奇了。

另外一个经济议程在结构上的障碍

来自占统治地位的权力圈外部、妨碍反对派成功的障碍也有助于解释为什么当权的保守派自己根本就不急于按照可能会挑战已经建立起来的选民团体的方法，而放弃他们过去的经济方法。相反，在保守阵营内部，相当多的特权阶层——银行、农民、官僚和可能会破产的公司（这里只提几个最明显的），有充足的经济原因抵制可能威胁到其占据清闲高薪职位的任何变革。当然，对于许多已经当选的官员也同样如此。更重要的是，所有这些群体对政治体制中关键的否决点都保持着有力的制度上的控制，这就使他们能够对任何他们反对的变革发动有效的抵制攻势。

日本最大的经济问题，就像评述的那样，在于这个国家的不良资产（NPL）这个大问题。这个问题的渊源是日本 1985—1990 年期间的资产泡沫以及接踵而来的 1990—1991 年的泡沫破灭。经济学家对于如何用最佳的办法处理不良资产问题进行了相互对立的分析。货币主义者呼吁松动银根；新凯恩斯主义者更倾向于预算上的刺激；许多结构主义者的主张则倾向于对整个经济进行大规模的内部重组。毫不奇怪，最后这个建议受到那些在现行体制里占有一席之地的人最强烈的抵制。

日本不良资产里的大多数都有贷款人所持有的土地或股票做保障。当股票和土地价格崩溃的时候，贷款实际上就变得一文不值了。然而，要是银行勾销这些贷款并且试图以新的但是已经大幅度贬值的价格抵消那些被作为抵押的财产，这就意味着银行的大规模破产以及借款公司雇员的失业，也许这样的做法最终可能真的会带来生产率更高、在国际上更有竞争力的公司和部门以有利于对国家资源的积极再分配。由于无法勾销贷款，就得终生养活无数的所谓“还魂尸公司”。它们是日本的活死尸，没有能力有效地利用资金。但是，显然，如果通过制度上的改革消除“还魂尸”，采取根本的金融措施结束不良资产问题，无数的自由民主党选民可能会受到伤害。同样容易受到伤害的还有对选举很敏感的自由民主党执政官员，他们非常焦虑地想避免由于公司倒闭、失业和股票价格进一步崩溃所带来的政治上的损害。

因此，来自保守阵营内部的经济改革倡议至少面临着和来自统治者以外的对立的挑战力量的倡议同样的障碍。无数支持旧政权的选民不遗余力地采取各种措施，防止那些让他们享有特权的政策被取缔。在反对变革这件事上，他们在官僚和自由民主党圈子里拥有有力的联盟，并且控制着无数制定政策的否决点。即使保守的改革者也要被迫面对上面提到的密不透风的、按职能组织起来的政策制定过程。这个体系让单个的官僚机构、公司化的利益和以职能为导向的议员享受特权。由此产生的结果是，日本银行努力推行的松动银根政策以及政客们和许多官僚所推行的膨胀的预算政策的混合体，成为几乎贯穿20世纪90年代的可以选择的政策搭配。人们希望通过这些政策搭配刺激国家和公司的增长，即使以通货膨胀为代价，这样慢慢开始营利的公司最终可以偿还这些不良资产，而不是勾销贷款或者使其货币化。更重要的是，如果这种政策能达到预期的效果，就不需要从总体上进行更深层次的经济上的结构改革，也不需要由重点保守派选区接受任何直接的惩罚。

对让保守的选民保持安定尤其具有重要价值的是政府对公共预算的控制。即使在日本宏观经济最困难的时候，自由民主党仍然利用在预算上的权力为选民提供各种老主顾才能享受到的好处，以便稳定这些选民，让反对者无法接近这部分选民。

整个20世纪90年代，当权的保守派依靠凯恩斯主义财政政策的刺激，再加上低利率，在选举上“丝毫不自私自利”地将用公共资金喂饱的“猪肉”分给有价值的选民。《经济学家》(*The Economist*，1998-04-23）显示，在1994—1998年期间，作为占国内生产总值一定百分比的公共开支在几乎所有富裕的民主国家都有所缩减。下降最多的是瑞典，公共开支从占国内生产总值的 68%下降到 59%。英国下降的比例也多达 6.1%。与此形成对比的是，在这段时间唯一一个公共开支增加的国家是日本，增长了 2%。

在 20 世纪 90 年代的大部分时间里，政府开支的大部分都流往农村地区的大规模建设工程，而用于科学和技术方面的开支有所萎缩（见图 2—1）。直到至少 1998 年，日本的政府官员仍然追求在高回报的技术、新公司或创新的生产程序方面投资的经典猪肉。同时，日本银行追求异乎寻常的低利率政策，这样政府发放债务就变得更加容易和便宜。由于流往有望提高就业机会或者资本生产力，或在整个经济中发挥有力的多重效用的工程的公共款项微乎其微，政府的债务一下子上涨到占国内生产总值的大约 160%，是到目前为止在工业化国家里债务水平最高的。2004 年，日本的公共债务服务差不多吃掉年度国民预算的 1/4。日本是唯一一个预算赤字高于四年前的大国。尽管会给执政党带来明显的政治利益，但这样浪费时间和金钱做不必要的并产生相反效果的工作使日本的经济困难更加恶化。财政和货币上的放松成为自由民主党以牺牲后代人的利益为代价，继续保有权力、保持选民忠诚的重要工具。而且，保守派对预算的控制还意味着，由于缺乏控制国家财政的能力，反对派参加每一个选举战役都是用一个象征性的弹弓来对付在任者操作的榴弹炮。

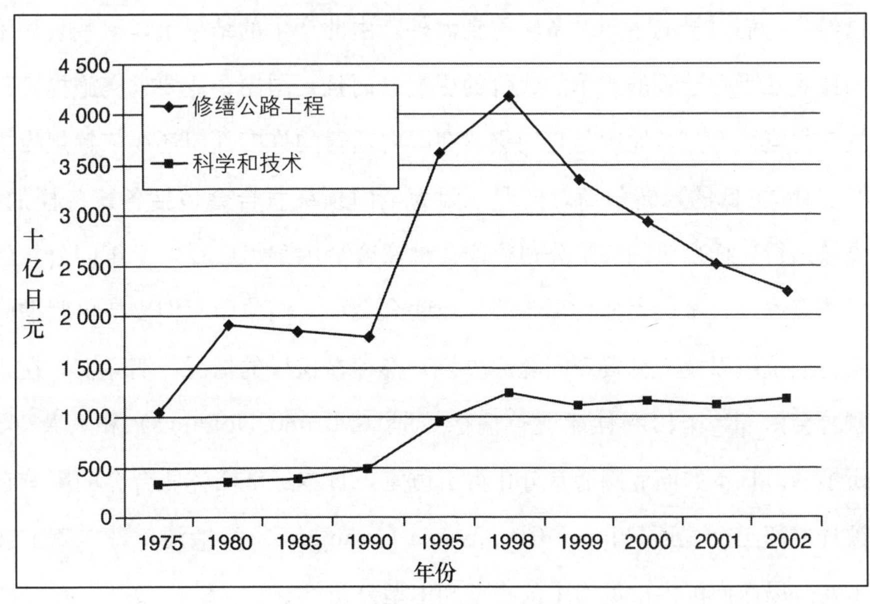

图 2—1　预算开支（选定年份）

具有讽刺意味的是，即使是日本的大型商业部门也没有要求在经济政策上进行根本的变革。主要的大型商业联合会和总是具有预算意识的财政部对扩大政府债务一直持强烈反对态度；实际上，财政部施加压力要求增税以抵消任何刺激经济的一揽子计划——这几乎算不上一个在政治上合乎民意的提议或者是一个可能解决日本的不良债务或通货紧缩问题的提议。然而，大部分有关减少公共工程、朝其他方向重新指导预算或者紧缩财政开支的主张，都面临着政治阻碍。这些阻碍都是为了让政策有利于将公共资源转移到根深蒂固、通常来说有贡献的支持者，尽管这些支持者并不总是具有国际竞争力。

日本最大而且是最有声望的企业联合会——日本经济团体联合会，传统上让自己与“自由化”和“经济改革”保持一致。当联合政府于1993年开始执掌政权时，日本经济团体联合会取消了以前对当权的保守派的自动的选举支持。但是就像自民党一样，日本经济团体联合会的成员当中既有具有全球竞争力的也有依靠保护的公司和部门。因此，日本经济团体联合会也就成为对新政策和制度不那么始终如一的支持者。因此，日本并没有遭遇一个大规模的来自商业企业的压力，这些企业并没有动员起来反对政府追求了15年的不可否认地无效的政策。

大量日本最有国际竞争力的公司进一步推动了企业对经济政策继续按兵不动，这些公司已经将它们大量的生产设备转移到海外。由此产生的结果是，这些公司不再直接受国内慢到几乎等于零的改革的代价的影响。而且，国内企业要求实施提高经济效率的计划变得毫无声息，原因是它们仍然在国内运营的许多部门还要依赖规模更小的（而且往往效率更低的）转包商。何况，因为全国顶级联合会包括各式各样的会员，以至于支持进行这样变革的成员公司往往会被联合会内部可能反对变革的公司的势力所抵消，所以许多日本最大的公司制的企业联合会（人们希望它们支持更紧缩的财政政策、银行业重组以及不良资产问题的决议）都存在这样的情况。实际上，在日本经济团体联合会内部，丰田和佳能就被瑞穗控股（Mizuho Holdings）和大荣（Daiei）的力量所抵消。日本的商业圈通常分化得更厉害，日本经济团体联合会的影响在很大程度上被日本商工会议所（Japan Chamber of Commerce）所抵消，日本商工会议所的成员主要是以面向国内市场为主的小型和中型公司。

因此，就像反对来自外部的变革的制度上的僵化缓解一样，长期将保守政权团结在一起的制度和政治的结合，也会妨碍从保守阵营内部发生迅速的抢先的政策变化。

然而，随着经济急转直下，越来越多的日本当权保守派开始追求“经济改革者”的外衣，支持新的经济政策方向。从 1993 年开始，国家、县、市各级政治领导人让自己披上改革家的外衣，向现行政治体制发起挑战并承诺对整个政策领域进行根本的结构性革新。在这些人当中，最突出的是前首相细川护熙和桥本龙太郎及现任首相小泉纯一郎以及十几个甚至更多个县的知事。因此，在这个时期的大部分时间里，在日本关于“改革”对“抵制”的真正斗争主要发生在保守派队伍内部，而不是在保守派和外界的反对者之间，或政府和有投票权的公民之间。然而，至少直到小泉纯一郎执政时（许多人都会认为，甚至在小泉纯一郎内阁的大部分时间里），保守派内部的改革者在努力赢得对政策议程的控制、重新调整成本和收益的经济平衡的过程中，都面临难以克服的障碍。

在某些非经济领域，政策上的变革来势汹汹。如理查德·弗里曼以及其他人在第 4 章中所阐释的那样，长期的政策圣牛在国防和安全领域里已经被屠杀了。1997 年 9 月 23 日，美国和日本政府开始实施一套修订过的日美防御合作指导方针。这些改变了日美安全合作的基础，其中有一个专门的部分是关于日美在周边地区，而不仅仅局限于日本领土的防御合作。在此之前，任何诸如这样的对条约的重大修订和再次声明都会遭到大规模上街游行的“礼遇”；这次，只是有一些小型的公开辩论，这些指导方针就通过了。同样在 1999 年，日本的国旗和国歌再次被正式（而不是悄悄地）提及，结束了迄今几十年来意识形态领域里对这个问题两个方面的敌意。类似地，2001 年 9 月 11 日后，日本政府在美国的命令下迅速行动，开始广泛的反恐立法。日本的船只被派往印度洋，作为反对阿富汗基地组织斗争的一部分，日本还派遣军队支持美国在伊拉克的行动。所有这些都代表着和过去的重大决裂。在撒切尔主义的变革影响伦敦市后，1998 年日本开始在金融行业实行大范围系统的自由化，这被冠以“大爆炸”之名。还发生了许多重大变革，如在劳动政策、社会福利和教育方面。

经济上的变化实现起来要慢得多。尽管随着时间的推移，旧的方法无法挽救经济局势，保守派阵营内部改革的呼声变得越来越高，但政策上的实质性改变需要政策制定的机制中发生不计其数缓慢而又不总是能看得见的变化，以此作为政策上发生实质变化的序曲。就像日本的选举制度和政党制度进行了重大的但没有带来立竿见影的变化的变革一样，日本全国的官僚机构以及更广泛的制定政策的机制也同样如此。2001年1月，日本20多个政府部门重新组合成13个，在许多最重要的部门的职能和权力上进行了重大的重新分配。

许多以前的官僚机构和作为其组成部分的利益集团之间的密切联系被打破，长期以来的垂直管理体系受到挑战。以前官僚们在议会前作证的权力受到检查。从前得到政治任命的人在任何政府部门只能占据最高的两个职位，而让官僚机构随意追求它们内部的议程；现在在大多数机构这个数字是以前的3倍多，为早些时候的官僚自治提供了更多层面的政治监督。此外，作为1996年“大爆炸”的一部分，财政部失去了以前向一个新金融监管机构——金融厅（Financial Supervisory Agency）[后来变成金融服务机构（Financial Services Agency）] 发放金融机构许可证的完全控制。

也许最重要的、刚刚成立、人手完备的内阁办公室，再加上受到支持的内阁秘书处，在总的制定政策的过程里赢得了很大的实力。1999年末，首相办公室有582人，内阁秘书处有184人。到2001年底，新成立的内阁办公室大约有2 200名工作人员，内阁秘书处的人手是以前的近3倍，达到487人（Prime Minister of Japan）。根据1999年的立法，明确授权首相可以参与政策制定并开始制定法律。新的经济和财政政策委员会（Council on Economic and Fiscal Policy）获得相当大的空间制定各种政策，涉及不良资产、银行业、公共行业公司的自由化以及一系列相关问题。所有这些措施改变了以前当选官员和资深官僚之间的权力平衡。单个机构的自治权有所下降而当选的政治家的权力有所提升。更为重要的是，随着首相和内阁得到更多对政策制定的监管权和决策权，自由民主党领导人个人的权力，包括曾经很有势力的帮派领导人的权力被缩小了。总的来说，过去僵化的垂直政策制定体制已经慢慢被首相、内阁办公室和内阁秘书处提出的新的、有力的倡议所打破。

此外，管理公司结构的法律发生一系列的变化，这些新变化鼓励大量私有公司减少它们相互持有的股票；减少它们和所谓的主要银行的联系；改变它们内部的用人和提升模式；更加强调公司是否具有营利性。至少同样重要的是，2003年通过的《工业复兴法》（Industrial Revitalization Law）成立了工业复兴公司（Industrial Revitalization Corporation），这个公司被赋予一系列的权力，迫使负债累累并且几乎没有什么在短期内恢复营利迹象的“还魂尸公司”进行内部重组。

这些新的权力机制对制度上的经济改革努力，特别是小泉纯一郎首相所进行的改革至关重要。小泉纯一郎上台时承诺进行“不留任何余地的改革”，并且向许多妨碍政治和经济变革的潜在的体制和掌权者提出明确的挑战。对小泉纯一郎持批评态度的人认为，他过早提出口号、做出承诺，而不是进行全面的改革。他们认为潜在的体制在很大程度上没有受到他的行动的挑战。

然而体制和政策上不计其数的变化，有些由小泉纯一郎政府实施，其他的在他上台之前就开始实施，为小泉纯一郎提供了一个重新调整后的政策制定环境，使他和他的支持者能够推进经济政策上的变革，这些变革将会带来大规模的体制改革并终结许多旧的模式。最值得注意的是，他利用了经济和财政政策委员会。这个委员会拥有广泛的经济建议权并只对首相报告。2001 年 6 月 21 日，该委员会提出在一系列政治敏感区进行彻底的变革。小泉纯一郎自此在许多这样的领域里进行了改革，包括公路建设、邮政储蓄制度、不良资产问题、各种公共行业公司的私有化以及为公共工程发行新债券设置上限。

小泉纯一郎的许多政策倡议不断遭到顽固的政党领导人的反对。四年来，小泉纯一郎和他的盟友在一根钢丝绳上和反对改革的政党领导人进行斗争。尽管如此，他执政的时间比紧挨着他的十个前任要长得多；在选择内阁成员以及提出许多政策议案的时候，他避开了主要的党派领导人，因此削弱了他们长期以来的权力能力。小泉纯一郎证明，他真正的力量源泉来自政党以外，主要是来自对政治经济改革迟缓的步伐感到灰心的公众和让他绕开传统的政党渠道的利用传媒的技巧。就这样，凭借惊人的勇气，小泉纯一郎的政党改革努力结出了政治果实。当他的邮政改革议案在议会受到阻挠后，他解散了众议院，清理了 37 名自由民主党反对者，并且派遣新的自由民主党“剑客”在他们自己的地区挑战反对者。由于把改革当成了基础问题，小泉纯一郎领导自由民主党在 2005 年 9 月 11 日获得了轰轰烈烈的胜利。被小泉纯一郎部分清理的自由民主党赢得了 2/3 的席位，让党内他的反对者和反对派的日本民主党遭受重创。权力的平衡决定性地转到有利于体制改革议程的方向，无论小泉纯一郎的继任者是谁，都很难使这些议程在短时间内被逆转。

在日本的公司里也开始出现大部分都不可能被政府方面的变化所逆转的重要的变革。这些变革看上去速度缓慢，犹如插曲，但是它们合起来就变得非常了不起。雷诺控制下的日产公司的经历就尤为生动，大规模的重组使日产的总裁卡洛斯·戈恩（Carlos Ghosn）成为一个民族经济英雄。其他外国公司已经成功渗透到以前封闭的金融和保险业内，并提高了它们在整个行业内部对广泛的商业实践的影响力。同样，无数的外国公司，如花旗银行、IBM 和 Carfours 已经充满竞争活力地进入日本市场，迫使它们的日本对手进行大范围的结构调整。不计其数的以前被认为是规模庞大不会倒闭的公司已经破产了；其他的公司有可能步它们的后尘。同时，许多长期造就日本成功神话的公司，比如本田、丰田、索尼和佳能，仍然保持高赢利水平；而其他一些更新的公司，如优衣库（Uniqlo）、软银（Softbank）、乐天市场（Rakuten Ichiba），正在为长期的成功打基础，追求新的商业模式。这些证据说明，日本正在经历重大的微观层面的经济变革，这些变革是对远离宏观的政治僵化、引入新的改革政策对付不良资产和"还魂尸公司"这些倡议的补充。从长期来看，这样微观层面的变革几乎肯定会对整个经济带来转型式的效果，特别是这些变革得到宏观机制和政策变革的支持，如小泉纯一郎首相所追求的那些改革。结果很有可能是对国家政治经济进行大范围的重组。

展望未来：改革对抵制

无论是在精英层面还是在大众层面，有一点越来越清楚，那就是以前经济增长缓慢，决策时希望所有参与者都是赢家，这样的决定不能再做了；同样也不可能像日本较早时候经济快速扩张时那样。提高国家生产力现在要求在很多经济部门进行根本性的变化。然而日本的政治体制长期以来抵制来自外部的反对派的挑战以及来自统治圈内部的政策变化。旧的僵化慢慢地在软化。十多年的低利率和慷慨的政府津贴及开支在恢复国民经济生产力或刺激体制改革上收效甚微。相反，这些现象反映出现行体制在使重要的自由民主党选区永久性依赖公共财政来换选票上的力量。

十年来，在掌握公职的人或公共政策方面几乎都没有什么变化。保守势力的代理人利用根深蒂固的权力机制，来阻止采纳可能会危害国内和政治上受保护行业的新的经济政策。在过去的 15 年里，日本 1955 年体制的残余势力尽管对经济增长政策具有明显的干扰作用，但仍然根深蒂固。

选举也没能快速根除日本根深蒂固并且经济效率低下的行业。对选举和政党制度不计其数的修补并没有导致在国民经济政策上做出明确选择。长期以来反对党的势力衰微减弱了通过投票者倒戈对保守派构成威胁的严重程度。显然，自由民主党，往往在日本共产党（the Japan Communist Party）、公明党（the Clean Government Party）和日本社会民主党（the Democratic Socialist Party of Japan）的支持下，支持经济效率低的现状，而新的反对党一般都倾向于更进一步的自由化和经济开放以使城市地区和更有竞争力的部门受益。但是这种分歧并不是特别明朗。随着时间的推移，体制改革的呼声在自由民主党内部也开始越来越高。同时，日本民主党在选举吸引力和议会实力上的逐渐提升增加了对自由民主党按照能够使国民经济复兴的方式继续打破旧的体制的外部压力。

到写本章时为止，许多长期以来妨碍经济政策改革的体制上的障碍正慢慢地被清除掉，这一点变得越来越明确。新的经济政策已经得到推进，特别是在小泉纯一郎首相的带领下，同时日本的公司自身也开始远离长期以来妨碍生产力增长的行为，采取更有可能提高全球竞争力的措施。2005 年的选举结果将促进进一步的改革。

从凯利和怀特在第 3 章中提出的证据看，日本社会正在经历一系列大范围的变革，这预示着和过去进行实质上的决裂，这一点是非常清楚的。然而那些社会变革在政治和经济中没有得到同等的反应。在诸多原因中，凯利和怀特所研究的新的社会群体决定远离政治要比参与政治的速度快得多。这些变化将以什么样的程度和什么样的速度，最终渗入到政治领域里，这还不清楚。然而，除了凯利和怀特所强调的群体以外，其他的变化也在重塑日本社会。广泛的人口变化肯定会继续使日本的公民更城市化而不是农村化，更老龄化而不是年轻化。和第二次世界大战后的大部分时间相比，劳动大军中可能有更多的女性和兼职者，在一个公司长期效忠的人更少。以前占主导地位通往权力的精英路线几乎肯定会和同样有实力的其他路线并存。这些新路线会挑战以前对实权职位的垄断。随着地方知事、市长和公务员寻求提出对一系列问题的特殊的政策解决方案，他们几乎肯定会继续向其在东京的同僚发起挑战。自从 1995 年神户地震后，日本已经目睹了非政府组织的崩溃，许多非政府组织都迫切地想对政策制定施加影响，或者承担新任务，或者接手以前由公共部门处理的各种问题。

许多这样的社会变革将在政治领域里得到体现，这一点是非常有可能的。比如，很难把一个25年后的日本想象成是农业或小企业的保护者，或者缺乏公共政策解决劳动力中大量妇女和兼职者的特点和需求，这可是目前的情况。同时，通过对选举和政党体制进行重大的政治改革的可能性正在提升，原因在于自由民主党内部的变化，特别是“改革者”小泉纯一郎在2005年的胜利。

因此，自从世纪交替之后，就产生了进行重大改革的催化剂。但是在这个明显的转变之前的漫长、充满磨难的过程里，有三点值得注意。

第一，对一整套范围广、根基深的政策、程序和机制进行广泛的修订需要花费相当长的时间。比如，美国人可以回忆一下，在20世纪80年代后期很多人都认为美国被困在一个旋涡中：生产力下滑、由于海外竞争者而失去就业机会和市场、预算赤字不断扩大以及一个永远找不到工作的社会底层。然而，十年以后这一现象被彻底逆转了。这种转变并非来自任何单一的政策或者选举上的转变，而是一系列相互关联的强有力的变革的结果，包括：公司行为、互联网革命、国家福利和移民政策的变化、一系列自由化措施和股市上扬对政府财政收入的积极作用。尽管这些变革中的一部分现在已经减速了，可绝没有否定美国经济财富从20世纪80年代到现在的根本转折。但是任何认为公共意见的变化会很快并自动带来改革的假设必须要用根深蒂固的机制妨碍上述进程的能力来权衡。

第二，尽管这些平台可能长期被用来反对资历更浅的反对党或反对自由民主党内部经济改革的拥护者，但由政治引发的变革证明是可能的。自由民主党在1993年失去权力不是因为在选举上被反对党所击败，而是因为其阵营内部的异议和分裂。政党所宣称的原则和每个议员的利益常常有冲突。如上面谈到的那样，自由民主党在2005年仍旧是一个既包括支持改革的人也包括反对改革的人的联合阵营。然而，内部的平衡戏剧性地朝有利于改革者的一面倾斜。而且，在新的选举制度下，日本的许多单个的政治家行动时都不必过于担心来自政党或派系内部的报应。因此，如果和执政党脱离关系意味着一个议员有可能成为获胜的联盟的一分子，那么和占统治地位的政党断绝关系的动力就会更大。许多在1993年和政党结束关系的保守派毫无疑问地相信，继续待在被广泛地称为“反改革”的自由民主党内很有可能会威胁到他们自己的选举命运，而他们和“腐败”断绝关系，加入“改革者”的组织，就有可能再次当选。来自保守派内部的另外一个类似的威胁出现在加藤弘一（Kato Koichi）向领导权发起挑战的时候。目前，在自由民主党内部几乎没有什么进行政党重组的动力。对于政党来讲，这种动力绝大多数都会成为减少单个的成员退党以寻找更翠绿的政治牧场的诱因。但是对日本民主党日益恶化的失守肯定会产生内部的无端指责以及可能的重组。而且尽管自由民主党目前似乎重新得到了它的“一党垄断”地位，但是并不能保证以后不会出现分裂或反对党复出的情况。

从逻辑上这就导致了第三点，以及期望长期变革的理由。日本已经经历了政策制定机制、内阁和首相职位的权力集中化、公司行为的微观变革，特别是小泉纯一郎首相提出的政策上的重大改革。然而还不清楚这些改革的范围有多大、最近的转变能在多大程度上变成永久性的并建立新的、不那么具有保护性的政权。但是体制上的变革已经带来了来自自由民主党内部的重大经济改革。

日本继续面对一场根深蒂固的斗争。对阵双方一方是具有全球竞争力的行业，它们将会从市场自由化和更进一步的解放中受益并拥护这样的政策；另一方是代表严重依靠受政治保护的国内经济和公共工程的势力。从长远来看，而且几乎可以肯定的是，前者会“赢”，而且现在的政治势头肯定倾向于加快改革的步伐，但是有可能继续对日本更有依赖性的行业提供政府支持。即使改革进行，也不可能完全放弃这些行业。

自从世纪之交以来，政治体制范围内的机制变革和挑战日本保护主义和寡头经济中最倒退的因素的新政策议案结合到一起，再加上日本许多公司的快速微观层面的改革，说明在经过一段漫长的低迷后，改革力量已经积聚了重组的能量来推翻主要的抵抗力量。从 20 世纪 50 年代初到 90 年代头两年一直在政治和经济上让日本受益的旧机制证明，在发生了变化的全球和国内环境下没有能力再带来同样政治和经济上的利益。这个机制正在慢慢被肢解，最近的证据表明其变化、被新模式取代的速度正在迅速加快。

第3章

学生、闲散人员、单身者、老年人和外来者：改变一个家庭国家

威廉·W·凯利

梅里·I·怀特

日本和亚洲之间新的参与形式正取代这个地区的美国化进程吗？回答这个问题需要审视日本自身，找出国内有哪些地方进行了社会机制重组。由于经历了十多年的经济上的停滞和政治上的倒退，预见重大的社会变革似乎有点奇怪。虽然如此，我们相信在今天的社会里会出现具有深远意义的发展，这种发展的动力来自日本国内、来自东亚地区、来自全球，最终不但会对日本产生影响，也会影响亚洲其他地区。这其中的许多发展都得益于在 20 世纪 90 年代和下列做法脱离了关系：大众的中产阶级社会、强调约定俗成的家庭主义和文化上的民族主义的保守政治，以及由政府和公司引导的经积累增长的经济议程，这是第二次世界大战后几十年来的特点。

在 20 世纪 90 年代期间让日本鸡犬不宁的那些事件令大多数分析家感到吃惊。我们都见证了（但几乎没人预见）在战后的几十年里维系昭和日本的国际体制和国内机制中的核心元素的瓦解。苏联的解体，1989 年昭和天皇的离世，80 年代泡沫经济的崩溃，经济发展进入漫长的停滞和衰退期，1955 后政治体系的持续混乱——这些和其他方面的现象使 21 世纪初期展现在我们眼前的更多的是一个备经磨难的、焦虑的关注对象而不是 80 年代末期那个自信的日本。许多日本人曾经称为“失去的十年”延伸到一个新世纪。

许多人对过去进行反思，认为日本只能在 1945—1990 年的近半个世纪里复苏并走向繁荣的原因在于，日本是在一个特殊的、现在已经不存在的国际政治经济温室里——包括以美元为主导的世界经济里估计值偏低的日元、两极化的超级大国斗争中美国的安全保护伞，以及在工业资本主义时代里高价值的制造技术——成长起来的。这些分析家得出的结论是这些条件的消失将日本推到现在长期陷入的不振和危机之中。尽管不可否认这些根本性的转变会带来体制上的后果，我们还想再补充三个进一步的发展，这三点都是日本国内的因素，但是在塑造日常生活环境和个人行为方面同等重要。

首先，20 世纪中期到后期，标志日本在意识形态上的特点的是历史上独一无二的一代人，所谓的个位数的昭和人是指那些出生在昭和天皇统治头九年（1926—1934 年）的人。这一代人构成了年龄金字塔的塔基，且出生率呈平衡下降状态，生活在这样一种状态下的人无须对太平洋战争负责。接踵而来的战后婴儿潮使日本社会年轻化，而这一代人也到了法定年龄。随着个位数的昭和人相继离世，这个年龄金字塔开始发生相反的变化，因为原来处在金字塔底部的大量年轻人口向上移动，进入退休年龄。我们还可以看到不同代的人之间的差别，即使人口中的大多数都是在战后出生或长大，即使消费文化往往会把一代人与另一代人之间的经历混合到一起而不是把他们区分开。

其次，具有讽刺意味的是，在20世纪60年代中期，某些社会决定和诱因都被证明为了他们自己的利益而大获成功。这个结果曾被关西大学教授威廉（William Steslicke）称为“成功的困惑”。教育上的军备竞赛（也就是，为了赢得数量有限的有声望的学校的教育证书，父母的投资和学生的努力持续攀升）以及首都东京资源和人口的超级集中是这个单中心城市社会权力的两个例子，它们聚焦于一个场景——无论是教育的顶峰还是地理上的中心——作为权力和价值的源泉。

最后，许多人认为日本现行的制度无法适应它现在的实际情况。对立和怨恨已经公开崭露头角，私下的不满已经成为公开的批评。日本人现在已经受够了造就了“富裕的日本、贫穷的日本人”的经济制度，受够了把儒家的福利以及其对家庭的严苛要求和腐败的任用亲信结合起来的政治制度。政府有关“扩大休闲”、“促进私有化”、“国际化”和“我们美好的家庭文化”的口号工程得到的只是越来越愤世嫉俗的市民的扭曲的笑容。当然，社会政策的花言巧语从来没有和它们宣称要服务的选区的生活相符过，那些从未接近过政客们所歌颂的“独一无二的、美好的社会文化”的家庭和个人，已经打破了官方表现形式的政治伪装，表现出自己的不满。这些人发现非传统的可能才是普通人生存的唯一方式，因为传统并没有很好地为他们效劳。

日本因此处在残余的功能紊乱和迫切的理解与安排并存的关键时刻。尽管如此，即使国内的这三点因素自身也不能决定人们生活和行动上的转变，而这些实际上可能带来政治上的结构调整。我们想提出五个正在挑战当代日本社会构成的趋势：

- 在学生当中，(a) 私立中学日渐成功，它们用六年的初中、高中教育让它们的学生进入顶级大学；(b) 公立中学为它们的毕业生通过正式的就业渠道找工作的能力下降，而这在最近的几十年里曾经相当成功过。
- 在年轻工人当中，越来越多的人选择或被迫接受半日工作或临时工作。
- 女性当中，推迟结婚和生育的人的比例迅速上升，许多女性仍然和她们的父母生活在一起，同时继续工作。

● 在老龄人口当中，独自或和配偶一起度过更漫长的晚年时光的人的百分比有所上升。

● 在大量的非外来永久性居民和外来的日本回归移民中，一种新的“能见度”和果敢态度使这些“外来者”在日常生活中对主流文化更熟悉，这同时也对 20 世纪日本的文化民族主义为中心的种族同质论形成了有力的反驳。

推测变革的影响是有风险的，我们当然不会宣称除了我们所判别出的这五种情况之外就不存在其他的可能。但是，是他们激发了我们的兴趣，因为每一类人都意味着其他的选择并且暴露出当前的制度不能轻易容纳的对立。学生、闲散人员、单身者、老年人和外来者：五种社会类型，尽管肯定受到限制、很少聚集到一起、很少被政治目标驱使，他们的行为却具有预示作用。他们属于参与者的范畴，不是社会群体；他们在流动空间和选择范围上有很大的不同，尽管从经济或政治的角度看他们不是那么处在边缘。但是对于像我们自己这样长期关注日本的“新兴中产阶级”现代性本质的人类学家来说，他们这些人表现出的“主流意识”对激发士气和努力的力量正在消退。

家庭式的日本

这些特殊的、突然出现的行为都和当今日本家庭的正式的代表和日常现实有关。尽管在每一个社会，家庭对于构成个人生活都至关重要，在现代的日本，家庭在政策、话语和行为上都发挥了特殊的战略作用。甚至比其他先进的工业化民族国家更甚一步，20 世纪的日本在政治、经济和社会关系及形式上正式地并且通俗地把自己表现为一个家庭式的国家。在这一百年中，这些表达方式在意识形态领域里变现为不同的声音（从政治上的咄咄逼人到经济上的麻木迟钝），而且有关家庭的形容词被运用到各种场合（比如，家庭式天皇国家、像家庭一样的公司、作为国家社会基石的家庭）。关于家庭的表达和劝诫甚至从根本上是相互矛盾的；有时候对人们所劝导的家庭形式是几代同堂，就像英文里可数名词变成复数时一样，别的时候又劝导把家庭当成是核心的单位。

然而，随着学生、单身、闲散人员、老年人和外来者之中的新动机、行为和现实正在破坏在意识形态上得到认可的基石，对家庭的谈论常常伴随着对家庭的批判。为了保护对社会政策最有用的家庭形象，批判的焦点集中在那些似乎背离这种模式的人，因此，他们自己似乎正在和这个单位决裂，成为偏离正轨的或者不正常的要素。所以，对家庭的批判往往忽略作为一种社会力量的家庭单位本身，而把注意力集中在家庭的要素（特别是青年、女性、老年人）上，就像荒谬地把家庭归于它们所属于的范畴一样是有风险的。社会服务机构、媒体和政客们都同意，“好家庭”应该能照顾好自己的家庭成员，它们这么做就是在照顾这个国家。

比如，批评家们批评家庭的一个问题是出生率的稳步下降，这影响到这个国家的人口统计、经济、教育和家庭生活本身。对有些人来说，这证明了女性的自给自足以及选择的权力，但是对持批评态度的人来说，意味着家庭价值观的下降，这对社会的未来是严重危险的信号。在出生率下降的情况下，老龄人口增多，他们对家庭及社会的依赖性日益增强，他们日后将成为缺乏收入的社会服务的一个负担。年轻人当中，越来越多的人做临时工，这在新闻界被称为“飞特族”（furita）①，这种情况被看做是年轻人缺乏社会责任和奉献精神，而不被看成是能提供永久性工作的行业里就业机会短缺的结果。而且，在年轻人当中自私的主题依然延续，“寄生的单身”——和父母生活在一起的未婚年轻人超越了人们常说的结婚就得独立或过单身的独立生活这样的概念，向一些旁观者喊出“不成熟！缺乏自给自足！”至于这种家庭里的丈夫和父亲，只有他们似乎对大多数的批评具有免疫力：勤劳无私，他们继续提供维系至少是家庭形象的资源。

在青年学生当中，越来越多的人选择比公立高中被精英大学录取率更高的私立高中，并因此会找到顶级的工作，而公立高中的毕业生中有很多从事普通工作的中途辍学者。因此，人们一般认为的受教育和职业之间的凭本事吃饭的紧密联系正在削弱。过去人们的想法是学生勤奋学习肯定能给他们带来成功；而现在更多的是，他们的家庭有能力为其支付昂贵的教育费用使他们比其他人更能享受到“平等”。

对于那些可能被有些人称为闲散人员的年轻成人来说，进入终身雇用的入口比 20

---

① 也可以译成“自由打工者”。——译者注

世纪 70 年代刚刚开始谈论“考试地狱”和“文凭社会”的时候，进一步变小了。许多以前被认为肯定能找到白领工作的年轻人现在被迫从事半日工作或临时工作。的确，许多人把他们自己称为“飞特族”［一个把英文“自由”（free）和德文“劳工”（Arbeiter）组合到一起的新词］，这只是多了一个用词上的选择但不是必要的；可是就像一个年轻人指出的那样，“这不是生活方式的选择，我能得到的只有这些”。

进入劳动领域的入口对于年轻女性尤其是个问题。尽管过去从初中或高中毕业的女性被看成是“金蛋”，是成为受过良好训练、性情温顺、低工资的职员或工厂工人的好苗子，可是现在她们找工作要困难得多。实际上，那些受过高等教育的女性现在在就业机会上可谓进入了“冰河时代”，因为她们在寻找理想工作的市场上被冻结得比男性更硬、更快。

家庭形式和关系还进一步受到某些年轻女性的影响。她们已经过了受教育的年龄，仍然和父母生活在一起，继续工作的时间更长（无论多么没有前途），因此延误了结婚和生育。尽管大众媒体和政府官员可能会说女性正在进行“生育罢工”，并且自私地让日本的未来处于危险之中，但女性（已婚或未婚）推迟做母亲最主要的是因为她们需要工作而不是“选择”去工作。实际上，养育一个中产阶级的孩子的费用是高昂的，已婚妇女工作所得到的报酬都贡献给了教育界。这个事实往往用来解释为什么选择只生一个孩子（引起了很多有关独生子或者一孩问题的讨论）。

对于女性来说也一样，负担沉重的照顾老年人的重担正在迫近。随着家庭承担照顾老人的费用和时间的增加，随着寿命的不断延长，更多的妇女发现她们自己在中年甚至是老年的时候还在照顾她们丈夫的或她们自己的父母。由于生的孩子比以前少了，所以不再由几个子女共同照顾老人。家庭成员里最能被随意使用的、自由时间最多的是家庭主妇，她发现自己一直在做照顾别人的工作。

现在老年人中的潮流就是不和家人住在一起，或者去养老院住，住得越长越好。老年人所拥有的社区服务越来越多，比如老年中心、成人日护、病房里的活动小组等等，在这些地方可以参加活动或者投入全部时间的兴趣和爱好。由于为老年人服务的工作的增加以及老年人当中的志愿工作有所增加，非政府组织现在正努力填补社会政策所留下的空白。这些突然出现的模式可以为被固定在家庭中的老年人提供有益的其他选择方式和更高的满意度。但是因为这些服务大部分都只适合身体健康的老年人，所以它们并没有解决而可能只是推迟了谁来照顾业已衰老、要依赖他人的老年人这个棘手的问题。

因此，这几个趋势每个都扎根于并且在重新塑造处在当代日本核心位置的家庭在官方的表现和日常的现实情况。在确定这些突然出现的参与者时，我们还考察了被公开认可的典型化了的“大家庭”和流行的“家庭”形式之间的新的紧张关系和新联系。

当然，即使是这样的传统性和人们生活的层层现实之间的区别往往也是难以界定的，原因是人们已经被引导通过使用家庭、学业成功和工作职业这样典型化了的语言或符号来展示他们对承诺的信守和对需求的满足。在我们押头韵的标题①中所列举的那些日本人并非没有那些困难，他们在以自己的方式挑战社会的传统。他们很少不受社会规范力量的限制、很少采取集体行动、几乎不为政治目标所驱使，但是他们却预示着新的联盟和战略，这些很有可能会结束人们长期以来所认为的大众社会。至少，这些途径发出的信号，表明激发人们雄心和努力的“主流意识”的力量正在消退，促使重新修改长期以来无论在字面意思还是比喻意思上，都在日本有关个人生活、经济活动、民族代表的官方话语中处于核心地位的有关“家庭”的话语。

学生：通往学术成功的私人捷径和学校与工作之间联系的失败

贯穿整个20世纪90年代的严重的萧条与转变中的人口构成相交，对高等教育和学校与工作之间的联系构成严重的威胁。大公司入门水平的用人规模在那十年里大幅度缩小了。报纸里随处都是有关名校毕业生“在求职时的震惊”，他们最终接受了更低的入门职位而被大材小用，目的是有机会进入第一流的公司；或者辞职去填补名声不那么显赫的公司里的空缺职位。这对教育的声望阶梯产生了连锁反应。同时，总人口中18岁的人的数量大幅度下降，从1992年的205万降到2000年的151万，这使本来已经处于飘摇中的层级较低、靠学费为生的私立大学和资历低的学院的金融状况承

① 这篇文章标题中的“学生、闲散人员、单身者、老年人和外来者”对应的英文是 students，slackers，singles，seniors and strangers，这五个词都以字母 s 开头，发音为［s］，在韵脚上为押头韵。——译者注

受了巨大的压力，这就鼓励一些这样的大学和学院调整战略，为非传统意义上的学生、公司和老年人提供服务。

除了大学的适龄人口缩减以外，就业机会的下降继续使想进出类拔萃的大学学习的人面临着激烈竞争。结果很有可能是过去 30 年里所维系的公立和私立中等教育之间的紧张关系走向崩溃。大量的课后补习班既是对公立中学教育的补充而且被认为是进入精英大学的必要条件，这些学生请大学生或大学教员做家教，也可能在中学毕业后选择在私立的备考班里再待上一年。在仅仅过去五年左右的时间里，更有把握的（而且更贵的）途径是进入刚刚出现的精英级私立中学，它们提供六年制的中学教育，有些附属于私立大学，要想进入这些私立大学，进入这样的中学后就会比较有把握了。1993 年，被东京大学（尖子里的尖子）各个专业录取的来自私立中学的申请者的比例达到差不多 50%。在排名前 30 的中学里，21 所是私立的。这种趋势已经持续了十年。2005 年大学入学考试的初步数据显示，排名前 23 位的中学里，除了一所学校之外其他的都是私立的（唯一的例外排名第 15）。

这些学校在 6 年级结束时，通过竞争性极强的考试（有点像在英国有决定命运作用的"升学考试"）录取学生，实际上它们是将三年的初中和三年的高中结合起来。它们用四年半到五年的时间让学生完成文部科学省规定的中等教育大纲里的课程，为准备专门的大学入学考试留出剩余时间。

在当今日本，从学校到工作的特殊转变一直依赖于有关学校和工作名望等级的严格标准。几十年来，个人从学校到上班之间在结果上的巨大差别已经被人们所接受，没有公众为此大声反对或集体抵制（尽管有时候挫折、悲伤和个人的悲剧会受到公众的关注）。在很大程度上，成功人士已经宣布了"努力＝成功"这个原则的合法性，对于失败公众是冷漠的，因为他们认为过程是平等的。表面上，中等教育在设施上得到的资金是相等的，国家的教学大纲是一样的，考试大部分也一样难、一样"公平"。然而，现在学校到工作的联合体正受到威胁，这些威胁来自体制越来越私有化以及随着更多的家庭资源落入最有声望的学校，学生流动上越来越不公平。

结果是更加暴露出长期以来人们所认为的单凭本事吃饭所从不能提供的东西：对能力的回报。社会学家石田浩（Ishida Hiroshi）已经告诉我们，精英高等教育在过去的 30 年里并没有在统计数字上带来重大的社会流动性效用。尽管有政府的政策、教师联合会的鼓动、公众的意见和个人期待，条件优越的家庭的子女在精英大学中的比例总是高于应有比重。“精英”这个词本身，以前指的是获得声望的均等机会，现在的意思是在有条件的家庭中复制父母的社会地位。不合比例的私立中学的学生进入东京大学的入门班早在20世纪70年代初就开始了，这是1967年东京城市大学改革的结果。实际上，艾谷刚彦（Kariya Take hiko）和詹姆斯·罗森鲍姆（James Rosenbaum）称之为“聪明的飞行”——好学生从公立中学大批离开到私立中学，在像东京这样执行了精心的“转椅”政策的地区最为发达。显然，长期以来，公立教育都被错误地认为是精英阶层的，对中等教育里层级较高的部分进行私有化既不会从根本上动摇体制上的联系，也不会挑战学校成果和工作目的地的合法性，这一点是合理的。但这又是不合理的，如果目前的趋势成为未来的趋势，就会出现一个完全不同的公立—私立紧张关系。这将为就更明显的不平等的班级和地区条件展开新一轮的教育军备竞赛做好准备。

中等教育等级体制的底部同样也在迅速地发生变化。教育官员和研究人员长期以来不仅强调在日本的技术和商业高中培训的平等性，而且，更重要的是，这些学校要提供广泛的工作咨询和安置毕业生，学校和雇主之间保持直接联系，并积极地为学生介绍工作。玛丽·布林顿（Mary Brinton）和其他研究人员记录下了这种学校和工作之间的联系发生严重而且快速萎缩的情况。正是基于学校与工作之间的这种稳定“联系”，自20世纪70年代以来形成了稳定的大量的蓝领、粉领劳动力的供给源。这种萎缩的情况，再加上适龄学生人数的减少，可能意味着现在的公平感和对公立教育的利用将在整个教育领域中的崩溃。

闲散人员：就业冰河时期里年轻的“飞特族”

在20世纪80年代日本投机热潮的巅峰时期，臭名昭著的临时工作代理机构利库路特（Recruit）造出了“飞特”（furita）这个新词来命名并稳定临时工这类人，代理公司在临时工的供求上赚了大笔钱。这些人是经常跳槽的人，是快速发展的资本主义的快速劳动力，媒体对他们的关注部分是关于这些没有安全保障、变化无常的工人时尚生活方式的报道。从事软件开发、动画制作的人以及其他掌握独立知识的人通常非常有吸引力，而那些免费简历在快餐业以及其他不那么体面的服务业里的同辈人就很少显得那么时尚了。

尽管如此，但对这个词的使用却经受住了时间的考验，实际上在泡沫崩溃后，对这个词的使用更多了。到20世纪90年代末，“飞特”已经成为媒体每天都在用的一个词，它的内涵更广，并成为劳动部对劳动者分类的一个正式用语，是很多二三十岁的人标榜自己身份（有时候是自我反对）的一个词。2002年3月，日本劳动政策研究机构（Japan Institute of Labor，JIL）估计“飞特族”的数量已经达到1 900万，他们主要从事第三产业——服务业。在对18～28岁的人（其中半数是“飞特族”）所做的调查中得知，他们平均每周工作40小时，月收入为10万～15万日元。其中有70%的人自从离开学校后就从来没有从事过正式工作。

除了“飞特族”这个词之外，这一现象也很平常。各种各样的不固定的工人对劳动力大军一直都很重要。过去，临时工（通常都是女性）为工业发展提供一个缓冲；经济好的时候，她们的人数增加，经济不好的时候，人数减少，而且也不会危及“永久性”雇员的位置。20世纪90年代，日本公司雇用临时工的数量大量增加；大泽（Osawa）引用政府的统计数字说明，在90年代所有雇员（包括38%的女性雇员）中大约有20%属于某种形式的“非正规就业”（意思是非全职工作）；到1999年，这个比例增加到所有就业人数的25%，包括所有女性就业人数的45%。这伴随着“非正规就业”人员在种类上的扩张：除了大泽所说的全职的半日工作者（paato），还有合同制工人（shohutaku and keiyaku sha'in）、固定期限工人（kikanko）、从临时机构（haken）派遣工人，以及兼职人员（arubaito）。

在这个辅助就业大军里，那些被政府确定为“飞特族”的人正在凸显他们的实力——凭借他们的年轻、教育背景、工作类型和职业上的抱负。难怪“飞特族”的数量迅速增加。造成这种局面的原因是过去的12年里持续的经济不景气，这导致了用人上的冻结、规模减小、破产、正规就业渠道将“冻得瑟瑟发抖”的求职者扫地出门，就像“冰河时期”一样。但是“飞特族”并不是经济力量所带来的一个简单的后果。自然，在2002年3月，在日本劳动政策研究机构所做的调查中，40%的被调查者称他们没有选择的余地，45%称他们选择当自由职业者并没有什么特殊的理由，而

15%的人说他们正用这种工作形式朝他们的终极目标迈进。但大多数被调查者表达了对正式就业的渴望。然而，一个人做“飞特族”的时间越长，就越不可能找到正式的工作。日本劳动政策研究机构的调查显示，寻找正式工作的“飞特族”中大约有半数能在第一年内获得成功，但是经过两年或更长的时间后，这个比例下降到28%。当然，除了时间之外还有其他变量会影响这种下降的情况。

“飞特族”和其他非正式就业者预示着工作关系、公司的人力资源政策和个人职业轨迹上的变化。现在正在变化的是劳动力的观点：不能再说一个人一生的机会是由一个人教育上的成就决定的；长大成人也不一定就能确保一个永久性的工作［作为企业武士（公司黑带）或全职家庭主妇］；工作上的关系、公司培训、提升和等级的配置也不再具有可预测性，无法保持稳定。以前属于某些少数人的情况现在符合更多人的情况——从按日计酬的临时工到在家从事计件工作的妇女，到总是能让公司灵活操作的常换工作的人。问题不在于换工作的数量更多是好还是坏（对某些人来说的流动性和自由对其他人来说意味着不安定和低工资——“短时的”劳力就是廉价的劳力），而在于未能招收、培训和留住形式更多样的半有经验的、有经验的和专业工人是否在使过去几十年来的企业结构变得更不稳定。到目前为止的证据（包括内部培训计划的削减，这对激发员工对公司的忠诚不那么有效了；调整后的工资和升职天平更倾向于绩效而不是资历；以及保护年长、具有核心作用的经理的提前退休计划）显示它们正在危及现有大企业的形象和主张。

单身：可以说“不!”的女性

20世纪80年代有两项发展经常被用来分析它们在90年代以后对婚姻、家庭和性别关系的影响。

首先，在80年代的大部分时间里，蓝领工人、职员和初级技术工人的缺口越来越大，这就为女性提供了机会，因为公司不想雇用外来工人。虽然对《雇用机会均等法案》（Equal Employment Opportunity Law）展开了激烈的争论，但是1986年这个法案的通过对女性就业只产生了间接作用。女性有工作，但不是职业。完成四年大学课程的女性在 90 年代强烈受到用工上“冰河时期”的影响：她们受的教育越多、她们的志向越高远，这些雄心就越有可能破灭。大多数工作的女性，包括到 90 年代时的家庭妇女，说她们需要工作，要么是为了养家，要么是为了给孩子提供教育经费。几乎没有人把这个看成是经过选择的事情，特别是那种以男性为主导的官僚们所认为的那种自私的选择。

其次，20 世纪 80 年代末，日本社会曾经大肆宣传想和渴望婚姻的男人结婚的女人不多，这使日本处在生育危机最严重的时刻。日本人口数量减少的程度让人难以置信，每周的生育率，一个县接一个县地，成为电视上主要报道的内容。1990 年的“1.57 轰动事件”在媒体上火了一段时间，谷村志穗（Tanimura Shiho）的畅销书《也许我无论如何都不会患结婚综合征》（*Kekkon shinai ka mo shiranai shokogun*）似乎说明了这一切。一本备受年轻女性欢迎的杂志——《羊角面包》（*Croissant*）刊登了一系列介绍年龄在三四十岁，既有人气又成功的单身女性的文章，社会评论家嘲笑这本杂志似乎在支持女性独身，把这个现象称为“羊角面包综合征”。

《羊角面包》杂志很快回过头来赞美家庭主妇和浪漫的爱情，但是实际上，这个年龄段的很多女性仍然未婚，她们中的大多数都是受过高等教育的中产阶级女性。到 1995 年，日本 48％的女性和 67％的男性，年龄在 25 岁到 29 岁之间，都是未婚，而且在首都东京这样的大城市，超过半数年近 30 的女性还没有结婚。那些已经结婚的似乎在推迟生孩子的时间：1997 年，结婚四年的夫妇中 40％没有要孩子。2003 年，日本全国出生率低到 1.32（比东京的出生率还低很多），远远低于更新率。

对于这些数据和它们所代表的意义，我们必须多加小心。在全国出生率研究中所调查的年龄组是“生育年龄的女性”，指 15 岁到 49 岁。这个组的范围比那些结婚和生育的年龄条件要广，很自然，按照这样一个更广的基础统计的出生率肯定会更低，要考虑到十几岁就怀孕产子的情况在日本特别少见。但是，毫无疑问已婚夫妇在推迟生育时间，由此带来的独子化问题对家庭、学校和工作场所的影响在将来只会增加。

政府对此作出的反应包括四个政府部门提出的“天使计划”，该计划 1994 年实施的时候被捧上天，但是从此以后由于资金不足、执行不到位被搁浅了。这个计划的目标是建立时间和地点都很便捷的日托中心，这样女性就不需要一定得依靠家庭成员或者昂贵的私人服务才可以去工作并抚养孩子。一位坚定地笃信男权主义的女性日托老师告诉一个妈妈："你真的应该自己在家照顾婴儿；你真的需要日托吗？"由于得不到支持，"天使计划"执行得很不顺利，但是现在正在建设更多的日托中心。一项更新的计划，"加一"（Plus One）运动，让父母们考虑他们的生育计划，然后在目标的基础上再"加一个"孩子！而厚生劳动省的官员否认积极的提高人口出生率的主意，他们说"我们不需要这么严厉的方法……像他们在战争时期所用的'生孩子，繁衍后代'（umeyo fuyaseyo）。我们让（遭受从农村到城市的人口流失的）各个地区为我们做这件事。"一位30多岁的年轻男士，他是冈山县稻农的长子，他悲叹道："我和我的兄弟必须留在农场干活，但是似乎我们不可能结婚，所有的年轻女性都在新见（Niimi，当地最近的大城镇）工作，不想种田。"那些离开的女性在这种城市化的地区更早地获得了一定程度的独立，而且可能比她们的兄弟们更少受到束缚。

在地方，危机感（主要是在男性官僚中）导致号召女性生育的情况。海报宣传支持县和市政府为有一个以上孩子的母亲提供定期生活津贴和住房及教育补贴（给两个以上孩子的母亲的定期生活津贴更高），就像人们在冈山县看到的那样，一个孩子，眼泪流淌在脸颊上，标题是"你唯一的孩子孤单吗？难道他不想要个兄弟或姐妹吗？"这些运动后面的家庭模式是经济繁荣时代中产阶级的模式——丈夫在公司工作，妻子掌管家务、照顾孩子的独立家庭。

尽管官方对此焦虑不安，宣传时直言不讳，但是几乎没有什么证据显示女性推迟结婚时，想回避的是生孩子和养育孩子。如果是对家庭义务的警惕使一个女性抵制婚姻，现在莫如说是照顾老人比照顾孩子更让女性感到不安。大多数家庭在某些时候必须面对照顾家里的老人的问题，现在很少有家庭能顺利完成这项任务。随着人的寿命变得更长，老年人可能会有很多年失去生活能力，现在的情况是由女儿或者儿媳充当全职的家庭护理员。戴维·普拉斯（David Plath）把女性既要照顾小的又要照顾老的这个生命阶段称为"中年儒家三明治"。比欧洲和美国更甚，在日本照顾不能独立生活的老年人绝对被认为是和他们有关的女性亲属的责任。据说40岁以上的妇女主要担心的问题是衰老——而且比担心她们自己衰老更严重的是，她们的父母、丈夫的父母和丈夫的老龄问题。人们常说女人一生要经历三个"老年"：50多岁的时候，照顾她的父母和丈夫的父母；60多岁的时候照顾她的丈夫；70多岁的时候，照顾她自己。这幅图景的另外一面是男人经历三个童年：当他们年幼和年轻的时候，由母亲养育；

中年的时候，依赖于妻子对家事的操持；老年的时候，依靠妻子的照顾。

照顾别人从来就不是件轻松的事，我们这里讨论的因素使这件事难上加难：大众的长寿、国家努力把主要的护理当成是家庭要承担的责任、更多核心家庭的出现、能照顾父母的子女数量减少，崛起的女性劳动大军（现在足足超过全部已婚女性的50％和40岁女性的70％）。这些因素确保相当多的女性将面临立花昭子（Akiko）的困境。她是有吉佐和子（Ariyoshi Sawako）在1972年所创作的备受欢迎的小说《恍惚的心》（*Kokotsu no hito*）的中年女主人公，她作为儿媳，面临要辞去工作照顾她年迈的公公的困境。她尝试了各种途径，但是社会和社区服务都不能接受如此高龄的老人。她的公公走失后被警察送了回来，在听了警察的抱怨后，立花昭子辞了职来照顾他。这本书是对无法为老年人和他们的家人提供支持的体制的控诉，也在赞扬立花昭子照顾她公公的献身精神，这种献身精神受到今天更年轻的一代女性的冷嘲热讽。

简而言之，对于作为一个自我指定为老龄社会的日本而言，性别之间越来越公开的紧张关系比一代人与另一代人之间的紧张关系可能更意味深远。在日本，女性组织比全国老年人联合会要大得多，也自信得多。很有可能，未来为老年日本人所制定的公共政策和计划将不得不既符合现在女性就婚姻和孩子所做的个人的选择，还要考虑到不断增加的老龄人口的需求。

自立的老年人：独立的生活还是孤独的心？

在日本今天所面对的最棘手的社会问题中，许多都是以和妇女有关的危机为核心，它们有密切的因果联系：女性生的孩子少→出生率下降→劳动力减少→税基降低→用于社会服务的基金不足→女性工作的年头更长→老年人得不到任何支持就离开了。我们对日本是“老龄社会”这个词听得太多了。而且，抢先谈论危机在过去已经被证明是一个有效的权力技巧，对老龄化社会的先见之明可能是所有技巧里面最有效的先手之一。对老龄化的官方谈论始于20世纪70年代初，当时日本在经济合作与发展组织（OECD）中仍然拥有最年轻的人口。只是在90年代时，日本年轻人基数大的人口金字塔成为一个高高瘦瘦的长方形。现在还有倒金字塔（gyaku piramido）之说，在这个倒金字塔里年龄阶梯是在顶部暴涨而不是在底部。日本的新闻界宣告了几个世界末日，根据这些叙述，到2500年只有15 000或10 000名日本人，或者是其他无法想象的小数目。一篇文章宣告了震颤派教徒式（Shaker）① 的情景：在3000年，将只剩下两个日本人，她们俩都是老年妇女。

成几何数量增减的情况得到一连串的代数支持。在20世纪90年代，年龄在10～19岁的年轻人的数量下降了25%，60岁以上的人的数量增加了35%。1995年，总劳动人口（年龄在15～60岁之间的工人）下降。到2013年，日本人口中大约有1/4的人年龄在65岁以上，使日本成为世界上最"年长"的国家，而且据估计抚恤金、社会保险和医疗支出将需要国民生产总值的23%。到那时，老年人口中半数以上将超过75岁。东京城区的出生率预计将下降到1.1，将对工人的"依赖率"推进到没有工人而不能成立的高度。

日本的老龄社会被认为是建立在私人护理和公共资源两个孪生支柱上。它们都已经显露出达到个人和政治容忍极限的迹象。个位数的昭和人，现在是70多岁，正在成为日本首批"普遍长寿"的老年人。现在，历史上特殊的这一代人在道德上的高度意义尤其深远，至少对他们正处于中年的孩子们在减轻对老龄社会快速攀升的费用的憎恶上意义明显。可是，随着这些"令人尊敬的老年人"的离去，充足地增加公共权利和私人护理就愈发不可能了。

像"金色计划"（目标是通过对老年人间歇式的护理和家庭服务给三代同堂的家庭里的护理人员一定的支持）这样以及其他把老年人留在家庭环境里的鼓励机制，基本上无法满足家庭的需求，一般情况下，也就是儿媳（现在通常至少是个兼职工作者）为家里每个成员保持高水平的护理。至少在这代老年人中，和子女生活在一起的比例相对比较高——日本人口中大约60%的65岁以上的老年人和他们的孩子生活在一起（这些家庭中2/3还包括他们的第三代）。大约每四个老年人当中就有一个和老伴生活在一起，独居的只有15%。因此，日本和孩子生活在一起的老年人是美国的4～5倍，是英国的8倍。而且，很难区分他们这样做是出于偏好还是必需。对某些人

① 源自英国贵格会或者教友派，1774年流传到美国。主张财产共有、禁欲、多劳动。这项运动的高潮是在19世纪80年代，这之后就逐渐衰落了。到21世纪初，仅存一个信奉这个宗教的村庄，在美国的缅因州。——译者注

来说，和子女生活在一起的比例高表示家庭在照顾自己的成员上明确的优越性；对于其他人来说，这是由于缺少优质的公共和私人行业以及缺少法律及意识形态上对家庭应承担的责任而强加给他们的。

家庭实施各种策略来对付它们所具备的条件和它们的需要之间的差距。它们对标准的家庭形式所做的必要的和创造性的改变明显表明，家庭需要完成公共体系无法完成的任务所需要的灵活性。比如，当必须向家庭成员里的任何一个人寻求照顾时，父系的地位无法维系，许多老年人更倾向于选择女儿而不是儿媳。三代同堂的家庭的关系也并非总是很和谐。需要别人的照顾而突然搬过去和子女住在一起，无论在身体上还是情感上这都让老年人难以习惯。以前的 U 形转弯现象（一个成年子女为工作和照顾家庭而离开他/她出生时的家庭，然后在父母需要照顾的时候再回归家庭）已经改变，现在是不能自立的父母搬到对他们来说是新家的子女的家，在女儿或儿媳的照顾或指导下生活。这种"紧急儒家主义"给各方都带来压力。戴维·普拉斯（David Plath）所说的"共居的亲密政治学"更多地考虑的是社会关系而不是经济能力。因此，一个表现可能是独自一人生活或只和配偶生活的老年人的比例有所上升。1980 年，这样的家庭只占全部家庭的 6%，但是到 1992 年，这一数字稳步上升到占所有家庭的 11%及 65 岁以上人口的 40%多。

其他策略，显然在社会上和情感上有些不幸，包括一种做法——tarai-mawashi，即祖父母一年当中轮流到不同的子女家生活。在小津安二郎（Yasujiro Ozu）于 1953 年所拍摄的电影《东京故事》（*Tokyo Story*）里，这位著名的导演用哀婉和伤感的手法刻画了年老的一代在他们冷漠甚至谩骂他们的已婚子女的怜悯下，被迫依赖别人的情况。今天不需要那么悲惨了，一个家庭把自己老迈的父母安排在他们出生时的家里，由照顾他们的子女几个月一轮，轮流搬到父母家照顾他们。其他人帮助他们活跃的老年亲属寻找能群居的家①。有些养老院真的不错，开设绘画、园艺和烹饪这样的课程，满足住在那里的老年人对兴趣爱好的追求。

但是，个人的解决方案可能要花很多钱，经济条件决定老年生活能否过得舒适。在有地方性志愿者组织和"时间银行"的地方，对生活在家中的老人提供上门送餐服

① 养老院。——译者注

务和其他帮助。“时间银行”承诺你为帮助老年人所志愿付出的每一小时，在你自己需要照顾的时候就会得到相应的一小时的帮助。时间本身将证明这些做法能否提供足够的支持和保证。

现在，日本男性和女性的寿命在世界上都是最高的——女性83.93岁，男性78.07岁。那些被认为是“老”的人现在属于三“代”人：年轻的老年人，他们身体健康，可以工作或做爱好的事、旅游（这是市场营销人员的首要目标）；中年的老年人，他们能料理自己的生活，但不是那么活跃；老年老年人，这部分人的比例一直在上升，其中包括卧床不起的老年人。由于没有得到强调在家里照顾老人的“金色计划”的足够支持，儒家思想对以家庭为基础的护理的辩解逐渐消失，特别在这个工程资源不足、人手紧缺的时候。一些家庭抱怨，这个工程的入门选择非常特殊，应该有更好更多的疗养院以及分阶段护理的设施。好的疗养院排队等候的人很多，必须在确实需要护理之前就申请，这又给家庭成员增加了感情上的压力。把老年亲属送到这种地方的人往往被贴上“自私”和不孝的标签，被看做“把奶奶扔出去”的孩子。有时候，根据一个传说：老年人被带到山顶上，暴露在自然力量下忍受“好死”。老年人的家实际上被当做姨舍山（obasute-yama）一样的遗弃所。

夹在中间的外来者：揭开民族同种的秘密

如果老龄人口所带来的第一波震撼是它给这个国家的社会福利制度带来的压力，第二波震撼则是它对劳动力的预言。既然65岁以上的老年人的数量超过了15岁及以下的人，那么决策者需要为最终的劳动力短缺做准备。在目前就业机会不足的情况面前，这似乎是有悖常理的数字，但是几乎没有人怀疑经济从不景气中走出来后将暴露出不可避免的人口问题。

官方和民众都讨论过的一个解决办法是外来劳动力，但是尽管这能满足经济上的需求，但它却暴露出国家政治意识形态的一个核心后盾。在20世纪的大部分时间里，日本相信它在民族上是同种的，但是日本人民及其领导人现在必须要面对的事实是民族不同源的问题，不但在当前，如果他们真的拥护增加劳动力移民的话，将来他们也要面对这个问题。当然，日本的劳动力长期以来在民族上都是多元的；合法和非法的外来劳工在日本存在已经有一个多世纪了。数量最大的非日本的民族是常驻朝鲜人，他们现在的人数超过300万；他们的民族聚集地在关西地区，但是他们生活在日本各地。2000年，在日本注册的华人有335 575人，在日本可能还有另外3万～4万非法居留的华人。据津田贵之（Tsuda Takyuki）估计日本有28万日裔巴西人，他们是返还移民。另外还有45 000名来自南非等其他国家的日裔移民。这些人通常不谙日语，也不和其他日本人共享日本文化。尽管如此，他们仍被看做日本人，是合适的雇员。他们往往从事大多数年轻的日本人不会选择的工作。在日本还有大量来自东南亚（泰国、马来西亚、新加坡及其他地方）的人，在20世纪80年代和90年代初期，有许多来自孟加拉国、巴基斯坦、伊朗和伊拉克的人。他们当中的许多人都没有工作签证，凭借学生签证进入日本后就非法滞留，成为非法务工者。性工作者到这里时拿的也是学生或培训签证，她们由经纪人（往往和有组织的犯罪有关）带进来，来之前经纪人在她们自己的国家（比如泰国和菲律宾）对她们进行一些日语语言培训。据估计，在日本有超过100万的非法劳务人员。显然，日本社会所需要的劳动者必须是规范的和经过验证的劳动者，要给他们提供社会服务、子女教育和健康保险——必须对他们的薪酬征税以便为以后提供这样的条件积聚更多的资金。日本曾经因为长于制定长期计划而受到赞美，它能展现政治意愿，把这个意愿应用到正在变得多样化的劳动力上吗？

更大的问题在于，多元主义对作为社会的日本意味着什么？永久性朝鲜居民是在日本人口最多的少数民族，他们忍受着社会对他们朝鲜人身份的继续歧视，用好不容易才得到的合法途径去获得在主流社会里的机会。对他们来说，同化的趋势一直都很强。但是即使在法律上完全平等，同化也只是消除所有表面上的不同，而不是对多元生活方式的直接拥护。而且，如果新的外来务工人员继续在数量上有所增加，是否意味着工人阶层和永久性居住者将成为社会阶梯的底层，为贫穷的谜团再增加种族划分的因素？因此，多元主义的挑战在于个人身份和生活方式上的差别是否在主流社会里受到尊重。

多元主义还有其他的途径吗？一个可能是通婚，在日本人和其他祖先不是日本人的人之间，培养文化适应甚至是同化，将变得更为频繁。在以乡村为主体的冈山及其他地区，农夫的妻子们来自东南亚、台湾地区及亚洲的其他地区，在当地妇女不愿意过农场生活的时候结成这种混合型婚姻；这种通往文化多元主义的方法给日本社会在总体和意识上带来不同的景象了吗？当某些家庭开始慢慢地容纳男性和女性同性恋夫妇、老年人开始创办他们自己的群居的家，以及出现大量独居的年轻人和老年人的时候，其他人预见到日本社会将要发生变化。一个以新颖的方式把几代人结合到一起的方式是受援生活/幼儿园住所，在那里，老年人积极参与附属于老年之家的幼儿园的活动，这个方式把“祖父母”们和很少见到他们自己祖父母的孩子们聚到一起，让老人感受到在他们自己家里不再能得到的家人的亲情。

日本的未来：以“家庭”的方式吗？

日本的境况是社会问题带来迂回的骂声，保守的官员和决策者试图把这些问题归于家庭，特别是归咎于那些被指责没有“按家庭的方式”行事的家庭里的女性身上。政治学家史蒂芬·里德（Steven Reed）曾经用“常识”这个词把日本人对生活的普通理解描述成一种与决策者和旁观者的构建相对立的感觉，它包含内在的多样性和变化。如果一个人把这种常识性的和多元的家庭作为质疑的单位，如果我们把非正统和不拘泥于固定模式的单位也称为“家庭”的话，就会带来两点启示：第一，公共政策在支持民众上的失败是一个现实中很少见到的对家庭的单一构建的结果；第二，家庭，由于真正得到它们自己多元、灵活和组合在一起的选择的帮助，有能力成为包括学生、闲散人员、单身者、老年人和外来者的家庭。

从结构上说，不同年龄代、性别角色和教育结果成为有助于解放日本战后社会契约和重构社会关系和期望的有所区别的工具，这是很具讽刺意义的。毕竟，个位数的昭和人的道德力量，性别角色二分法的互补性和教育结果的公正性是“主流社会”的重要意识形态原则。这些现在已经成为衡量是否错误的标准，暴露出主流社会所做的安排是站不住脚的。

社会行为里的这些新趋势（比如选取新的专业方向的学生、不结婚的女性、寻找或者被迫寻找新工作的年轻成年人）会带来教育途径、工作结构和家庭的新机制吗？

潘佩尔（T. J. Pempel）在第 2 章对这十年里的政治和经济的讨论得出的结论是，尽管在选举制度上、在全国官僚机制上和金融业都进行了重大的程序上的改革，但在这些领域里还没有发生转型。他发现，相反，这十年来并且一直到现在，这些被轻率处理的根深蒂固的政治和经济利益制约了而不是启动了政策的贯彻执行。但是，他指出机制和程序上的改革可能为不可避免的“政权转变”打下了基础。我们所提出的是一个关于预测新的社会行为的平行的论点，这个社会可能会反映并支持那些行为。到现在为止，还没有出现“政权转变”的情况，部分原因在于那些按照新的方式行事的人还没有调动起来形成利益集团或发出集体的政治声音，他们的困惑还没有得到解决。如果他们真的调动起来，发生变革就是一件更加肯定的事，但是即使他们不这么做，变革也有可能发生。

构成我们的方法的基础的社会行动表现说明，我们所判断出的这五个社会群体每一个都代表一个点，在这个点上，个人的行为形成摩擦并且开始拆开混作一团的意识形态和机制，并不需要有组织的激进主义把这些个人决定集体化。实际上，在所有的五个群体中，结构上的变化来源于在决定选择和抉择的十分可以理解的、常识般的现实中，完全不同的、平行的个人行为的积累。这不是一个以理性选择的唯意志论为前提的主张，它把个人的意图看成是结构上的结果和独立而又漫不经心的代理人，把普遍的理性当成那个有意图的决策的假定的基础。相反，每个代理机构的递归选择、文化含义和机制改革以及参与者多层次的意识和历史经验，在不同程度的限制下，造就了我们所描述的行为，并伴随经过思考的知识、主题不明的发言和隐晦的理解——还有，有效行动的微妙程度。

大多数对新千年的日本的公开评论，无论是国内的还是国外的，描绘的都是一幅没有目标的国家的黑暗图画，社会上的不适、政治上的冻结和经济上的停滞让它筋疲力尽。我们已经找出造成这种悲观主义的社会轨迹。但是日本正在转变——沿着一定线路而且是在我们所指出的参与者和行为作用之下。这些突然出现的形式中表现出来的适应性、创造力和灵活性是乐观的源泉，许多在日本的人已经预见到这种乐观，并且在实施新的生活方式，这可能会造就一个建立在多元主义和包容基础上的社会。

我们认为，受意识形态支持的传统这层薄薄的外壳就要破裂了，等到这一天真的来临的时候，所有的机制就会被迫在“正常”范围之内找到权宜之计和新的社会发展道路，生活方式和选择实际上的多样性在日本社会将会变得更加明显。而且，社会政策将不得不解决人们为了不仅仅是混过一生所做的斗争，而这些政策的决定权掌握在那些此前曾经忽视他们的那些人手里。在东亚的其他地方，新日本在它所有相互不一致的多样性里的“常态”，可能会被看做一个标志，那就是日本和它的邻国没有什么不同。

因此，日本在这个地区的影响力实际上可能会增加——不是通过以这个为目标的政策，而是通过为了包容包括年轻人、女性、老年人和移民在内的广泛的社会群体以及他们的需求而做的变化。毕竟，许多我们为日本所描述的现象（老龄化的人口、降低了的出生率、不断变化并且多样化的教育体制、劳动力和对女性和家庭的期望）在其他东亚国家也存在。当日本的领导人显示出他们的意愿去创造一套适应性的社会政策以支持这个国家正在变化中的人口构成时，他们也可能在为其他国家提供模式。

第 4 章

不可移动的目标？日本在东亚的安全政策

H·理查德·弗里曼
彼得·J·卡赞斯坦
戴维·莱昂尼
大河原伸夫

日本所面对的外部和内部安全环境正在发生变化。日本面临着类似导弹防御系统、大规模杀伤性武器的扩散、日本朝鲜关系等问题。而且重要的是，还将面临在伊拉克部署自卫队（SDF）和更广泛的对付恐怖主义战争等这样新的挑战。从内部来看，日本面临一系列有关稳定和秩序的挑战，包括非法移民和非法毒品交易，这两件事的发展都变得更加多样化，并且不容易控制。尽管要面对两个安全环境的挑战，日本的政策调整并不均衡。在后“9·11”的世界，日本的对外安全政策方面（据称是战后日本和平主义神圣的标志）的变化似乎比对内政策的变化要多。

关于外部安全问题方面，主要体现在日本和平宪法严重制约日本自卫队在海外的行动以及作为日美两国政治争论焦点的日美安保合作问题。在这种情况下，日本政府对美国在反恐战争中行动的支持仍然非常有限而且是附带条件的。但是，国际事件和日本的社会及政治变革结合起来，已经削弱了和平主义一方在日本国内就日本安全而进行斗争的力量。按照美国的要求，保守派已经成功地推动日本发挥更大的军事作用。日本政府还寻求把自己置身于一个多边的安全框架中，同时和国内就日本准备参与到国际事务中的条件的政治制约保持一致。

日本的内部安全政策仍然深深扎根于这样一个观念：用与众不同的方式捍卫日本的种族同源和独特性。就像威廉和梅里在第 3 章中指出的那样，日本的社会推动力和人们对日本永恒的民族同源性和持久的民族性格、意识形态的主旨等的普遍的看法是不一致的。这三方面也是 T.J.潘佩尔在第 2 章中所描述的政治上的墨守成规的特点。亚洲天翻地覆的社会变革并没有使日本免受影响。随着日本的移民人数的增加，警方在向毒品交易和外国犯罪团伙施压上表现得尤为敏锐。政府官员们依然坚持这样的一个日本形象，即由于民族上的同源性，能保证公民享有不同寻常的安全水平，在传统的、促进社会良好秩序观念的作用下，自 20 世纪 90 年代开始，即使是日本国内的重大犯罪团伙的犯罪活动也大幅减少，而且在警方和移民集中居住的社区之间的联系仍然非常少的情况下，仍然继续维护这个形象。因此，比起改变正在使日本社会发生变化的社会实践，内部安全政策似乎更像是反映日本公共意识形态的一面忠实的镜子。

日本政府在《和平宪法》第九条的政治制约下运转，并通过和美国缔结安保条约使日本几十年来未受到外来攻击，现在日本政府继续把和美国的紧密关系当成其经过广泛考量的安全政策的核心。日本社会党在 20 世纪 90 年代的瓦解给了日本政府进行调整的政治空间，在可以不断重新解读的战后日本《和平宪法》的制约下，日本根据外部需求的不断变化而在世界和地区发挥着更大的作用。由于避开了军事问题上的单边倡议，从总体而言，日本政府支持在亚洲出现新的多边安全机制。

反恐政策，特别是在“9·11”恐怖袭击之后，说明了外部和内部安全是如何不可分隔地联系起来的。直到现在，日本反恐政策的特点一直是在国内反对共产主义和就事论事式的努力，由于国内宗教团体和政党的抵制，即使 1995 年的奥姆真理教东京地铁“沙林”毒气事件也仅仅引起了有限的政策和管理体制上的变化。警方和外交努力主要集中在海外对日本的安全的非政治化威胁上，这一点也强化了日本作为一个家长式政体的想法，有一个仁爱和有保护能力的政府愿意参与进来保护它的公民，免受不是他们所制造的，他们也无法理解的来自于外部世界的伤害。但是自从“9·11”事件后，日本的保守派成功地煽动起国内的恐惧情绪，尤其是对朝鲜的恐惧，为扩大日本协同美国的反恐角色提供了充足的理由。美国努力重新把安全当成一个综合性的问题来考虑，这就像给了日本政府一个合法身份一样，使它成功地奋力争取到让日本在海外以更强有力的形式出现，同时保持战后日本和平宪法所规定的种族同源的主旨以及国家在内部事务中的职责，让日本人不用对一个正在变化中的地区和一些正在变化中的国家感到恐惧。

在越来越以内部和外部安全间的多孔边界（porous boundaries）为特点的亚洲安全环境下，日本外部安全政策有限的变化在速度上已经赶不上日本内部安全政策的变化。日本的官员已经采取了一个全面的方法对付日本的国家和社会安全问题，这个方法远远超越调动必要的军事力量来防御外来军事威胁。因此，“9·11”事件的结果并没有促使人们对日本的安全政策进行根本性的再思考。日本国外和国内安全政策的特点都是保持政策的延续性而不是对政策进行巨大的变动。对于大多数日本安全政策制定者来说，一个理想的适应亚洲安全环境特征的形式应该是使日本成为拥有核能力的民族国家，这个国家向合法贸易开放，但对移民和毒品交易实施严格的控制，并维系在美国安全保障下的松散的多边网络里。然而，在促进亚太地区的多边合作的同时，日本在向扩大其在军事方面的国际作用上迈出了更大的步伐。而且，日本的内部安全倡议背叛了它延续已久但已经过时了的日本人种族同源的想法。日本政府因此陷入了两难的境地，一方面要建立一个可以适应亚洲环境的“开放的日本”，另一方面保持一个幻觉中的日本——其实日本过去不是那样，以后也不会是那样。

日本的外部安全政策

日本综合安全保障的定义得到了广泛的社会和政治认可。它深深扎根于日本国内的机制中，外交政策机构、国家安全机制、警方和经济官僚体制中的政治参与者都认为它是正常的而且是可以接受的。但是，在日本认为是正常的，在华盛顿看来就有些不正常了。作为日美两国安保条约中地位较低的伙伴，日本解决安全问题的方法需要是多维的。迈克·望月（Mike Mochizuki）指出，对语言上细微差别的关注对于这个要点很关键。日本政府把“多角的”（takakuteki）这个词翻译成“多边的”，但是也可以把它翻译成“多维的”。后面的译法表示，日本的政策目标是把它和美国的双边安全联系放到一个更广泛的、多角度、多侧面的安全关系中，而不是离开双边主义投向多边主义。因此双边主义、多边主义以及它们之间的关系切入日本安全政策的核心，原因是日本试图用和日本在经济和政治关系上变得日益密切的亚洲作为其同美国的重要联系的补充；日本把美国对军事安全上的关注和一个更全面的日本对同一问题的看法联系起来。这是日本在一个变化中的区域环境下调整其安全政策的关键点。

和美国及欧洲相比，日本的安全政策具有与众不同的特点。美国的军火库里有全部多边、双边和单边政策这样的工具供其调遣。欧洲以战胜了单边主义和双边主义为自豪，而且是把多边主义当做现代治国艺术的制定原则方面的先锋。日本的方法和这两个都有所不同。由于缺乏社会目标和必要的能力，日本强烈贬低多边主义。它更看重双边安排，双边关系的伙伴既有美国也有它在亚太地区以及世界其他地区的伙伴。然而国际社会以及日本政体的总体发展，在过去的 20 年里已经创造出一个正在发育成形的多边主义，这个多边主义已经开始补充而不是替代日本传统的双边方式。

在克林顿政府执政初期，日美之间不断增加的双边贸易冲突、日本对美国在亚太地区战略的不确定，以及日本外交政策中越来越强调亚太，都使日本和美国之间的双边联系有所松动。尽管有这些信号，在东京和华盛顿进行的一系列对战略选择的重新评价最终以 1996 年 4 月签署的《日美安全保障联合宣言》(Japan-U. S. Joint Declaration on Security) 和 1997 年 9 月的《日美防卫合作新指针》(Revised Guidelines for Japan-U. S. Defense Cooperation) 而告终。《联合宣言》呼吁回顾 1978 年的《日美防卫合作指针》，修订后的《指针》清楚地说明美国军队和日本自卫队在危机时的作用。后者具体指出把“日本周边地区出现将对日本的和平和安全产生重大影响的情况”作为两国政府可以互相提供供给和服务的背景。1995 年的新《防卫计划大纲》(National Defense Program Outline)（该大纲呼吁，当日本周边地区出现可能对日本的和平和安全产生不利影响的情况时，自卫队要有能力应对这种局面）和修订后的《指针》有效地扩大了自卫队的使命范围。日本军方的任务不再只是保护本土岛屿不受直接攻击，因此确保了日本在全球反共联盟中的地位。在那些支持修改后的自卫队任务的人眼里，日本的军事力量还应致力于促进亚洲太平洋地区的区域稳定，由此，间接地促进日本自身的安全。

紧接着 2001 年“9・11”恐怖袭击后，自卫队的任务就被进一步扩大。2001 年 10 月议会通过了《反恐怖特别法案》(Anti－Terrorism Special Measures Law)，允许向印度洋派遣自卫队并向美国在阿富汗的作战军提供水和燃油。因此，在 2001 年 12 月和 2003 年 9 月中旬期间，自卫队的船只向美国和其他国家的船只提供了价值 120 亿日元的燃油。该法案原来的有效期只有两年，在 2003 年又延期两年。

而且，2003 年 7 月议会通过《支持伊拉克重建特别措施法》(Iraq Special Measures Law)。该法的有效期是四年，授权自卫队向伊拉克提供人道主义救助，向该地区内的美国和其他国家的军队提供物流支持。该法限制自卫队在非作战区行动，但允许其为他国军队运送武器和弹药。2004 年 1 月日本防卫厅 (Defense Agency) 长官向自卫队发出了派遣令。在首批地面自卫队的主要分遣队出发前往伊拉克后，日本政府将恐怖警报的级别提升到最高级，加强政府建筑、核能工厂和全国其他敏感地方的安全。对在伊拉克阵亡的自卫队的家人的补偿提高了 40%，达到 92.6 万美金。理查德・萨缪尔斯把日本政府在伊拉克采取的行动称之为“划时代的”决定，这是非常恰当的。

由此，日本自卫队第一次在《日美防御合作纲要》中表述得模棱两可的“日本周边地区”以外的地方发挥安全作用。因为即使再怎么扩大对日本周边安全区域范围的界定，印度洋和伊拉克显然也在这个范围之外，所以需要有新的立法以便让首相小泉纯一郎能够像他本人和美国总统期望的那样支持美国。因此，这项合作需要对在20世纪90年代逐渐形成的美日安全上的安排重新定义。这两项为适应“9·11”后的世界而开始实施的新法案，以“9·11”事件之前几乎没有人认为在政治上是可能的方式，扩大了日美军事合作的地理范围。

日本和美国之间的安全协议中一个日益重要的因素是导弹防御。为了满足美国政府自1993年以来提出的要求，为了对日本公众对1998年朝鲜导弹试验的强烈忧虑做出反应，1999年日本启动了一个和美国联合进行导弹防御研究的项目。这使本来已经笼罩在新防御纲要乌云下的日本和中国的关系更加复杂。由于还没有消除对朝鲜的意图的不确定，日本政府在继续合作研究项目的同时，在2003年12月决定从美国购买一个5 000亿日元的导弹防御系统。根据时间安排，这个系统的部署将从2007年开始，使日本成为美国所设想的亚太地区区域导弹防御网络的一部分。

冲绳仍然是日美安全关系里最容易波动的问题之一。美国的军事基地约占了主要岛屿的20%。作为美军在亚太地区的军事集结地，冲绳遭受各种社会问题的折磨并且错过了经济发展的机遇。1995年9月，一个12岁的冲绳女学生被三名美军士兵强奸后，10月，美国政府同意“优先考虑”日本政府提出的在起诉之前，拘捕那些可能实施犯罪或强奸的嫌疑犯的请求。日本对1995年的协议的执行方式感到不满，2003年7月，下院的一个委员会就冲绳问题一致通过了一个决议，呼吁考虑重新修改1960年日美两国签署的《日美地位协定》(Japan-U.S. Status of Forces Agreement)，该协定要求只有在起诉后才把军人交给日本当局。但是，美方的顾虑集中在扩大其在日本监管下的军事人员的法律保护上。另外一个有争议的问题是在冲绳以及从冲绳重新布置美军基地。在1996年9月举行的一个地方政府公民投票中，89%的投票者竟然投票支持既加强又减少美军的军事力量，以及改革1960年协议。1996年12月，美国同意搬迁11项其在冲绳的军事设施。但到2003年年底，只搬了两项，主要原因是重新布置这些装备有一定的难度。因此，暂时看来，美日安全关系中涉及军事行动的一面存在于一个政治上很脆弱的支持基础上。

双边主义的重要性不仅局限于日本和美国的安全问题。比如，自1993年来除了几次偏离正常轨道，日本防卫厅的高级官员每年都和中国军方中与他们职位相当的官员举行会晤，讨论各种双方关心的问题。此外，日本已经开始和澳大利亚（自 1996 年）、新加坡（自 1997 年）、印度尼西亚（自 1997 年）、加拿大（自 1997 年）和马来西亚（自 1999 年）定期举行双边安全会谈。随着美日安全关系在 1994 年以后的加强，日本在开展广泛的双边防御会谈和交流上更加具有自我意识，这些既可以补充它对美国一直以来的依赖，还可以巩固美国在这个地区的力量。到 1999 年，日本已经致力于大约十个定期双边会谈，把日本防卫厅指派的两位负责这项工作的官员忙得团团转。简单扼要地说，日本防卫厅正通过广泛的双边安全交往，越来越多地参与到亚太地区中来。

20 世纪 90 年代，人们还目睹了包括第一轨道（政府对政府）、第二轨道（半政府的思想库）和第三轨道（私人机构）对话在内的各种亚太多边安全协议的逐渐出现。日本对强大的多边安排的兴趣和支持可以追溯到 20 世纪 60 年代，当时日本在东南亚的邻国拒绝了日本提出的几个缔结多边经济协议的提议。日本外相中山太郎（Nakayama Taro）在海湾战争后寻求新的外交计划，并且相信亚太区域主义事业已经做好准备，通过外交的手段向前推进，他提出一个新的多边安全对话，这是 1991 年 7 月召开的东盟外长扩大会议的一部分。到 90 年代末，日本的外务省和防卫厅对从“建立信心和安全的措施”推进到把“预防性外交”作为解决亚太地区一些更难以解决的安全问题的方法表现出兴趣。尽管表现出来的热情不尽相同，但日本政府支持了所有这些新的多边倡议。

亚太地区安全多边主义的发展趋势反映在几个第二轨道对话上。比如，自 1993 年以来，由于寻求提高双方对安全、经济和环境问题的信心，日本加入中国、俄罗斯、韩国、美国的会谈，参与了东北亚合作对话。此外，自从 1994 年以来，日本的日本国际问题研究所（Japan Institute of International Affairs）和美国的美国战略和国际研究中心（Center for Strategic and International Studies）、俄罗斯的俄罗斯世界经济和国际关系研究所（Institute of World Economy and International Relations）共同发起了北太平洋安全三边论坛，由来自三个国家的高级政府官员定期参加。而且，自 1998 年以来，日本和中国、美国进行了半官方的三边安全会谈。重要的第二轨道会谈还于亚太安全合作理事会（Council for Security Cooperation in the Asia Pacific）

上举行，它的前身是附属于东盟的战略和国际问题研究所（Institutes for Strategic and International Studies）。在20世纪90年代初，这个协会在鼓励东盟开始系统的安全对话方面发挥了至关重要的作用。随着第一轨道的东盟区域论坛在1994年的建立，这些组织的第二轨道活动的重要性有所增加。

对付海盗问题上的进展清楚地说明，第一轨道和第二轨道的活动是可以密切地联系到一起的。由于在东南亚水域的海盗袭击数量有所增多，这可能会影响日本的石油进口，日本政府于2000年4月在东京召开了有关海盗的第一轨道会议。这个会议为就这个问题进行双边和多边合作建立了一个松散的框架。为了能在多边合作中行使额外的力量，日本政府在2001年10月主办了一个第二轨道会议。与会者逐渐达成共识：建立一个政府间的组织来逐渐形成一个区域性的反海盗协议。第一次会议于2002年7月在东京举行。第二轨道活动以国家为背景形成了意见氛围，安全事务的处理就是在这样的环境下进行的。这些活动可以帮助决策者表达新的想法，还有助于建立有相当国内影响力的精英之间的跨国联盟。随着时间的推移，这些活动可能使精英们直接或间接地适应不同标准和身份的社会需要。简而言之，这些活动已经成为亚太安全的一个重要特点。

日本的社会安全政策

日本的社会安全政策长期以来寻求通过让警方深入社会，依赖警方以及依赖强制性官僚机制里的其他机构（程度差些）防止外国威胁的侵害，来确保国内秩序。这个政策很大程度上利用的是一个体制化了的共同身份标准，它把日本在国内社会秩序上的成功和这个国家的民族同种问题联系起来。民族同源的神话影响人们的期待：一是警方怎样才能把国家和社会联系成一个共同的事业，还有日本社会怎样才能抵制那些曾经困扰其他发达工业化国家的对社会秩序的威胁。在第2章和第3章中论述过的社会变革对同种神话不断构成挑战，但是强制性机构并没有探索通过社会秩序的新途径，而是在保持同种性和让警方渗透到社会问题上加倍努力。

警方通过孤立像“部落民”（buraknmin）（日本社会中不断受到歧视的一个较低

的社会等级）和来自朝鲜及中国的永久性外国居民这样的少数族裔来保持其长期维持日本社会秩序的形象。日本有组织的犯罪团伙向处于社会边缘的日本青少年和少数族裔（如永久性外国居民）提供非法机会改善其经济状况，日本警方以此为由来孤立并削弱这类群体的活动。在20世纪90年代，泡沫经济后国家收入的不足削弱了主要犯罪团伙之间和内部的经济帮助。由此带来的结果是一股帮派暴力的浪潮波及到更广泛的公共领域，破坏了公众和警方对有组织犯罪无言的容忍。在20世纪90年代，引入有关反犯罪帮派的立法，暴力团对策法（Boryokudan Taisaku Ho）和有组织犯罪对策法（Organized Crime Countermeasures Law）等增加了国家对犯罪组织的监督，将一系列帮派行为列为犯罪，这导致了侵入性执法方式。尽管不能过分夸大这些措施的影响，但确实起到了减少有组织犯罪，树立公共形象的作用，但是，日本经济发展低迷，加之通过立法限制非熟练工人等入境举措是与日本对劳动力日益增长的结构性需求相矛盾的。

在20世纪80年代，移民政策和红红火火的经济促进过新的一轮又一轮的合法和非法移民。开始，日本执法官员对来自新移民对社会秩序的威胁只是表现出有限的担心。日本警察厅（National Police Agency）在20世纪80年代初的报告指出，违反移民规则、工作许可和禁止卖淫的法律的情况有所增加。这些报告并没有把这些数量上的增长当成是主要的威胁。80年代后期，在外国人人口数量越来越大、有关移民政策改革的全国性讨论更加广泛的情况下，警方的地位却变得更不和谐了。1987年《警察白皮书》（*Keisatsu Hakusho*）按照从重到轻的顺序排列了国际化对日本所构成的威胁，并明确地把重点集中在由新来的外国劳工所造成的问题上。在20世纪90年代，这种模式仍然继续，执法官员常常对外国劳工移民地位的合法性以及来日本的外国人（rainichi gaikokujin）的新浪潮和有组织的外国犯罪集团之间的规定性联系上不加区别。到2003年，外国人和犯罪之间的联系作为对社会秩序构成挑战的更广泛的全国犯罪政治化的一部分再次出现。

跨国毒品交易和非法移民相互关联的威胁受到日本的特别重视。日本长期以来都是东南亚毒品贸易进入欧洲和美国的转载点。还是亚洲跨国犯罪的几个洗钱中心之一。尽管按照国际标准衡量，日本国内的毒品市场比较小，但毒品交易仍然是国内关注的一个问题。兴奋剂——特别是甲基苯丙胺——是首选毒品，而对大麻和印度大麻、麻醉剂、可卡因、海洛因以及各种神经性毒品的兴趣比较有限。警方以及卫生、福利和劳动部负责麻醉剂的官员（程度稍轻些）负责查禁毒品的执行工作。部分程度上由于警方在20世纪30年代广泛渗入到日本社会，日本的执法方式和其他发达工业化国家相比不那么具有侵入性。有关当局在引入秘密行动、有偿线人、控制下交付、对洗钱的调查和窃听方面行动缓慢。

犯罪团伙在跨国毒品贸易中起主导作用，把亚洲供应者，最近是朝鲜、菲律宾等地提供的甲基苯丙胺合成到广泛的国内分销网里。几乎很少有犯罪团伙不参与的兴奋剂分销网络。很大程度上由于犯罪团伙（yakuza）对扩大他们的网络从事其他毒品交易的兴趣有限，因此提供麻醉剂、大麻和印度大麻和神经性毒品的国外供应者对日本市场占有量有限。在20世纪90年代，这种模式开始发生变化。因为毒品而被逮捕的外国人大幅度增加，特别是那些涉嫌麻醉剂和大麻的。但是，这些模式在一定程度上反映出日本的执法重新把资源和人力对准外国人。这些模式还揭示出日本方面非常不愿意使用控制下交付这样的做法来追踪毒品从进入点到日本中高层批发商的装运。尽管这样，大规模的、外国控制的分销网络仍然相对稀少。

移民到日本曾受到移民规定的负面影响，这些规定限制非熟练工人入境，特别是那些非日本血统的；还受到经济上对这样的工人日益增长的结构性依赖所带来的拉动效应的正面影响。岛屿的地理条件和利用这个国家在签证发放上前后不一致的相对容易性使超期滞留比用假证件或不正当的方式非法入境更为常见。在20世纪80年代，移民利用游客签证免签协议和大学前学生签证计划设法进入日本。20世纪90年代初，这些签证项目被严格监控，移民方式也随之转移了，包括安排假结婚、申请以1945年后散落在中国的日本人的“战争遗孤”配偶或亲属的身份入境。在整个90年代，蛇头走私网络还利用渔船和货船运送大规模的移民非法进入日本。

警方通过增加、调动现有资源进入以国际犯罪为首要任务的特种部队来应对这些挑战，在年度报告和两年报告中强调外国犯罪，在媒体和公关活动中降低外国犯罪的威胁。警察学院引进外语培训和游学。大都市地区的警务部门把市民中的语言口译和电子翻译这样有限的资源结合到一起，帮助进行基本调查。警察厅将警官有选择地部署在国外增加他们的经验。这些计划主要是为了对警察在和外国人打交道时有所帮助。从警察的观点看，这些外国人在和当局打交道的时候和一般认为的日本人的方式不一样。整个20世纪90年代的结果是不平衡的。在这些努力中，尤其缺乏对如何和新移民社区建立更好的警务联系的系统探索。

暴力团对策法（Botaiho）和经济压力合起来还促进了非法毒品和移民交易网络的分裂。就甲基苯丙胺来说，犯罪团伙开始向上游移动，从事走私，通过秘密将零售分销转包给非日本人的网络，减少他们在国内公开露面的机会。那些在主要的毒品分销网络中地位不那么理想的犯罪团伙还进行大麻和合成性毒品的走私与分销。犯罪团伙长期以来在贩卖妇女进行非法交易为日本的性行业服务方面非常活跃，他们还开始扩展业务，发放非法工作许可证、非法运送男性移民劳工。

尽管警方没有特别承认，但多样化的交叉、帮派的内讧，以及犯罪团伙避免公众更严格的监管，这些都逐步限制了日本有组织犯罪团伙的能力，也有利于规范社会公共秩序。外国人由于规模比较小、更能掠夺新移民社区，很快就开始取代犯罪团伙在主要的娱乐区进行保护、赌博和卖淫敲诈。面对来自黑帮看似莽撞的威胁和暴力行为，本来就已经处在公众监督下的犯罪团伙从这些传统的堡垒中撤退。对警方在像东京的歌舞伎街（Kabukicho）地区的打压的大量报道使一些外国人离开了日本，还有一些离开东京去了日本的其他城市，另外一些暂时保持低调，因为犯罪团伙想填补这个真空。在新千年开始之时，这种模式已经重复了几次。

到2003年，犯罪率上升到战后最高水平、逮捕率下降到战后最低水平，二者加起来把公众的注意力集中到社会秩序逐步被破坏上来。面对公众的监督，日本警方的官员想通过越来越多的青少年犯罪、有组织犯罪和外国犯罪以及缺乏必要的资源维护社会秩序的警力来解释犯罪和逮捕模式。但是，有组织的外国犯罪很快就成为官方话语的主要威胁，对保护民族同源的需求以及警方在日本社会的深入程度有所增加成了解决这个问题的主要方案。2003年8月，日本警察厅宣布到2006年，它将在已经排在时间表上的2002—2004年增加1万名警官的基础上，再增加1万名新警官以恢复公共安全。同一个月，石原慎太郎宣布成立一个由东京都安全副知事和前警察厅官员、著名的广岛警方官员竹端丰（Takehana Yutaka）领导的新的安全特种部队。到9月，东京都知事石原慎太郎还宣誓将东京的警务人员和移民官员部署到七个地方行政机构，以帮助其减少外国人的犯罪。

2003年9月自由民主党党内选举和接下来的那个月进行的全国议会选举中，外国人犯罪成了一个核心的主题。两个选举中领先的候选人都强调对犯罪特别是外国犯罪采取更强硬的立场的必要性。在日本国会参议院的（Japanese National Diet）竞选中，自由民主党高层官员向媒体表达的全部是有关该党对解决外国人犯罪的威胁的承诺。日本的法务大臣野泽太三（Nozawa Daizo）发誓要通过引入新的执法方式、增加监狱、增加外国护照上的生物识别码以减少非法移民，让日本重新变成一个安全的国家，这样“女人和孩子可以在夜晚独自一人在街上走”。到 2003 年 12 月，东京已经开始按照自由民主党纲领里的一个预案采取行动，宣布和司法部的移民局联合成立新的联合特种部队，目的是“在五年内将东京的非法居民的数量减少一半”。司法部也宣布对想在日本学习的外国学生的居住许可采取更严厉的监管，并引进录像措施，目的是识别可能的非法外国人。日本警察厅宣布通过修订 2004 年的《警察法》，进行重大的结构重组，将不同部门一体化，它们唯一的任务就是对付犯罪集团、外国人、毒品和枪械。在对外国犯罪数量上升政治化了的喧嚣和不完全可靠的证据当中，很少有人注意到数量相对较小、作为总体犯罪中的一部分的由外国人所犯的罪行，有关外国人犯罪的统计数字可能存在瑕疵，非法移民数量也相当有限并且逐渐下降。

在这样的国内环境下，日本执法部门对社会安全挑战的国际反应也反映出强调把保持同种性作为解决社会安全的出路，就不足为奇了。总之，日本政府已经寻求国际支持以阻止会构成潜在威胁的人入境，同时规避来自外国的要求进行更广泛合作的压力，因为这样可能对日本式的方式产生潜在的干涉。就毒品控制问题，日本和美国对进行更大的正式合作的要求保持一致，特别是在执行方面，以前这方面的合作是缓慢的。日本当局已经开始寻求和毒品来源国扩大双边联系，特别是那些东北亚和东南亚的国家。这些联系包括偶尔的政府任务、临时在海外部署日本的执行人员以及朝合作性执法迈出的有限的步伐。更常见的是，这些联系伴随着用日本维持治安的方式培训外国执法人员。日本对毒品控制的多边努力包括，参与主要的联合国毒品控制条约以及特种部队和会议，包括那些在联合国、八国集团、经济合作与发展组织、国际警察组织和东盟区域论坛支持下所组织的会议等。但是，在双边和多边关系中，日本参与和在实践中执行这些条约以及特种部队预案之间的差距仍然存在。

关于非法移民问题，日本主要向亚洲的移民来源国寻求双边努力。有关豁免签证协定和学生签证项目的协商，以及较小程度上的不严格的娱乐签证项目，是和这些国家谈判初始阶段的特点。到 20 世纪 90 年代中期，双边谈判主要集中在中国。为了努力减少大规模非法移民，1997 年 3 月，一个由执法和外交部官员组成的日本代表团在北京和上海会见了他们的中国同僚。1998 年，日本和中国官员结束了有关合作的框架协议的谈判，其中包括在北京、福州、广州和上海部署日本警方的官员。后来的合作集中在追踪在日本的来自中国的黑社会势力分子。尽管解决方案的确在于来源国和东道国之间的协调努力，但是和中国的双边努力更加说明日本当局没能充分解决影响非法移民的国内动态。简要地说，日本的政策的目的是，在双边关系上它有能力这样做和在多边关系中它必须这样做的地方，增强其社会的安全。

2001 年“9·11”前日本的反恐政策

因为日本像许多其他发达工业化国家一样，主要把恐怖主义当成一个执法而不是军事或政治问题，日本这个国家 2001 年之前的反恐计划和它对待犯罪的方法类似就不足为奇了。受到没有结果的政治和法律的制约，以及强调日本社会以安全、保守为核心的概念框架，警方已经从用激进的左倾方式孤立并驱逐移民转向仔细地把这样的国内威胁当成新的宗教活动来处理。由于不知道如何才能以最佳方式应对国际恐怖主义的威胁，警察和外交官传统上都是一件事一件事地分别处理。尽管他们曾经尽力坚持对待恐怖主义的国际惯例，但他们更关注在具体的恐怖事件中拯救日本人性命时保持一定的灵活性。在此，一个一致的概念是日本那些难以驾驭的因素可以被排除或控制，因此日本安全的核心是创造一个安全的、没有麻烦的社会；外国的恐怖主义威胁被看做不可调和的、几乎是一个危险而又混乱的世界的随机入侵，日本需要得到保护，免受这个世界的伤害。

在整个 20 世纪 70 年代，日本政府发现自己疲于应对不可调和但又时时发生的威胁，这给人留下的印象是日本是一个受到围攻的国家。在 20 世纪 60 年代末和 70 年代初组织起来的日本赤军（Japanese Red Army）成为世界上最令人恐惧的恐怖主义组织之一，尽管它的规模很小。在 20 世纪 70 年代，日本赤军的间谍在特拉维夫的罗德（Lod）机场屠杀了 24 人，接下来是劫机，这为这个组织从日本政府那里敲诈来一大笔赎金；这个组织还试图占领美国驻吉隆坡的大使馆。面对来自国际警察组织的重压，日本赤军的成员主要呆在为数不多的几个愿意给他们提供保护的国家（朝鲜、叙利亚控制的黎巴嫩、利比亚），尽管如此，在 20 世纪 80 年代，日本反对恐怖主义活动的大部分都是针对这个组织的。

在日本赤军流亡期间，当日本政府寻求利用千叶县的农场建一个新机场（即现在的成田机场）时，一个当地的危机有所扩大。这个想法激发保守的农民和激进的学生之间形成了一个不同寻常的但持续时间惊人的联盟，他们确信政府努力的目的是帮助美国继续完成越南战争。多年来政府一直在努力让农民离开他们的土地，必要的话甚至使用暴力手段。这种情况的终结是由于剩余农民高龄化，以及来自于大众传媒对政府早期采用强制手段的强烈反对。这个情况冲破重重阻力最终变成了事实，那就是成田（机场）紧张的生活，而不是成熟的叛乱或镇压。即使偶尔轰炸和这个计划有关的政府官僚的家也没有导致警察用高压力量对付农民。

在战后的日本，警察一直都能利用他们和社区关系的优势，可能最能代表这一点的是警察署、派出所系统（koban），来监视有暴力能力的反政府组织的发展。最为重要的是左倾集团的反体制倾向，它们的动机比那些暴力的右翼组织的动机更具威胁。尽管部分程度上受到宪法对民事自由的保护和对使用武力的限制的制约，日本政府偶尔还是能够努力实现使用武力的不同寻常之举，包括 1989 年为了昭和天皇的葬礼沿着游行路线大规模搜查东京的公寓。

部分由于其在动荡的 60 年代和 70 年代的经历，日本警察厅把注意力几乎只集中在左派的激进运动上，这个策略的局限性在 1995 年政府遭受巨大的情报失败最终导致奥姆真理教对东京的霞关（Kasumigaseki）地铁站施放“沙林”毒气时变得非常明显，这样的教训让人心痛。这个信奉千禧年的异教，在围绕它的首领麻原彰晃建立一个狂热的基地的过程中，显然参与了 1989 年对一个日本律师的谋杀和 1994 年在松本（Matsumoto）的“测试版”沙林毒气袭击。除了各种各样、杂七杂八的敲诈勒索、谋杀甚至可能在 1995 年向日本警察总长国松孝次（Kunimatsu Takaji）射击之外，他们还被怀疑试图用肉毒素、炭疽热和 VX 毒气进行袭击。而且，到 1995 年，这个异教教派的全球财产超过 10 亿美元，在 6 个国家的 30 多个分支机构里运行，号称在全世界有 5 万名成员。这个资源丰富的异教教派利用它与别国的联系，特别是与俄罗斯的联系而拥有强大的化学和生物武器能力，得到一架攻击型直升机，得到一个AK—74 型攻击武器的模型，这个教派可能已经做好大规模生产这种武器的准备。即使没有它的成员各种犯罪的直接证据，一个大规模的、富有的、带有信奉千禧年色彩和终结世界的幻想的宗教异教，其成员中竟然有如此多的日本顶尖大学的工科毕业生，这可能也应该让警方感到焦虑吧。

自从 1945 年以来，警方对宗教团体的事务的干涉在日本就是一个根深蒂固的禁忌。尽管警方对左翼激进派在 20 世纪 70 年代和 80 年代的活动非常一致、协调，但对宗教组织潜在的犯罪活动却不那么关心。奥姆真理教是 1984—1993 年期间正式得到政府承认的 1 500 个宗教组织之一。这些教派填补了 1945 年后作为保守的国家宗教的神道教消失后的政治真空。一旦得到承认，这些团体就可以享有很多特权，免税并且实际上免受任何形式的政府监督。对政府干涉宗教的抵制主要通过政党公明党（从 1998 年为新公明党）的出现变得制度化，这个政党和创价学会（Soka Gakkai，创价学会是一个宣称有 1 200 万成员的“新宗教运动”组织）有紧密的联系。尽管创价学会和其他乐观的、肯定生命的从佛教和神道教分出来的教派及“新一新宗教”（在日语里通常都叫做过激的新型宗教团体）在意识形态上几乎没有什么共同点，公明党要保护其母宗教的经济和政治特权的坚定决心同样使像奥姆真理教这样的团体更容易逃避检查。

因此，奥姆真理教的东京地铁“沙林”毒气事件是一个有深刻政治根源的情报失败。尽管有其犯罪行为的足够证据，尽管对这个异教派有诸多抱怨，日本警方“谨慎地回避调查奥姆真理教”。负责破坏活动防止法（Anti-Subversive Activities Law）有关调查事务的公共安全情报局（Public Security Intelligence Agency），几乎一直把注意力集中在左翼运动上，实际上没有任何监督宗教团体的经验；在 1995 年该事件发生之前，这个情报机构没有掌握任何有关奥姆真理教的信息。尽管这个组织的袭击暴露出它极端反国家的目标、宗教运动的身份，但它与传统左翼团体之间的距离使它免受政府的监督。而如果政府发现一个具有类似破坏性的共产主义组织的话，肯定早就加以摧毁。

当起诉人对罪犯提起诉讼时，他们选择把这些袭击当做个人谋杀和攻击而不是引用日本《刑法》（*Japanese Criminal Code*）的第 77 条（执行内战）和 78 条（准备内战）。因此该起诉回避了对这个团体的广泛跨国联系，特别是和俄罗斯的联系进行调查。相反，公明党无法阻止修订《宗教团体法》，该法要求宗教团体向政府提供更多有关团体活动和资金状况的信息，从理论上这为政府追踪有犯罪活动嫌疑的组织提供了途径。实际上，自由民主党推进对这个法案进行修订，部分原因在于想把公明党和奥姆真理教联系起来，因此败坏反对派的名声。但是如果这个陌生的伙伴有利于政治的话，那就另当别论了，如从1999年以来，公明党一直是自由民主党领导下的执政联盟的一员，由此，在过去的十年里日本政治的混乱情况可见一斑。这显然是奥姆真理教事件之后的新立法有一定的制约作用。一项最重要的立法，1999年末通过的，是《控制进行任意性大规模谋杀行为组织法案》(*Law to Control Organizations That Have Committed Acts of Indiscriminate Mass Murder*)。尽管该法案表面上规定了让政府有权调查"所有"这样的组织，但是其隐晦的名称和周围的政治明显说明它的制定是针对让政府有权仔细审查奥姆真理教（现在改名为Aleph）而不是日本其他组织。

在奥姆真理教袭击后，政府处理此事时表现出来的不积极和迟缓的速度给许多旁观者留下深刻印象。这和日本公众把奥姆真理教看成一个没有明确政治目的的怪异的宗教异教，在未来的恐怖袭击中几乎不可能再次使用大规模杀伤性武器的观点相一致。自由民主党政府试图通过修订监管日本警察厅的基本立法以及增加促进侦察未来恐怖袭击的新法案来加强警方的反恐能力。然而反对派（有滥用行政权的重大嫌疑）阻止任何反对有嫌疑的组织的综合性措施。在日本律师联合会（Japan Federation of Bar Associations）的支持下，人权活动家和大众传媒反对实施《反颠覆活动法》，奥姆真理教得以以宗教组织的形式继续存在。

实际上，政府所采取的行动大部分都不应该被归于"反恐"的范畴而是属于政治上更中立的"危机管理"。阪神大地震（日本政府的行动速度明显不够迅速，在最终在地震中丧生的6 000多人中，政府本来应该能挽救其中一些人的生命）后不久，日本又处在令人尴尬而政府又似乎无力阻止的金融崩溃中，奥姆真理教东京地铁"沙林"毒气事件似乎更证明了日本政府没有能力应对危机。批评家头脑中想的似乎都是日本危机管理问题的根源，无论是日本民族性格里的还是组织文化中的。

危机管理的责任被指派给负责国家安全事务的内阁办公室。随后开始实施的一项激进的管理改革使得评估未来如何行使、由什么机构行使日本的危机管理政策几乎是不可能的。比如，尽管日本警察厅成功地增强了新的能力，但却发现自己无法充分利用这些能力。在奥姆真理教袭击后，日本警察厅和县级地方警力合作创建了“特殊部队”（“tokushu butai”，但是一般都通过首字母缩略词 SATs[①] 为人所知，这几个字母表示的是特别袭击队），其目的是处理像劫机等类似的恐怖危机。尽管日本警察厅在一份秘鲁危机（当时日本大使的房子被图帕克·阿马鲁革命运动组织[②]成员占领了四个月）期间写的白皮书中宣布了 SATs 的创建，但它们之间并没有什么联系；没有一个人提议 SATs 应该参与救援活动。即使日本的鹰派也没有正式提议应该允许 SATs 参与海外危机处理。相反，他们往往积累政治资本，用来推进对于日本的国防来说更加重大的军事问题。

如果日本政府在国内的致力于反恐的特征是对具体和公开承认的威胁进行密切调查的话，他们在海外的行动则反映出一件事一件事处理的方法，这个方法的焦点不在于具体的哪些运动，而在于保护日本公民在具体事件中的生命安全。日本的政策制定者深切地意识到在袭击发生前组织海外侨民的难度以及用武力解决危机的难度，他们对自己无法保护日本公民变得异乎寻常的敏感。日本公开主张一个和国际惯例一致的“不向恐怖主义者让步”的政策，但是日本政府发现自己的名声是“交涉者”。公平地说，最明显的日本愿意和恐怖主义集团谈判的例子（向日本赤军支付 600 万美元以结束 1977 年在孟加拉国发生的劫机事件）发生在国际惯例禁止交易之前。但是日本的报纸 1997 年报道说，日本政府向乌兹别克斯坦的伊斯兰运动组织支付了一笔 200 万～500 万美元之间的赎金，以换得释放几名日本援助工人，此前他们曾经在吉尔吉斯斯坦被扣为人质。政府为了释放人质而不懈工作的决心显示出日本反恐政策中很少被提及的要素：无论正确还是不正确，日本的政策制定者相信让人质死亡的政治代价会高得令人无法接受。

直到最近，通过日本外务省（MOFA）日本反恐政策制定体系，这个方式得到进

① SATs 是英文 Special Assault Teams 的缩写。——译者注

② 图帕克·阿马鲁是秘鲁历史上印加王国最后一位国王。他是一位反抗西班牙殖民主义者，于 1572 年被西班牙殖民者杀死。图帕克·阿马鲁革命运动组织是利用图帕克·阿马鲁命名的左派组织，是由若干个激进的反政府组织于 1984 年结合而成的。成立之初，其规模在 300～600 人之间，后来逐步扩大到 1 000 人左右，活动范围限于秘鲁东部地区的丛林地带。该组织的成员在活动时一般都戴面罩，并仿效大侠罗宾汉，劫富济贫。1996 年 12 月 17 日晚，日本驻秘鲁大使在大使官邸为庆祝日本天皇 63 岁生日而举行招待会，图帕克·阿马鲁革命运动组织成员冲进大使官邸，扣押了 600 多个人质，策划了日本驻秘鲁使馆人质事件。——译者注

一步强化。和美国不同，在美国，反恐协调办公室（Office of the Coordinator for Counterterrorism）是国务院的一个独立部门，日本的相应部门安置在领事和移民事务司（Consular and Migration Affairs Department）[①]，这个部门主要负责保护海外的日本公民。尽管英文的名字是反恐协调办公室，日文的头衔——“邦人特别对策室”，最好应该翻译成“日本海外公民特殊对策办公室”。[②] 由于对在日本疆界以外行使警察或军事力量有严格的限制，日本警察局在海外的反恐行动中只能发挥一个有限的作用，这样，领事和移民事务司就成为日本在海外反恐活动的主要参与者。

尽管受到宪法和规范限制的阻挠，但是外务省的办公室尽可能地推动一个想法：日本人在海外要更好地照顾自己，因为日本政府可能无法这么做。外务省的办公室让公众了解了由公共政策委员会（附属于日本警察厅的思想库）制作的几个“海外安全动画录像”（kaigai anzen animeshon bideo），这些录像的主题多种多样。幽默的《东京作战行动》（*Sakusen Kodo Tokyo*）讲述的是一个日本男子被绑架并被骗说他在东京，而实际上他是在一个由外国间谍制造出来的廉价的仿造的地方。这个仿制的东京最终露出了马脚，因为外国人无法让这个男子（显然，他的被绑架的先驱）安安全全地不会在公路和海滩丧生，和真实的东京不同，这个仿造的实际上并不安全。一个更有戏剧性的录像——《绑架》，讲的是一个海外的日本职员拯救他老板的事，他的老板被恐怖分子抓住了。这个录像要传递的信息是显而易见的：国家让日本人在国内是安全的，但世界不是日本。当然，荒谬的是，竟然是国家的责任让日本人意识到国家没有能力在海外保护他们。

“9·11”的影响

根据日本政府的话来判断，基地组织对纽约和华盛顿的“9·11”恐怖袭击改变

---

① 按照现行日本外务省的组织机构体系来说，该部门现在叫领事局（Consular Affairs Bureau）。——译者注

② 按照现行日本外务省的组织机构体系，日本外务省领事局下设置了“海外邦人安全课”（Japanese Nationals Overseas Safety Division）和“邦人反恐对策室”（Terrorism Prevention Division）。——译者注

了一切。日本在对待恐怖的战争中坚定地支持美国，当时的日本外相川口顺子（Kawaguchi Yoriko）说，日本需要修改它的法律以便让自身的政策和美国、英国的政策相一致。2001 年 12 月，日本外务省在综合外交政策局（Foreign Policy Bureau）增加了一个新的反恐组织——国际反恐对策合作办公室（International Counter-Terrorism Cooperation Division）。其成员是对“邦人特别对策室”现有人员的补充，但是他们现在的职责是促进日本和美国、八国集团、联合国及其他国家和国际组织的反恐工作。尽管日本的国会和当时的日本首相小泉纯一郎相比，在承诺日本支持美国反对阿富汗的塔利班和基地组织的行动方面动作迟缓，但它最终还是对《反恐特别措施法》做出了响应。该法并非是为了日本亲身参与反恐，而是支持美国在这个具体问题上的活动。但是，该法几乎没有让政府或公众做好准备，那就是对反恐进行的战争可能对日本的利益有影响，特别是在东南亚。

政府的其他一些“反恐”倡议可能有更长期的安全含义，它们建立在日本对周边的威胁担心的基础上，比如中国的罪犯和朝鲜的间谍，而不是不为人所了解的叫做基地组织的幽灵。朝鲜人曾经在日本海域进行毒品走私、间谍活动并且发生了令日本人非常厌恶的绑架人质事件。这些都是自由民主党长期以来感到担心的事情。自由民主党利用“9·11”的契机，把重新修订日本海岸警卫队管理法（Japan Coast Guard governing law）和恐怖主义的总体威胁联系起来。这么做，基本上就放松了对海岸警卫队使用武力对付被婉转地称为“不明船只”（fushinsen）的限制，它们经常侵犯日本的领海。不到两个月后，在 2001 年 12 月，日本海岸警卫队的船只包围并向一艘被认为有可能是朝鲜的间谍船开火，那艘船随后爆炸并沉没，可能是因为一个自我破坏装置。尽管这个事件实际上是在中国的经济区结束的，而不是日本的，但日本国内没有响起什么批评的声音，主要是因为不计其数的朝鲜的威胁越来越明显了。

日本的安全专家认为，日本对美国反恐的支持使日本可以在海外行动，这和政府在出现入侵或类似的侵略行为时，不能在国内有效使用自卫队极为不相配。按照一位在日本国际关系领域非常有名的专家田中明彦（Akihiko Tanaka）的话说：“我们有在这个地区发生危机时需要的法律，现在我们可能需要一个在遥远的海外发生危机时的法律。但是当日本受到袭击时的法律还不够。”2002 年春天，内阁还批准了三个有关可能对日本本岛实施武装袭击的议案。在日本首相小泉纯一郎对平壤进行的一次国事访问中，意外地得知朝鲜的间谍曾绑架过 15 名日本人，而且他们中的大多数在充当日语语言教师，其中一部分人已经去世了。这让许多日本人几乎毫无疑问地记住了威胁来自何方。2002 年 3 月由中央调查社（Chuo Chosasha）进行的一项调查询问日本的威胁，四个最普遍的答案是“恐怖主义”、大规模杀伤性武器袭击、海外游击队（特别包括那些“可疑船只”上的）和导弹袭击，都明确或有证据显示和朝鲜有关（MOFA 2002b）。

三个议案中最重要的更准确地确定了在有可能受到直接袭击时，允许做出什么样的反应。另外的两个议案对自卫队法和管理日本安全委员会（Security Council of Japan）的法律进行了修正。在政治上，存在分歧的地方不是为日本所面临的安全威胁中最亟待解决的问题、朝鲜的间谍船（已经包括在对海岸警卫队法的修订中）和导弹或恐怖分子的袭击做准备。尽管政府对第九条的解读承认日本使用军事力量终止外部进攻的权力，并因此允许紧急立法，批评家把立法建议看做特洛伊木马，目的是在宪法限制上偏离得更远。尽管许多议员对执政联合默默感到不安，对反对派大喊大叫地批评，政府却没有做出任何努力推动国会在 2002 年通过这些议案。2003 年 5 月，执政联盟同意对由日本民主党（议会里最大的反对党）提出的主要议案进行一些修正。这包括，在反击任何武装袭击时，政府要承诺对宪法赋予公民的权利给予最大限度的尊重，赋予议会终止议案中包括的军事行动的权力。由于达成了妥协，所有的三个议案在 5 月都被众议院通过，2003 年 6 月被参议院通过，参众两院中都有超过 80%的议员支持这些议案。小泉纯一郎首相因此成功地制定了《紧急安全法》，这在他的父亲小泉纯也在 20 世纪 60 年代当日本防卫厅长官时是一件不可能办到的事。

就军事问题而言，“9・11”事件后的安全环境成为自由民主党实现其长期想追求的但认为是不可能实现的政策的一个契机。先是利用一个受到袭击并勃然大怒的盟友的要求作为插手的契机，然后依赖公众对一个危险的、失去平衡的邻国的广泛恐惧，政府采取了很久以前就计划好了的措施。但是，日本当局并没有利用恐怖主义问题去重新估计社会安全问题，而是仍然把注意力放在外国人和正在逐渐消减的民族同源问题以及有组织犯罪所构成的挑战上。到 2002 年末，当局明确地表明了它们的观点，那就是恐怖主义和跨国毒品交易、非法移民以及朝鲜有着不可分割的联系。警力的扩充和日本警察厅的重组，以及警察厅和司法部对扩充监狱和拘留所的呼吁，都属于为解决同源性所受到的威胁而实施的一些方案。前警察厅官员佐佐淳行（Sassa Atsuyuki）2004 年发表在有影响力的评论月刊《中央公论》（*Chuo Koron*）上的一篇文章中，巧妙地抓住了警察情绪的普遍特点。他认为，日本还没有为国际恐怖主义做好准备，因为忽视公众安全需求的自由派给政府施加了太多的限制。他提出，日本所需要的警力要比现在大得多，以确保警察局总是有人手在公众场所对人员进行恰当的搜查、对阿拉伯人和穆斯林给予特别关注。他承认这有某种程度的种族歧视，但是这也是无法避免的。实际上，恐怖主义是更大的一类威胁中的一个，解决这类问题的方法总是一样的：更多的警力、更大的预算，如果可能的话，对调查的限制更小。

日本警察厅的一些活动反映出来自美国以及联合国惯例中有关恐怖主义的预案的直接压力。日本已经签署并开始执行新的有关压制恐怖主义和减少恐怖主义组织融资的国际惯例。2001 年 9 月，小泉纯一郎首相宣布了一个七项反恐计划后，乔治·布什总统带着赞赏指出日本的措施将“加强在信息共享和移民控制方面的国际合作”。到目前为止，日本已经冻结了恐怖主义组织的资产，并且尽量调整它的《反洗钱法》，使其和有关恐怖主义融资的国际惯例保持一致。日本政府还命令其使馆和领事馆在核查申请签证的人时更加专心，并增加了参与签证和移民的实习生的人数，并且交换海关官员，作为“集装箱安全倡议”的一部分，目的是保护美国免受通过集装箱船只走私恐怖主义武器的伤害。日本还加入了美国和朝鲜就核威胁而举行的六方会谈和更广泛的多边合作，这是 2003 年马德里倡议的一部分，目的是削减朝鲜的大规模杀伤性武器以及毒品和货币走私。这种合作最明显的证据就是日本对进入日本港口的朝鲜船只进行大规模的监视和检查。

但是，有时候日本的政策对美国要求的抵制和对其的满足一样多，在此以两国就结束《搜查司法互助条约》（Mutual Legal Assistance Treaty，MLAT）的长期谈判为例进行说明。这类条约允许执法部门进行直接的交流和合作，而不是要求它们通过外交渠道。最初的谈判证明是浪费时间，一些观察家推测日本政府不愿意让美国直接干涉日本的调查。在 MLAT 谈判上拖延时间的同时，日本政府在保护日本人免受外国罪犯和毒品的侵害方面加快了步伐。最终，面对来自美国的沉重、持续的压力，日本政府结束了 MLAT 谈判，在 2003 年 8 月签署了条约，规定该条约主要针对的是恐怖主义和涉及互联网的犯罪。但是，美国政府对 MLAT 的解读似乎比日本的更宽泛，这意味着日本这种抵制和满足美国要求的模式还将继续。

观察家们经常对日本战后和平宪法和政治因素对于日本安全方式的制约发表评论，但是他们在日本综合安全政策的反应上就显得迟缓得多。受“9·11”事件的影响，日本现在所面对的是一个更符合内部与外部安全的相互关系的世界，以及充满无数普通公民和政策制定者都要加以考虑的危险的变化中的区域。国际环境的变化促进了日本政治和社会的转型。然而在“9·11”事件后的世界，日本的外部和内部安全政策似乎发生了不均衡的变化。

建立一个更自信果敢的日本，这个蓝图已经存在几十年了，特别是自从20世纪80年代开始的中曾根康弘（Nakasone）时代。尽管非常有争议，但是对日本自卫队能发挥更广泛的国际作用的希望一直都是政治争论的焦点，特别是自从冷战结束后，随着经历战争创伤的日本人数量的减少，对政府行动的阻力越来越少了。与此形成对比的是，对内部安全政策变化的制约和对知识分子和政治的制约一样多。充分应对跨国毒品贸易、非法移民和恐怖主义的唯一方式是承认安全的实现不是要去寻求把日本重新造就成像隐士一样封闭、同种的国家。简单地说，在日本不把捍卫民族同源性当做实现内部安全途径以外的蓝图。

理想地讲，在亚洲，一个日本化了的安全环境应该包括有核能力、独立的单一民族国家，全面合作、经济上开放但地域上有自己的特点，能够互相信任对方的良好意图。通过促进多边合作，日本政府已经寻求缓和国内和亚洲对钢铁般坚固的美日联盟的担忧情绪，日本把这个同盟当成是对日本安全最后的保障。在“9·11”事件后的世界，全球的安全问题专家就美国所领导的反恐怖战争对不同地区和世界整体来说意味着什么争论不休。对日本政府而言，这场战争提供了一个机会，政府可利用更广泛的更全面的日本民族对安全的恐惧，为更自信的国际立场辩解。但是，日本政府没有变现出任何针对快速的社会和区域转型所做出的长远打算。凝视变革的深渊可能会揭示出日本未来的某些方面，这是政府所不愿看到的。

第5章

创造一个区域性的舞台：金融行业的重建、全球化和区域形成

娜塔莎·汉密尔顿-哈特

自1997年以来，东亚金融市场和政策的两种说法一直反复传播。这个地区的金融体系要么受到大量有限的全球化的影响（如果不是绝对的美国化的话），要么就是默默地受到日本区域政策形成的影响。日本不是被看成是遭受“绝望的失败”，就是实现了一个静静的危机后的胜利。按照第一种观点，东亚金融危机败坏了日本金融模式的名声，并证明日本没有能力充当国际领导者。日本的银行体系处于崩溃的边缘，日本受到指责，称因为大规模撤回贷款而使东亚金融危机进一步恶化。由于失去了日本金融所提供的保护，对日本经济战略的崇拜也荡然无存，亚洲不再暗暗抵制全球化的力量：金融体制全面自由化、重新修订金融政策和机制以反映全球的规定标准。按照第二种观点，日本正通过东亚金融危机后的援助、建议和外交活动重新回到地区舞台上。国际上，日本正在树立在全球机制中的一个新的自信的形象，其任务是加强管理全球金融体系的规则。日本愿意在这些舞台上挑战美国的观点、要求更大的声音，不仅为它自己，也为整个亚洲国家。

这两种形象的持续反映出一个不足为奇的现实：亚洲金融体系和政策在东亚金融危机后的改革不统一。区域性金融政策的方向仍然有争议，无论是从国内还是国际，这些辩论中的任何一方都没有赢得明确的胜利。然而，更重要的是，反对日本化的全球化（其含义是融合和美国化）的二分法，隐含着某些形式的融合可能会给更大的国家恢复力和区域空间提供渠道。全球市场的力量和十足的政治压力已经限制了日本想影响金融协议的倡议。但是如果日本的区域构成倡议想获得成功的话，它就必须执行体制和政策改革，这些一般都被认为是反映出全球市场和规定标准的被迫融合。

按照这种解读，1997—1998年的东亚金融危机既不意味着金融上的日本化被颠覆，也不是朝排他性的区域主义变化。1997年以前，亚洲金融中日本化的元素（如果不是幻觉的话）是不确定的，并且容易受到美国政治和金融力量的严格限制。东亚金融危机使这些限制变得更加明显，但是也带来一系列日本国内和东亚的重建。这些尚不完备的转型有潜力支持在亚洲进行有意义的金融监管框架。即使区域性框架仍然处于发展的初级阶段，大多数还都不可行，但是朝着这个方向已经迈出了重要的步伐。管理金融的正式的区域性结构基础现在还存在的事实，标志着和1997年以前的情况发生了真正的转变。但是，尽管已经打下了在日本改革和更正式化的区域性安排的基础，但还没有明确或无可争议的发展道路。作为一个区域的亚洲，越来越被包括在日本在国际经济事务中的定位之中，但是并没有表现出日本政策或自身利益的特点。

日本的金融政策和区域参与能力和国内金融体制的发展有关。日本银行在泡沫经济期间积累起不稳固的资产时所表现出的明显的力量，和日本在亚洲投资的波动有密切的关系。随着资产泡沫在20世纪90年代的崩溃，要符合全球自由化的潮流和美国的调整模式的市场和政治压力被强化。但是在这些压力带来重大改革之前，花了差不多十年的时间，这十年里，银行体系瘫痪，最终几乎酿成危机。从1998年开始，日本财务省将解体、破产的金融机构让外国接管，这些标志着日本模式的消亡和美国式的金融监管模式的上升。然而，如果这个金融改革的过程成功，日本极端脆弱的银行体系以更强的姿态出现，处于更有效的监督之下，那么可以把这种转型当成是能以更不为他人所控制的条件，虑及更一致的金融政策和区域构成的一个变化。

20世纪90年代日本国内金融的脆弱性映射出日本在塑造以全球机制为中心的国际金融监管安排上的相对无力。随着有关一个设想中的“新国际金融结构”的谈判在20世纪90年代后半期宣告破产，日本在这个结构可能带来什么意义的竞争中失败了。国际金融改革的方式，反映出以美国为导向的金融市场、调节机制和管理全球金融的国际体系的垄断地位。以竞争为形式的市场压力、汇率的不稳定和资本账户的脆弱性影响人们的认知，降低了国家影响全球改革的能力。但是，在决定国际金融改革的过程方面，这些制约没有政治权力和持久的机制上流传下来的东西重要。欧洲和美国的影响合到一起所带来的改革达到一定的强度，以便能对一个自由化了的体制实施监督，而不是对该体系进行结构上的改革。美国对国际金融业影响的来源包括：在国际货币基金组织和世界银行持续的否决权（但不是完全控制）、美元的国际作用和在建立用于确定全球标准的概念性尺度上的持续主导地位。美国还继续向亚洲国家施加双边压力，让它们采纳能按照美国的条件促进全球化的标准和政策。

从2000年开始，日本重新调整了它影响国际金融安排的努力。从那以后，随着打造更有效的金融安排的政治努力发生了变化，在全球决斗场上的正面交锋变得不那么相关了。从1997年以来所追求的区域计划，在日本的对外金融政策中占据了更加核心的位置。区域性的安排并不是要从全球化进程中退出来或者以“把美国挡在外面”为目的。相反，我们可以看到日本正在发挥领导作用并建立一个更加有恢复能力的金融体系，这个体系将和全球融为一体。日本在金融方面的区域形成工具箱包括努力建立“软的”或者理想中的权力以及金融资源。尽管这些区域性的安排已经取得进展，但它们的发展仍然受到区域间政治社会力量、日本国内经济和金融制度成功重建的影响。

日本的金融制度：危机和变革

正当亚洲的货币和金融危机崩溃时，日本国内的银行体系也在经历着重大压力，原因是日本在解决由日本泡沫经济崩溃而引起的不良资产问题方面，延误了七年。日本金融行业的调节者财务省，多年以来一直都避免采取会迫使银行勾销不良资产的决定性的行动，因为账面价值的故意降低会使银行的资本率远远低于国际水平，在许多情况下可能意味着银行破产。因此，处理不良资产需要将大量的公共资金注入到银行，并且对银行体系进行根本性的结构调整，因为经济行业里伴随而来的不稳定在不良资产问题中占很大比例。就像 T. J. 潘佩尔在第 2 章中所探讨的那样，这些部门里（或没有受到这些部门庇护的）借方（特别是建筑业、农业合作社和小企业）是自由民族党的主要成员。因为这个原因，日本财务省面对强大的政治上的不情愿去实行可能会损害这些利益的猛烈的变革。此外，日本在银行当然会抵制那些会迫使银行关门、进行重大结构调整以及向外国竞争者和接管人开放仍然受到保护的银行市场的动议。

所有方式中受抵制最小的是，主要银行和日本财务省继续维系它们之间越来越不容易的合作伙伴关系，通过对不良资产的报告标准置之不理掩饰这个行业的问题，安排对身处水深火热之中的小银行进行接管，希望经济增长和资产价值的通货再次膨胀会恢复银行的收支平衡表。曾在泡沫经济发生那些年快速增长的日本银行的海外贷款，在 20 世纪 90 年代仍在继续，只是速度稍微慢了一点，这并不是一个巧合。日本的银行努力想舍弃国内有问题的贷款，由于缺少优秀的国内借款人，它们唯一的选择就是把注意力集中在扩大海外资产上。日本的银行贷款危机前流向亚洲的资本的重要组成部分，促进了亚洲经济的扭曲，使亚洲大部分地区在投资者感情发生逆转时很容易受到损失。这些贷款（在某种程度上是危机的诱因）使这些面临危机的国家的经济条件进一步恶化。

日本的经济和金融市场并没有舍弃不良资产问题，而是继续保持萧条，日本的银行在亚洲的资产证明根本不能解决这些问题。到 1998 年，一系列越来越严重的国内的破产威胁着日本金融体制的稳定性。主要银行根本就不能吸纳更多的破产机构——当金融行业的破产开始涉及更大的公司时，它们自己的不良资产问题变得更加糟糕。在从 1991 年开始的十年里，超过 170 家银行和存款机构破产，它们当中 130 家涉及小规模的信用合作社，从 1995 年开始的破产包括更大的机构。这些包括 1995 年住房和贷款机构的强制性关门（除了商业银行承担一些解散费用，要求支付公共基金），以及从 1996 年起由日本财务省安排的主要银行对一些更大型的商业银行的救助。在 1997 年后期，第十大商业银行和最大的四个证券交易所中都有一家破产。

对于银行体系来说，这个至关重要的阶段发生的背景是有其他要求进行金融改革的压力。日本要求开放它的金融服务市场，改革它的管理法规，这些要求带来了市场上的一些变化，比如保险业。但是，由于日本借款人有效地、更坚定地进入全球金融市场的能力越来越强而带来的市场压力，加大了延误改革而造成的损失。通过市场细分、非正式的行政指导和个性化的联系，日本财务省和金融行业的网络的旧金融监管体系变得越发无法持续发展。不仅银行业所处的环境是它失败的一个标志，一系列涉及日本财务省人员的丑闻意味着以前受到人们尊敬并且握有实权的国家部门越来越成为公众所厌恶的对象，在越来越多的对大规模的官僚和政治改革的要求面前不堪一击。人们不再相信日本财务省对金融部门的情况的评估是准确的。比如，1996 年日本财务省对不良资产的统计数字是 38 万亿日元，而非官方的对坏账（呆账、死账）的估计是 75 万亿日元。日本财务省所提供的信息正越来越受到私人行业的分析家和评估机构的挑战，因为后者会提出它们自己估计的数值。官方对评价结果退步的否认和愤慨只是增加了人们的看法：曾经统领日本金融体系的旧的联盟是腐化的，已和现实失去联系而且正在拼命地摆动。

1996 年 11 月，一个被称为“日本的大爆炸”的大的金融改革一揽子计划宣布了，这些计划将会使金融体系变得更有效率、更加透明、更有竞争力。在接下来的三年里，一系列的法案得以通过，将这些目标变为现实，带来资本市场进一步自由化、公司金融和财务改革、证券业的自由化和银行的资本结构调整。金融行业里来了新的国内和国际参与者，为金融公司倒闭做好了新的准备，这些都加剧了竞争。日本金融机构中的外国直接投资从1995年的24.2亿美元上升到1998年的86亿美元，到1999年外国投资者极大提高了它们在日本金融市场里的份额，约占股票交易的25%。

重大体制改革和大量公共基金注入银行系统发生在1998年。4月，掌管货币政策的大权从日本财务省转到日本银行，这样就使日本的中央银行更正式地独立了，使日本银行与欧美普遍的有关银行独立对于合理管理经济是必要的信仰保持一致。新法案还分解了日本财务省并建立了一个单独的金融监督厅（Financial Supervisory Agency，FSA），2000年被重新命名为金融厅①（Financial Services Agency），当时它接管了日本财务省另外一个和金融有关的机构。重要的是，伴随着这些行政机制上的重组，日本金融规范风格上发生了决定性的变化：从一个建立在不透明的网络、非正式的指导和管理基础上个人化的体系到这个体系变得更加透明，并且以规则为基础。新成立的金融厅表现出它愿意并且有能力对身处困境的银行提出先发制人的、不动摇的方法：除了对两家大银行实行国有化、对违反规则实施行政处罚外，到2001年5月，金融厅发布了59个“纠正行动”命令，要求银行额外集资并进行管理上的改变。

这些改革累积起来所产生的作用是使日本的公司监管体系和金融调节看上去和美国的更像。从1998年以来的这些变化不仅仅是为了保持联系银行、日本财务省和自由民主党之间旧的网络而进行的表面性的改动。作为日本旧工业金融体系的一个重要特点，这种联盟已经完结了。由于国有化、外国收购和国内合并，对银行业已经进行了重大的结构调整。从2000年，通过合并日本最大的14家银行，成立了5家新银行。另外，尽管金融体系已经转型，但是还有一些问题没有得到解决。尽管勾销了泡沫时代的贷款，不良资产仍然是银行的负担，在整个2002年继续带来巨大的损失。银行的情况如此薄弱以至于金融厅被迫在2003年初放松了对它有关资本比例和利润目标的要求。到2003年底，主要银行都报告了积极的赢利前景，政府因为其在6月把理索纳银行（Resona Bank）从财政困境中解救出来而受到信任。总的来说银行系统在2003年仍然很虚弱，但是在2004年底当政府宣布对金融进行另外一项改革的计划时，主要的银行已经大大减少了它们的坏账问题。

---

① 2000年7月，日本进行金融体系改革，将原来从属于大藏省具有制定金融制度和立案功能的机构和金融监督厅具有的对金融机构的检查和监督机制合并成立金融厅。——译者注

日本的金融改革一直都受到市场压力的推动，但是在日本（以及其他地方）的金融改革更多的是重新调整的问题而不是自由化的问题：新规则和监管机制意味着市场竞争的更大的作用和有所增加的政府管理和执行作用结合到一起（Vogel 1996，16－18）。日本“有组织的资本主义”的参与者和机制并没有消失，而且可能正在策划它们的重组而不是它们的终结。2003 年 5 月建立了一个新的机构——产业再生机构（Industrial Revitalization Corporation），它被授权使用多达 10 万亿日元来全部买进不良贷款。有些人对此表示怀疑，认为这只会帮助银行推迟进行不受欢迎的经营上的变革。但是，从官方的角度，工业复兴公司的目的在于促进债务调整，这样能让经济上基本安全的公司重新获得竞争力。从 1998 年以后出现的真正的变革让工业复兴公司更有可能获得成功。尽管日本财务省、自由民主党和银行之间的旧的联系牢不可破，但是就像潘佩尔在第 2 章中所述的那样，自由民主党还没有放开经济中不具备竞争力的部门。这些团体的政治影响不仅是不良资产问题的核心，也是日本公共资金来源和经济竞争方面更大的问题的关键所在。这些问题仍然是决定日本在全球和区域舞台上行使什么样的影响力的一个因素。

全球力量：市场和国际规则

全球市场压力对许多亚洲国家的金融体制都产生了稳固的、结构上的影响。这个地区对全球金融市场相对开放，因此在管理国际金融的全球政权中占据重要的位置。这个政权（在这里的意思是在金融业拥有全球权威的规则和多边机制）和各个国家的管理上的做法一前一后为金融市场的运行提供了一个规范的环境。20 世纪 90 年代末，亚洲和其他刚刚兴起的市场所发生的戏剧性的危机把改革金融管理机制的问题提到重要的国际议程上来。日本公开参与对全球金融体制的批评，并拥护调节国际金融的大量规则，并对负责执行这些规则的机构进行重大改革。这两方面都发生了一些变化，但是日本和其他亚洲国家对这个进程的影响相对很小。

日本想通过利用一个区域性的资产折现措施（被称之为“美国货币基金”）来解决危机的提议被搁浅了，部分原因在于美国的强烈反对，美国支持国际货币基金组织对危机经济的解决计划。在国际货币基金组织的庇护下，这些国家着手进行重大结构和体制改革，目的是让它们与由多边机制所决定的全球标准保持一致。东亚大多数的金融市场现在比危机前都更开放。最近这些年来，到非日本的亚洲国家的私人资本净流量一直都是积极的（见表 5—1），最大的私人资本形式是外国直接投资，其中的大部分流入了中国。从 1997 年以来，日本也经历了相当高水平的外国直接投资流入，尽管是在超乎寻常的低的基础上：1999—2002 年流入日本的外国直接投资每年平均是 90 亿美元，而同期流入美国的外国直接投资平均每年为 1 930 亿美元。但是，这两个国家之间的差距在缩小：2002 年，美国注册的外国直接投资流入是 300 亿美元，日本是 90 亿美元。

表 5—1　　流往日本以外的亚洲的资本　　单位：十亿美元

	2001	2002	2003f	2004f
私人流动（净值）	55.4	66.6	84.3	87.4
直接投资	51.7	55.9	60.4	64.8
证券投资	12.4	2.6	11.6	13.3
商业银行	−10.7	3.1	8.5	5.5
非银行债权人	2.0	5.0	3.8	3.8
官方流动（净值）	−8.3	−15.1	−12.8	−5.2
居民借款/其他	−25.1	−12.9	−4.2	−13.7
储备金变化[a]	−70.3	−110.1	−131.1	−120.5

注：包括中国、印度、印度尼西亚、马来西亚、菲律宾、韩国、泰国。f 为预测值。
a　负号表示储备金的增加。
资料来源：IIF2003，7。

流入日本的直接投资基本上都来自欧洲和美国。从 1997 年以来，美国的投资者还大量购买了一些韩国的资产。但是，在亚洲其他地区，外国直接投资的流动具有重大的区域性。不包括日本在内的东亚区域内部的外国直接投资的流动从 1999 年占流入亚洲全部外国直接投资的 37%上升到 2001 年的占 40%。和日本流向东亚的外国直接投资（尽管自 1998 年以来有大幅度下降，但是数额仍然很大）相比，这意味着除日本以外的东亚得到了超过半数的来自区域内国家的外国直接投资。新加坡、日本、中国香港、中国台湾是东亚向外投资最大的国家和地区，韩国、马来西亚和中国大陆对外投资的数额要相对小一些，但绝对数额也相当大。

2002 年借给东亚的净银行信贷变得活跃起来，结束了自 1997 年以来的该地区银行贷款规模大幅下降的情况。但是，这种趋势在各个国家有所不同：在过去的两年里在中国大陆、印度尼西亚和泰国，有待偿还的外国银行贷款有所下降，而在日本、韩国、马来西亚和中国台湾，外国银行的贷款有所增加。日本根本就不是东亚最主要的贷款人，欧洲的各个银行扮演的才是这个角色（见表 5—2）。这些年来，美国的银行逐步增加了它们给亚洲的贷款，在几个市场上追上并超过了日本的银行。尽管日本的银行仍然在外国信贷（如在中国大陆占有相当大的数量），但总的来说，和 20 世纪 90 年代中期日本占东亚总的外国信贷的 35％相比，现在日本银行作为贷方的角色已经不那么重要了。

表 5—2　　**外国银行对亚洲的债权（2003）**　　单位：十亿美元

（截至 2003 年 6 月）

	总计	欧洲[a]	美国	日本
中国大陆	55.4	29.5（53％）	4.7（8％）	9.7（18％）
印度尼西亚	34.7	21.9（63％）	3.0（9％）	6.0（17％）
马来西亚	54.6	24.5（45％）	8.2（15％）	5.3（10％）
菲律宾	22.3	11.7（53％）	4.5（20％）	2.5（11％）
韩国	94.5	45.7（48％）	15.4（16％）	12.1（13％）
中国台湾	47.0	24.6（52％）	15.5（33％）	3.1（7％）
泰国	35.6	14.9（42％）	4.0（11％）	8.6（24％）
越南	3.0	1.8（59％）	0.3（12％）	0.3（8％）
日本	658.9	358.2（54％）	70.4（11％）	—
中国香港[b]	254.9	171.0（67％）	18.5（7％）	24.9（10％）
新加坡	136.8	69.6（51％）	16.6（12％）	18.4（13％）
美国	3 393.5	2 384.2（70％）	—	485.3（14％）
总债权	8 548.1	788.6	1 201.5	

a　欧洲：奥地利、比利时、法国、德国、荷兰、瑞士、英国。

b　借给海外市场。

资料来源：BIS，2003，表 9（报告银行对单个国家和地区的债权，按报告银行的国籍）。

流往亚洲的资本已经从和金融危机有关的大幅逆转中恢复过来了，而且这个地区由于大量的经常账户的盈余和外国储备而得到缓冲。以净值为基础，直接投资是外部融资最重要的形式，而且这种形式比其他形式的资本流动更不容易出现波动。在整个地区有价证券的流动仍然有很大起伏。在有些国家，特别是印度尼西亚，外国投资者的活动现在不像过去那么重要了：与 1994—1996 年期间的 60％相比，1998—2003 年，外国交易占雅加达股票交易总数的 18％。2003 年，大部分区域股票市场的异军突起涉及外国投资者在相对短暂的时间里大量的交易，尽管大多数情况下市场净购买量并不是那么高。有价证券的流动和货币交易在失去自信的情况下仍然有不稳定的可能。再加上向某些国家银行信贷的回流，这意味着 1997 年以前的许多具体的弱点问题已经得到解决，但是整个东亚仍然容易受到未来金融干扰的影响。

对掌管金融的国际政策的改革目的是减轻这种干扰的影响。紧随着 1997—1998 年的金融危机后，为促进国际金融稳定而做的努力，其目的在于创造一个“新的国际金融框架”来监管全球金融。主要涉及的组织包括国际货币基金组织（IMF）、国际清算银行（BIS）和世界银行，主要的变革包括修改过的国际货币基金组织借款程序、标准制定和在一个自由的国际金融体系下的监管。对于掌管金融的潜在政策体制、国际货币基金组织的危机管理能力或者对国际货币基金组织的控制结构，并没有根本性的改变。尽管有些倡议的目的是在危机中救市（bail-in），国际金融当局通过大幅度增加信息搜集和对规则制定者的监管任务，承担起确保对公共权力机构的体系稳定的职责。通过避开其他促进稳定的机制，比如确保回到更加细分的市场，最终是纳税人而不是在全球都十分积极的金融投资者，为这种形式的规范方式付出了大部分的代价。

日本对现行的全球金融体制的行动主义和挑战在 1998—2000 年期间最为明显，当时日本就对 IMF 和管理金融体系的国际规则进行了根本性的改革，频繁地发表、措辞强烈的宣言。和政府有密切关系的个人对 IMF 处理亚洲危机的方式的公开批评是史无前例的，但是政府并没有从全球机制中撤出来，而是在改革这些机制、制定新的金融管理标准中发出更大的声音。尽管在 1999 年和 2000 年的七国集团峰会上受到很多关注，高层对改革管理金融的国际体制的兴趣在 2001 年和 2002 年还是渐渐消退了。最终的结果在多大程度上对日本而言代表着失败，这是有争议的。有些日本政府官员对改革的方向相对满意，他们相信 IMF 和美国政府以及日本都改变了它们最初的立场，而且，作为一个主要的债权国，日本的利益在某种程度上和欧洲、美国的利益有所重合，它们的银行和投资者也握有大量国际证券。但是日本在危机期间和危机之后发表的改革议程几乎都没有被采纳。在危机管理问题上日本的确得到一些让步，美国放弃了它对日本修订过的将亚洲从财政困境中解脱出来的计划的反对。但是，关于机制改革，日本“屈从于美国的领导地位，签署了一个七国集团对 IMF 改革的提议，这个提议紧紧按照美国所规划的蓝图行事，几乎没有解决日本所提出的问题”。

新的金融框架给金融管制和 IMF 带来了变化。IMF 进行了一系列内部变革并对它的程序进行了检查，此外还有几项外部的研究以 IMF 为对象，目的是为改革提供计划表。除了在金融管制方面的作用有所增加，IMF 还被分派了两个新问题，这是因为它主要受美国和欧洲的影响：对重负债穷国进行债务救助，严防洗钱和恐怖主义融资。作为一个组织，该基金会承诺要更加透明，并成立了一个独立的评价办公室。

对 IMF 的资源和借款程序也进行了修订。作为 1998 年配额修订的结果，它的资源曾经有所增加，但是此后没有进一步增加。IMF 创设了一些新的借款工具，这样可以使其成员国在“特殊”情况下得到超过其配额以外的资金。危机后，IMF 借款方面的另外一个变化是成立了紧急信贷限额（Contingent Credit Line，CCL），它的目的是能更迅速地将 IMF 的资源支付给面临真正清算危机的、还不具备完全资格的国家。但是这项措施所带来的影响非常有限，因为各个成员国都不愿意就紧急信贷限额进行谈判。IMF 借款中一个有争议的方面——强加给借款国的条件限制要求，也得到了修改。针对对 IMF 的制约性太具有侵略性、范围太广的广泛批评，新的制约性指导纲要主张重点应更加集中，强调对计划的国家“所有权”。但是，由于作为宏观经济管理基础的监管和机制上的因素可以对基金组织的制约性适用地区做出广泛的解释，这种意向上的宣言对于在实践中缩小对制约性的关注几乎没有什么作用。基金组织检查的范围明显超过了最初对宏观经济指数的关注，现在还包括“经济发展体制上的要求”。

IMF 对什么才是适宜、健康的宏观经济、汇率和调节政策的看法经历了一些变化。比如，对资本账户自由化的支持现在有更细微的差别，通常都伴随着在推荐自由化时“渐进而又有序”这个词。一位在危机期间和危机后负责 IMF 的前印度尼西亚中央银行的官员证实了这个观点：在诸如金融自由化的顺序安排和某些基金组织在借款国的行为的合适性这样的问题上，变化微乎其微。另外，IMF 最初在危机后从无条件资本账户背书和金融自由化的撤退上是非常有限的。选择资本账户控制在它有关促进金融稳定的提议中根本没有得到考虑；对于日本反复呼吁 IMF 进行改革，提出要更加关注大规模和突发的资本运动的问题，只是通过支持更大的资本账户监督得以解决。这和美国的偏好非常一致，美国想继续在资本控制的使用上领先，常在双边贸易协议谈判时在这个问题上向智利和新加坡施压。

关于其他的金融政策问题，IMF 批准了一个强调自由化的金融管理方法，并且提高审慎的监督和透明度。对私有银行的承诺并允许向外国人销售金融资产被包括在它对泰国、印度尼西亚和韩国的危机借款计划中。由于意识到自由化了的市场容易受到某种失败的影响，全球金融体制极大增加了对标准设定和监管的关注。国际清算银行是为国际银行开发新的资本规则的焦点，而 IMF 在开发早期警告模式、技术支持、新的监督机制和公开要求的形成和标准化方面占据领先位置。总的来说，促进国际金融稳定的新机制的基础是完善市场功能，而不是取代市场机制。任何华盛顿共识后的有关适宜、健康的经济和金融政策的内容（说明金融标准和监督模式的具体细节），继续由美国占主导地位的机制来决定。

“新”金融框架里另外一个持续性的元素是在谁行使对 IMF 的控制权上几乎没有变化。在投票机制、执行委员会的代表权和管理上，IMF 仍然是一个欧洲和美国占主导的机构。大家一致认为，亚洲在这个组织里没有得到足够的代表权，日本率先将这一问题提上议事日程。日本纠正这种失衡的决心的一个表现就是提名神原英资（Sakakibara Eisuke）为 IMF 2000 年的总裁，他是在 1998 年提议建立一个区域性的清算基金的勇士，他有关由资本的易动性所带来的问题的观点非常有名。这个提名得到了亚洲国家的支持，但是更多的人认为这是象征性的，日本发表的这个动议反映了它认为这个位置不应该以候选人的国籍为基础的观点，日本的声明中也承认了这一点。

另外一个说明日本为影响以 IMF 和世界银行为基础的金融改革的进展而进行的努力是如何受挫的例子，即配额分配和 IMF 执行委员会的代表权的问题。日本坚持为增加和重新分配配额而努力，并且在 IMF 会议上反复提出这个问题。尽管在 1998 年时总的配额增加得到了保证，2001 年增加中国的份额的特殊再分配得到批准，但和欧洲相比，在配额分配和执行委员会的代表权上，亚洲总体来说代表名额仍然不足。2002 年 9 月，日本主张“IMF 可供使用的资源处在相当低的水平，我们希望就增加配额问题迅速采取行动”，同时，应该重新审查再分配的问题。但是，当就重新审查配额问题进行谈判的最后期限来临的时候，没有就增加或重新分配配额问题达成一致。官方的执行委员会的立场（反映出美国的立场但和较早时候日本的声明直接冲突）是 IMF 的清算“依旧合适”。

在这以后，日本，至少就目前而言，把注意力转移到其他地方了。和以往它对这个问题更长、更具体的争论相反，日本 2003 年 4 月对 IMF 的国际货币和金融委员会（the International Monetary and Financial Committe，IMFC）的声明中只是简要地指出“应该尽快恢复有关增加配额的讨论”，而且配额的分派应该“反映当前世界经济的形势”。日本减少其对 IMF 改革的强调的另外一个标志是它在 IMFC 两年一次的会议上的发言越来越简短，在世界银行和 IMF 联合年会上的官方发言中论述的问题范围大大缩小。比如，日本在 2000 年联合年会上的发言包括有关在亚洲进行区域合作和世界银行的改革的相当长的部分，但是在 2002 年的发言中，这两个问题都不复存在了。在 2002 年 IMFC 的一次会议上，日本似乎提议应该重新考虑这类会议的必要性。

总的说来，为减少脆弱性并发展更加有效的危机管理机制的国际努力几乎没有改变和开放金融市场有关的结构上的脆弱性。新国际金融框架的核心是开发市场的基础设施，强调信息的重要性及推广全球化标准。但是，这些标准意味着什么在很多领域里都还没有严格的定义。比如，很多有关银行资本比率应该如何计算或者资本账户交易应该如何记录的技术性问题在国际清算银行和 IMF 都仍然存在。但是关于实际的政策问题，IMF 官方对新金融框架的规定一般只不过是母亲身份的声明，呼唤“负责任的”宏观经济政策和“适宜的”汇率体系。尽管根据 IMF 大量的研究结果和它的国家项目，可以明显看出其一直没有改变的对开放市场、中央银行独立和美国式的金融管理的承诺，但是对关键性原则措辞上的模糊意味着 IMF 在应用借款标准时可能有很大的弹性。

有迹象显示，IMF 已经放松了它早期对在像印度尼西亚这样的国家的管理和结构改革问题的强调。从 2000 年起，IMF 对印度尼西亚在它的计划下所取得的进步基本上都发表了正面的评论，指出宏观经济指数有所提高，国有化资产的销售有所增长。对有关资产处置是以什么方式发生的或者在贸易自由化或对付和贪污有关的问题（这些对早期计划中的改革至关重要）方面印度尼西亚没有取得什么有形的进步这样的事实，几乎没有提及。尽管贪污和总体的管理问题是世界银行而不是 IMF 的管辖范围，但 IMF 也避免发表对印度尼西亚的规范做法至关重要的公开发言，即便是在金融业。私下里，IMF 仍然继续努力改革并影响中央银行的变革，中央银行仍然是金融业的主要规范者。

亚洲国家正在表露出某些迹象，准备从过去由于和危机有关的借款而形成的与 IMF 的密切关系中退出。韩国和泰国宣布它们打算在 2003 年还完 IMF 的危机贷款。

2003年2月，菲律宾宣布了它打算在年底前退出IMF监督的意向，等到它目前的贷款资质在9月到期后，将拒绝继续项目后的监控安排。尽管这个决定后来发生了逆转，IMF的监控还在继续，但当时中央银行的负责人说，国际评价机构将适当地监控，不用承担一年两次的招待IMF官员的费用。与此同时，印度尼西亚还要求在2003年退出IMF的计划。IMF在印度尼西亚当然不受欢迎，自1998年以来成为政客们很容易达到的目标，但是到2003年初，越来越多的当地经济学家和政客们希望退出IMF。日本政府也支持印度尼西亚从IMF退出的战略，从官方的说法看，不是因为它对IMF计划中的具体内容存在分歧，而是因为它意识到继续这个计划会导致政治上不能持续发展。也就是说，鉴于IMF的计划不受欢迎以及2004年即将到来的大选，如果政府恢复它的计划，它的承诺就缺乏可信度，这实际上可能会恶化投资者的信心。尽管日本坚持不会在没有IMF计划的时候重整印度尼西亚的债务，但对印度尼西亚提供在日本控制下的退出政策是朝着将复苏政策放在本地政治现实中所迈出的一步。

为金融合作创造区域空间

有关为预防危机、管理和协调货币而发展区域性金融安排的倡议和亚洲的担忧有关，亚洲各国担心全球层面的管理都集中在IMF和国际清算银行上是不合适的。宗像直子在第6章中介绍说，对金融合作的提议构成了1997年以后亚洲新区域合作议程的一部分。和日本对亚洲大量的和危机有关的借款以及分派顾问、延长对东亚范围内的工业进行支持等其他的官方动议一起，日本对区域金融合作的促进被解读成是向构建一个日本式的“发展型”国家纲要体系迈出根本性的一步，因此，这就像从总体上对全球化，特别是对美国提出直接挑战。但是，目前日本领导下的区域构成模式依赖的是非对抗性的工具，并建立在和传统的日本所谓的发展型国家模式没有任何共同点的原则基础上。

对IMF在东亚危机管理的含蓄批评是促使区域性合作来促进金融稳定的一个因素，但是鉴于区域内传播的效果及相互依赖性，区域性危机管理能力的发展至少通过这个观点可以了解到，区域性的工具有优势，也是对 IMF 危机管理的补充。到目前为止，区域型危机管理的能力仍然非常有限，但是考虑到在 1997 年这个地区实际上根本没有危机管理机制，这个能力的增长已经算是迅速的了。

在危机之前，日本的官员一直在考虑某些形式的区域危机管理工具的优点，而且与中国香港一起和区域性的中央银行签署了一些回购协议。在危机的初始阶段，他们私下和亚洲国家的政府提出了亚洲货币基金的想法。尽管他们没有能够建立一个这样的基金，但这个地区的国家显然接受了发展某种形式的区域性支持工具的想法，而日本是驱动更多低调的倡议朝着这个目标发展的主要力量。自 1997 年以来，这个地区的金融合作有所增强，这种情况是在东盟+3（ASEAN Plus Three，APT）这把大伞下发生的，这个集团包括东盟成员国、中国、日本和韩国，尽管日本还支持和亚太经合组织马尼拉框架集团（Manila Framework Group）以及东盟有关的倡议。APT 金融和中央银行的代表从 1999 年开始定期开会，APT 的财政大臣在 2000 年开始正式会晤。

在 2000 年 5 月，APT 的财政大臣们宣布了一个计划，扩大《东盟互换协议》（ASEAN Swap Arrangement），并建立一个双边货币协议网络，这被称为《清迈协议》（Chiang Mai Initiative，CMI）。它的目标是发展区域性的危机管理能力以便在未来出现金融危机时能提供紧急外币清算支持。2000 年 11 月《东盟互换协议》提供的外币支持从 2 亿美元增加到 10 亿美元。在接下来的三年里，对一系列的双边互换进行谈判，潜在清算支持达到 315 亿美元。这些互换的第一批主要是和作为潜在债权国的日本的单项协议。但是，韩国和中国，很快开始进行双边互换，到 2003 年，《清迈协议》下的 13 个互换协议中有 7 个不包括日本。

加上“新宫泽构想”（New Miyazawa Initiative）下日本提供给韩国和马来西亚的另外 75 亿美元的双边互换，《清迈协议》可以调动相当庞大的资金。可以和这个比较的一点是 IMF 在 1997 年的紧急融资一揽子计划里所提供的资金数量。尽管双边互换协议下每个国家所能得到的资金总数没有 IMF 一揽子计划中承诺的那么多，但是需要解释一下那些一揽子计划。尽管这些计划广泛宣称为泰国提供 170 亿美元、为印度尼西亚提供 350 亿美元、为韩国提供 570 亿美元，这还包括大量的“第二防线”承诺，但在多数情况下，这些钱都没有支付。

《清迈协议》所提供的支持的意图是为接受国提供额外的支持，而不是要代替IMF的危机贷款。现在通过和IMF的官方联系，这一点得到了保障。双边互换协议提供高达救援工具总数10%的“自动”付款（要得到提供者许可）。除了这些，从救助工具中提取款项的国家必须已经具备了IMF的计划，这是中国和日本成功地放进协议里的，特地为了对付马来西亚的反对。和IMF条件限制的联系因为破坏《清迈协议》的独立性一直受到批评，和欧洲及北美的双边或区域互换工具相比，这种联系当然使救援工具更紧密地和IMF的批准联系起来。但是，这种联系并不意味着《清迈协议》只是IMF的一个区域性分支机构。

有些国家，特别是新加坡，根本就不想促进建立一个独立于IMF的区域性工具，但是背后的原因却有不同。主要捐款国坚持和IMF保持联系，这使得它们可以避开因为紧急融资做法里可能包括不受欢迎的或侵略性的措施而遭受批评。保持和IMF联系的主要原因是这个地区目前缺乏任何监管体系，这对清算支持是必不可少的。因此，IMF的监管和条件限制对于保护新的区域工具的可信度来说是必要的。没有IMF，如果双边互换协议被那些被认为需要某种形式的结构调整政策的国家获得的话，就可能会产生不好的影响：在这种情况下，付款只会填满货币投机者的口袋，根本无法防止投资者失去信心。对于减少由对支持的承诺而产生的不可避免的道德危险元素，监管也是必要的：对救援的期待会使采取适当、审慎的措施的动力变小，这样会带来风险。

实际上，《清迈协议》可能会超过它和IMF的正式联系。至于这是否是所期待的，各方的观点都不一致。但是官方的看法是，和IMF的联系是临时性措施，并同意应该建立一个区域性的研究团体来研究和区域性监管制度有关的问题。2001年11月，这个研究团体在吉隆坡开会并讨论了由马来西亚的中央银行和日本的财务省准备的报告。尽管就细节没有达成协议，但是这个团体的确同意一个分两个阶段实施的方法来继续发展区域监管的进程。完成这个过程尚无时间框架，但是设想结束时能建立一个对地区内的国家进行独立评估的区域性组织或者机构。

为了支持这一进程，新的信息采集和分析倡议被置于亚洲开发银行（Asian Development Bank，ADB）里。亚洲开发银行研发了区域早期警报系统的原型，这可能是某些区域监管能力的开始。亚洲开发银行是促进开发框架的智力进程和对金融合作轨迹进行技术分析的参与者之一。位于东京的亚洲开发银行学院也是以地区为基础的有关金融政策的技术知识来源，以及更广泛的经济管理的来源。这种区域监控和研究能力（它们的成立主要是日本努力的结果）可以发展产生知识的能力以提供可信的"适宜的"金融标准，以及独立于华盛顿的学院之外的经济政策。

日本在发展受理亚洲货币协调的智力努力上也占据领先地位。这个地区进行货币合作的学术研究和构想的基础在 1997 年后才刚刚开始建立。日本从 20 世纪 80 年代后期更关注的是更多地使用日元作为国际货币，在 1994 年和 1995 年，日本的大藏省、通产省和经济企划厅都发表报告提到了想更多地在国际和地区内使用日元的愿望。然而，可以使日元国际化的日本金融体制改革建议一直到 20 世纪 90 年代后期才开始被采用，日元国际化的障碍也随之得以消除。

除了同意在这个地区进行协调后的钉住一篮子货币，日本还支持（并提供基金）一些正在进行中的调查在这个地区进行货币合作可行性的研究项目。其中，"神户研究项目"（Kobe Research Project）在 2001 年 1 月举行的亚欧会议上的财长秘密会议上得到批准，并在那年 7 月发表了报告，报告是由日本的学术界人士牵头，并和来自欧洲、亚洲的官员及学术界人士合作完成的。"神户研究项目"的报告包括几个技术性的研究，这些研究指出更大范围的货币合作的好处并讨论了合作的前提条件和特点。日本的财务省还共同发起了一个三年的研究项目，它以澳大利亚国立大学有关未来东亚的金融安排为基础，包括对这个区域的合作性货币安排的研究。

因为协调意味着人为干预汇率体制，目前正在尝试的几种做法的可行性所面临的第一个检验是对"中等程度的"人为干预是否有利。目前经济界的正统观点认为除了"强势垄断"以外的其他汇率制在金融开放的体制下都是不可持续的：各个国家要么就顺其自然，要么坚持不可逆转的货币钉住并放弃货币政策的独立性。这就会排除目前大多数货币协调分析家正在从事的一篮子货币体制。但是，像许多国家一样，这个地区的大多数似乎特别不愿意追随正统而是采取了一个自由浮动的汇率制。因此，除了马来西亚引入了对美元的正式钉住以外，中国内地和中国香港维持它们目前的钉住，其他几个国家和地区似乎回到了危机前的汇率制下，那种汇率制度使美元在货币篮子里占主导地位。

关于在这个地区进行货币合作的好处并没有强烈的一致意见，但是认为亚洲的国家太多样化，很难从货币合作中受益这个共同的假设正越来越受到最近的研究的质疑。显然，经济体在贸易结构、对外界震撼的敏感度和通货膨胀率上越类似，在采纳类似的货币政策时它们面对的交易就越少。而且，考虑到动态效应的货币合作模式说明，就像最优货币区域理论中所指出的那样，进行货币合作的许多前提实际上是内在的。按照这种观点，提议在区域内实行货币协调会带来收益，这具有相当扎实的基础。

合作还可以让这个地区降低它所持有的过高的外汇储备。东亚的国家和地区加起来持有的外汇储备超过1万亿美元——与此相比，欧洲货币联盟成员国持有的外汇储备是1 710亿美元，美国是290亿美元。由于全球储备的大约3/4掌握在美国的资产下，这意味着亚洲未来的货币合作存在潜在的政治障碍。美国为世界上使用最广泛的货币的发行者，享有独一无二的优势，以美元为基础的国际金融体系产生许多占据效应。

转到另外一个制度下要求一种形式的高度协调，这在最近的区域金融合作倡议中还没有尝试过。货币合作反对大多数亚洲国家所面对的更近的市场和政治动机，这和区域危机管理工具以及管理项目不同，它们目前的形式是对主要按照美国方式确定的持续的全球化的补充。再加上日本自身金融制度和经济的缺点，这些情况对日本在区域构成的努力造成很大的制约。

以资本流动和为自由化提供市场压力为形式，全球化是影响亚洲金融市场和规范制度的重要结构力量。全球的压力还来自机制上的习惯做法和直接的政治权力，它们会在管理金融的多边安排中让某些规则、标准和参与者享有特权。美元在国际金融体制里的作用和欧洲在IMF里不合比例的声音是全球化中持续的两个元素，原因是和体制上的重新安排有关的集体行动问题。全球，特别是美国在这个地区的影响仍然是塑造亚洲金融制度最大的外部力量。

与此相比，日本化还只是刚刚起步。日本化只是表面上和日本投入到这个地区的资金数额有关。1985年的《广场协议》(Plaza Accord) 签署后，日元开始贬值，在这之后的10年里，和日本国内的“泡沫经济”一前一后，日本在亚洲的直接投资和银行借款大幅度增加。许多观察家觉察到一个以日本为中心的区域经济的出现，它依靠日本的金融、日本的发展模式和日本的生产网络维系。当然，现实往往更复杂，这个日本化的亚洲金融体制在 1997 年消失，当时这个地区超乎寻常的金融弱点暴露出来了。同时，日本自身的金融制度也接近崩溃，日本和东亚其他地区不稳定、非对称的金融关系中反常的一面表现出来：曾经为这个地区的大规模金融内流作出贡献的日本的银行，通过大量从这个地区撤走贷款，使危机和由此而来的区域经济收缩进一步恶化。

日本在危机后创造区域性危机支持协议的倡议中所扮演的角色，标志着不同形式的日本化，这种日本化再次既反映出全球的力量又反映出日本金融行业经历调控改革和部分重建的情况。在发展一个更加以区域为基础的金融管理方式的大多数倡议中，日本是制度上的主要依靠。日本发展在这个地区新的参与模式的方法也是按照非制度的方式进行的：日本是促进政策一致发展和新区域协议得到知识界的认可的主要力量。但是，日本在全球性机构里的投入和它与美国的关系阻碍了它按照直接和它们竞争的方式参与区域主义。

寻找区域性的金融管理框架这件事取得了一定的进展，到目前为止，避免了引起和全球金融机构或美国发生竞争。从这个意义上说，它们是免费的，可能正是因为那个原因，一些观察者认为它们无足轻重而没有把它们放在眼里。区域性安排的发展方向可能会威胁到全球性的金融机构，让它们失去一定的影响力，但是这个发展轨迹还远未明朗化，在日本国内或亚洲的其他地方也不是没有争议。当然这并不代表这是受到反对最少的方式：需要克服对在这个地区采取集体行动、金融业的进一步复苏和日本经济的复兴的障碍。

区域性协议和管理金融的全球机制的发展主要是以政治为导向的过程的产物。市场压力和私有部门的倡议有时候会加强政府的优先选择，有时候和官方的倡议相冲突。在改变人们的认知以及为官方的行动来创造需求方面，危机的作用显然非常重要。但是，无论是区域的还是全球层面的任何权威的管理机制，除了官方的参与者外，没有可以信赖的其他能提供重要稳定作用的机构（如果不追随官方的参与者的话）。穆迪投资者服务公司可能会带动市场运转起来，但是它所进行的不是在一个金融混乱的时候提供清算、执行规范标准或者协调汇率的工作。尽管私有部门以证券评价形式所做的评估正式地和全球的金融标准合为一体，就像 2004 年完成的世界银行《新巴塞尔资本协议》（Basel Ⅱ）所规定的那样，基本的规范框架和执行体制要依靠政府和政府间组织。

官方参与者发展这些金融管理制度的机制已经发生变化了。美国和英国对铸就一个自由的全球金融体制（这个体制强调透明度而不是对市场进行结构细分）的兴趣是直接的：作为长期财政赤字的国家，而且其金融业是大规模的国际一体化的。它们从扎根于全球性组织的金融管理方式中受益。对于危机结束后马上提出来的对全球金融体制进行根本性改革的提议，它们可以予以否决。在这样的谈判中，日本开始还想通过提议成立亚洲货币基金组织，并对 IMF 在亚洲的条件限制进行公开批评这样面对面冲突的方式施加影响。通过这个方式，日本在一段时间里在全球性机构中就全球金融体制改革的内容进行谈判和以利益为基础的讨价还价。日本最初的议程几乎都没能实现，总的来说，新国际金融框架反映了美国和欧洲的优先权。尽管结果是这些参与者互相妥协，但这很大程度上是通过讨价还价得到的，尽管其中可能有些个别学习和主动调整的例子。

美国和欧洲列强在全球金融体系中所享有的影响力主要是因为它们在关键性国际组织中的优越地位、它们作为世界上最大的金融市场的主人的作用和美国作为主要国际货币发行者的地位。这种制度上的强势地位又和知识创新与标准制定上的卓越地位结合在一起。公然的政治示威偶尔会浮出水面，但是，更常见的是，对金融的全球规则的说明像是一个高技术性、知识密集型的过程，不会公开承认它的政治基础或含义。特别的想法和技术知识证明目前全球金融体制中的金融管理方式是合法的。暂时，大多数重要的技术知识都是由以美国为基地的组织提出并推广的，或者被美国和欧洲的影响所垄断。尽管一方面明显以知识为基础，但是像 IMF 这样有制定标准权力的组织是通过物质激励而不是游说获得它们的实力：得到 IMF 的批准不仅是得到 IMF 融资的大门，也是得到许多其他官方援助、债务重组以及私人资本的大门。

和全球性金融机构通过谈判来讨价还价、有时候强制设定标准的特点形成对比的是，日本在区域层面上相对低调的倡议使用的是一个不同的方式。在这里，劝说和学习是努力达成一致的方式，而且行动能力更加明显。日本的区域合作议程已经开始了一个地方化的统一制定标准和发展新的合作机制的进程。即便这样的尝试不是要开创其他的标准，但它的确看上去朝着创造其他合理的标准设定以及协调行动的舞台迈出了一步。这将提供基础设施，为未来的管理上的安排带来更多具体的金融力量。亚洲巨大的货币储备和相当谨慎的区域清算安排本身在未来重新改组区域构成（日本或其他的）与根深蒂固的由美国决定的全球国际金融机构之间的影响力时，并非有用。只有包括信息、分析和正式的国与国之间的协调在内的基础设施进一步发展，这些硬资源才能发挥作用。日本正在发挥领导作用并朝发展这个基础设施努力，但是这个基础设施尚未就绪，没有明确的轨迹，即使对此表示支持的人对打算如何发展也不肯定。

第6章

政治如何赶上市场？寻找东亚的经济区域主义

宗像直子

东亚自 20 世纪 80 年代中期以来充满活力的经济增长带来了有市场推动的区域化进程，这些进程深化了区域经济一体化。然而和区域经济一体化相伴而来的并不是大的受政治指引、政府间的区域机制建成过程。几十年来这个地区的政府并没有积极地追求优惠的贸易协定，或设立其他区域一体化的正式机构。在 1997—1998 年的亚洲金融危机后，情况马上发生了戏剧性的变化。各国政府现在积极探索双边自由贸易协定（Free Trade Agreements，FTAs）。关于成立一个“东亚社会”，通过“经济、政治、安全、环境、社会、文化和教育领域的合作”促进“和平、繁荣和进步”的想法变得非常时尚。政治最终赶上市场了吗？

尽管看上去变化好像是突然发生的，但实际上它是逐渐发展起来的，从金融危机之前就开始了。在本章中，笔者通过找出三个推动因素和三个阻碍因素并评价它们在演进过程中每个阶段的相对重要性，来研究东亚区域主义的演进。这种分析有助于弄清楚主要国家（美国、日本和中国）在区域发展中有多大的影响力，一套复杂的演进过程又是如何塑造这种影响力的。

塑造区域主义的因素

有三个因素推动区域性机制的建立：

第一个因素可以称为对区域外压力的防御性反应（后面称防御性区域主义）。这包括两个要素：一是对由其他如欧盟、北美的《北美自由贸易协定》（the North American Free Trade Agreement，NAFTA）以及已经被提出来的美洲自由贸易区（Free Trade Area of the Americas）的优惠贸易协定所引起的歧视性的关注。东亚国家的政府已经感到要抵制这些歧视性的压力，通过构筑一个它们自己的区域性集团来以这种或那种方式加强它们的谈判优势。随着时间的推移，这个因素变得日益重要，因为区域主义的潮流不仅在地理意义上扩大，在功能上也有所发展。二是对美国的单边主义行动和“市场原教旨主义”（有个名称叫“华盛顿共识”）感到很受挫，这促使东亚地区各国政府在和美国以及由美国主导的机构打交道时寻求更大的优势。在这个地区的政府面对和美国的贸易冲突或者当它们不得不在亚洲金融危机时和国际货币基金组织打交道的时候，说明这一点就变得很重要了。

第二个因素是这个地区里的政府为了促进事实上的一体化以及解决共同的挑战，想拥有一个有效的合作机制的共同愿望（后称区域间经济相互依赖性）。东亚经济有降低邻国之间交易成本、加强和这个地区高增长区的经济联系、参与并促进现有密集的纵向产业内贸易的商业网络的动机。由于面临着像快速工业化和从发展型国家向更加以市场为导向的经济转变这样共同的挑战，因而促使这个地区的各国政府共享它们的经验。把经济不那么发达的邻国也包括在经济上相互依赖的网络中还有一个政治动机，目的是促进它们的经济发展和政治稳定，维持和谐的外交关系。在确定一个组织框架所覆盖的特别"地区"的界限时，政治动机是重要的，但是是经济互动的密度创造了这个框架的实质和深度。由于全球化和技术进步加速了区域经济的变化，区域经济已经具备了创造一个有效的地方机制（除了全球性机构以外）的更有力的动机，为迫在眉睫的区域问题提供及时、专注的解决方案。

第三个因素是区域内的竞争动态。东亚经济为得到外国直接投资和出口市场而相互竞争。一旦一个有影响力的国家带头执行了某些更能吸引外国投资者、在出口市场更有竞争力的措施，其他国家就会受到鼓动去跟风，从而消除这种优势。取决于形式的不同，这种动态已经促使东亚经济进行单边和主动的贸易与投资自由化，以及和区域内外的经济体缔结优惠的贸易协定。

尽管有这些力量，但由于三个起阻碍作用的因素，在这个地区创立一个机制框架的路从来都不是一往无前的。

一是这个地区缺乏内聚性：发展阶段、政治体制、文化和宗教背景上的多样性；地区大国在历史上的敌对和政治上的竞争所形成的分散力量。尽管多样性的某些方面（比如发展上的差距）在通过互补性的经济结构促进相互依赖上是有帮助的，但是它们也使东亚经济以同样的速度追求区域一体化的机制框架变得更加困难。

二是这个地区对区域外力量的依赖性，特别是对美国，再加上美国对双边关系的关注，这和亚洲的多边框架相反，以及美国对没有把它包括在内的亚洲框架的不满，不论是明确表示的还是不明确的。东亚国家的政府明白，需要稳定美国在这个地区的利益，因为它们需要美国的安全力量、技术和资金，它们必须款待它们最大的主顾。这个因素抵消了防御性区域主义的影响。这两个因素的平衡（对美国和防御性区域主义的依赖）主要由美国的政策决定。当美国的政策满足东亚的共同利益并且显示出对区域稳定和繁荣的有力承诺的时候，通过防御性区域主义构建只有亚洲参与的论坛这个势头就有可能减弱，反之亦然。

三是东亚国家对体制化的犹豫不决。尽管这些国家认识到解决问题的重要性，它们对迅速的、自上而下的机制表现出固有的怀疑，而且往往倾向于达成共识而不是对抗。此外，政府有时候在执行政治上不受欢迎的措施方面表现出缺乏承诺或能力。因此，它们往往避免体制化而选择更容易、更灵活（有时候不那么具有根本性）的解决方式。这种犹豫抵消了区域内经济相互依赖性的影响。

这种犹豫的程度和深度以这些国家所面对的问题的本质和重要性、是否能得到其他解决方式以及体制化所带来的潜在收益为转移。问题越严重，从其他地方得到的解决方式的作用越小，体制化就有可能得到更多的势头，这样最终才可能带来有法律约束力的协议，这些协议会制约主权国家并且对非成员国具有歧视作用。东亚经济在亚洲金融危机之前有力的经济表现使它们对它们的经济活力和通过贸易和投资的单边自由化吸引外国直接投资的能力非常自信，无须依靠像自由贸易协定这样的法律框架。但是，危机破坏了这种自信。对体制化的犹豫随着时间的推移也有所减弱，因为从自由化中受益的私有部门的政治呼声加强了。随着东亚经济在处理区域框架问题上变得更加成熟，并开始意识到体制协议在向外国投资者传递积极的信号、为国内改革提供政治势力方面的效力后，它们战胜了下意识的对体制化的反对，开始选择解决特殊问题的最有效方式。不过，一直缺乏彻底执行强硬措施的意愿或能力会减缓未来体制化努力的速度，淡化其本意或实质。

美国的作用和东亚政府对它们所认知的美国政策意图的反应，以前在决定区域经济体制时曾起决定性作用，现在只是一个影响因素。同时，由于这个地区越来越受到全球化的影响并且通过包括美国公司在内的商业活动变得一体化（即区域化），区域内经济上的相互依赖性变得更为重要。

笔者将先分析东亚区域化的特点，这对定义区域主义的形式和本质至关重要，然后会回顾区域主义演进的四个不同阶段。最后论述区域主义和美国、日本及中国的影响之间的相互作用。

东亚的区域化

力量和参与者

东亚的区域化很大程度上是受企业和政府影响的竞争性活动，在全球化和技术进步的压力下发展。全球企业从经济的角度考虑，要为某一特殊产品的生产选择最合适的生产场地，目的是使整个生产过程更有效。运输、信息和通信方面的技术进步可以在远离总部的地方进行更加有效的一体化和生产网络管理，这样就扩大了全球企业在选择各种类型的生产场所时的选择自由。人才和资本也可以更加自由地去任何能让它们发挥出最大价值的地方。企业在选择生产场所上的更多自由使没有吸引力的地方的工业被挖空、人才流失。相应地，东道国政府处在巨大的压力之下，为外国直接投资以及作为经济增长和发展重要推动力的生产资源（如人才和技术）而互相竞争。像世界贸易组织和国际货币基金组织这样的全球性机构也推动东道国政府解放它们的经济。这些力量，尽管不是亚洲所独有的，但准备了一个有助于创立促进亚洲区域化的生产网络的环境。

1985 年《广场协议》后日元的巨幅贬值，急迫地开启了东亚区域化的进程。它首先促使日本的公司重新把它们劳动密集型的生产过程转移到成本更低的国家，由此导致出口导向型的外国直接投资涌入东盟国家。新兴工业化国家和地区（如韩国和中国台湾）的制造商跟着也这样做，因为它们的货币对美元也贬值了。1992 年，邓小平在他的南巡之旅中，强调了经济特区的重要性，中国大陆也开始吸引外国直接投资，使东盟国家面临竞争压力。外国直接投资的流动使这个地区的生产能力得以积累。

在 20 世纪 90 年代，世界商界领导人更是把东亚经济体看成是有吸引力的投资目的地，不仅发展出口导向型产业，还投资以当地市场为目标的生产。特别是在 20 世纪 90 年代后半期，信息技术的蓬勃发展和技术生命周期缩短、价格下降下的激烈竞争促使西方的新来者利用亚洲的生产能力以获得更大的生产速度和价格竞争力。紧接着，在亚洲金融危机后，公司更低的购买价格和外国资本的自由化加快了这个地区跨国合并和收购的速度。中国加入了 WTO，这样作为外国直接投资的目的地，中国极具吸引力，因为投资者希望中国的投资环境有所改观。在 20 世纪 90 年代，特别是这十年中的后半部分，来自美国和欧洲的外国直接投资在像汽车、电子、分销和金融这样的行业在亚洲总的比量有所增加。同时，亚洲经济体——不仅仅是中国香港——把中国大陆作为国外直接投资的最大资源，还有中国台湾、韩国和新加坡都增加了它们在中国大陆的直接投资。

特点

亚洲贸易和投资区域化最大的特点之一是生产网络的主导作用。技术上的创新和贸易与投资障碍的消除降低了生产成本，增加了形成服务链的可能性，“一个包括像运输、保险、电信、质量控制和管理协调这样的活动的复合体，以确保生产模块按照合适的方式相互影响”。这为跨国界的细分——“将生产分解成由服务链连接起来的可以分开的组件模块”，提供了新的机会。特别是，无数控制生产过程的系统的复杂化降低了在生产过程中参与某些环节的生产所需的技术水平，使这些生产环节可以转移到发展中国家来进行。

此外，产品构造的“模块化”（把一个产品分成有相同设计规则的子系统或模块，这样可以对它们进行独立设计，但是作为整体它们又可以具备一定的功能）在电子行业里变得非常普遍。模块化为处在一定距离以外的（没有长期关系）供应商提供了参与到现行的生产网络中的新机会，这进一步增加了确定生产模块的位置时的灵活性。此外，相同的设计规则降低了对将各种零件组合成最终的产品来说必要的调节水平，使组装成为一个低附加值的环节（所谓的微笑曲线现象）。这促使外国公司，特别是电子制造服务业的公司，在中国建立组装工厂，那里似乎有取之不尽的廉价劳动力以及低成本的电子元件。这加快了中国参与区域生产网络一体化的速度，使中国越发成为那些网络中新的一环。

所以，外国直接投资的累积导致这个区域内密集的生产网络，零件和元件在各个工厂间来来回回以完成无数的加工和组装任务，遵照严格的时间安排并保持低库存，然后被运往最终的市场。生产网络的这种运行方式大大促进了区域内的贸易，特别是中级产品的贸易（如零件和原材料），在20世纪90年代时的增长比制成品快。区域化把东亚变成一张牢固的经济网，这个网络是世界的工厂，像美国和欧洲这样世界上的经济大国要依赖这个世界工厂为它们的国民提供更高的工业效率和更低的生活成本。

尽管各个企业在选择各种生产模具的地点时有更多的选择，但某些类型的产业往往集中在一起形成产业集群。一旦一个产业集群形成，那个地方的产业“聚集”往往就会加速发展，只要像便于靠近市场（后向联系）和供货商（前向联系）这样的“向心力”超过像必要的生产要素无法移动和由于过于集中导致更高的成本这样的“离心力”就行。“规模经济、运输成本和要素的移动性之间的相互影响”决定着平衡。选择各种生产模块方面更多的自由似乎影响了这种平衡；在相对短的时间里，新的产业集群已经在不具备现有技术或工业基础的地方出现了，但是这些地方具有其他的优势，比如廉价劳动力、建设新工厂的成本更低以及交通便利。

在这种新的“更流动的聚集”环境下，政府的政策对产业集群的形成有更大的影响。发展中国家的经济有新的动力，通过建设交通和通信基础设施、对贸易和投资管制实行自由化、为外国直接投资提供税收鼓励以及为教育和培训当地的劳动力提供更好的机会，来增强它们工业基地的吸引力。除了通过自己的努力寻求形成产业集群，亚洲国家的政府还采取了加强和经济高增长的邻国之间的联系这样的措施。在20世纪90年代，东盟当中经济更发达的国家的政府，在私有公司的激励下（在这些国家私有公司在经济中的作用日益增加），有意识地采取措施建立和东盟成员内部以及和新兴经济，如中国和越南之间的互补关系，目的是利用它们的增长潜力，把它们自己的国家当成是这个地区的中心。中国的崛起将继续促进东盟国家建立和中国互补的工业结构，但是相互可能就要竞争。

东亚区域化的另外一个特点是不同类型的产品之间一体化的程度极不均衡。由于中级产品的纵向产业内贸易和产品内贸易的增加，电子业是区域化的先锋。另外，服务链成本更高的行业（比如，由东道国和投资国的保护引起的），或者生产进程不适于细分的行业就落在后面，就像农产品业出现的情况那样。深尾等说明，在欧洲，由于体制上的市场一体化，区域内贸易的壁垒要少得多，纵向产业内贸易和横向产业内贸易的份额更高——不仅在“电子机械”以及“一般和精密机械”贸易——像亚洲那样——还包括许多其他的产品的贸易中，如化学、木材和纸制品，以及运输工具。这种对比说明，东亚在扩展各种产品的产业内贸易方面拥有巨大的空间。日本的农民更渴望扩大出口，因为他们看到把高端水果和大米卖给越来越富有的亚洲消费者的机会，这一点说明即使在农产品方面，产业内贸易也将有所扩大。

最后一点但并不是最不重要的一点，亚洲区域化的第三个特点是东亚出口对工业国最终需求的依赖。就像上文指出的那样，这个地区生产网络的运行，伴随着各个国家更加精细的专业化，促进了区域内的贸易。但是生产网络的引擎（它们所满足的最后需求）在很大程度上在于区域外市场。据新加坡金融管理局（The Monetary Authority of Singapore）估计，在 2001 年，非日本的东亚的出口大约有 78%是直接（占总数的 64%）或间接（在非日本的亚洲进一步加工后——占总数的 14%）出口到地区以外的市场。金（Kim）指出非日本亚洲的出口增长，特别是更发达的亚洲电子出口国家和地区（韩国、新加坡、马来西亚和中国台湾），与美国对信息技术的投资有着密切的联系。他估计，亚洲的国内需求，平均来说，在 1999—2000 年的周期性扩张时，仅占非日本亚洲总出口增长的 1/5。这些分析并没有否认这个地区的国内需求，特别是消费者支出，一直都在增长并已经成为促进东亚经济增长的一个越来越重要的因素。但是，在这点上，东亚私人消费的规模和三个经济体（美国、欧洲和日本）相比，仍然相对较小。日本不能全靠自己吸收东亚出口的增长。

因此，出口导向型的亚洲经济体的一体化和欧洲或北美的有实质上的不同，在那些地区，最重要的市场在区域内部。东亚对区域外的依赖为保持向世界的其他地区开放提供了强有力的动力。这个动力表明这些国家想对区域一体化进行体制化所做的努力，其近期目标不是成为一个自我约束的市场而是使这个地区的生产网络更有竞争力、投资更有吸引力。

未来，这个地区的发展中国家（特别是中国）生活水平的提高，作为需求的主要来源，将提供长期的潜力。在其他条件相同的情况下，有可能影响美国在这个地区的相对影响力，但也不一定如此。首先，美国在东亚不像它在西半球那样是产品的主要消费者。中国作为另外一个重要的消费者的崛起不会给东亚在世界寻求多样化的市场带来巨大的变化。亚洲的生产网络已经成为一个大的供应来源，它们更有可能继续充当世界的而不是地区的工厂。而且，美国的影响的根源不仅仅是它的市场。美国将凭借它的技术和资金、军事上的优势（在这个地区有着有利的战略利益）以及作为最有活力的和自由的民主国家对越来越民主的亚洲的人们的吸引力，继续其对这个地区的影响。

日本商业网络的作用

有些人认为，受政府支持的日本制造商，努力把它们强大的关系上的联系扩大到亚洲，“日本制造业的区域化有助于阻碍或禁止结构上的改革”，并且“只是在保持现状”。这个观点安错了地方。

日本制造业的区域化总的来说是日本经济中更外向的部门（特别是像迪特尔·厄恩斯特在第 7 章中所指出的——电子工业）对全球竞争的一个理性反应——不是保持现状或采取向亚洲其他地方出口日本模式的方式。这并不是说日本制造业的所有投资都是良性的。许多日本投资者做出了错误的判断，特别是在 20 世纪 80 年代后经济泡沫期间。但是，没有利润的投资大部分都在亚洲金融危机之后缩减了，如果不是危机之前。日本制造商和它们的供货商之间长期的关系，被哈奇称为“关系主义”，也是以经济刺激为基础。当这种关系不再为它的目标服务时，日本的制造商就打破了这种关系。没有及时进行必要的改革是因为惰性，而不是政策上的意图——想要保持日本关系上的联系。另一方面，日本的企业继续保持并调整那些有经济意义的关系。

在这种情况下，回忆一下藤本对“日本的供货商体系”和“系列企业集团”所做的重要区别就显得非常有用了。日本的供货商体系有三个鲜明的特点：长期的业务关系；在少数供货商之间为持续的能力培养而竞争；相互关联的工作的外界供应，这些特点促使供货商提高它们把这些工作一体化的能力，从而拥有更好的条件提高产品的性能。另一方面，在系列企业集团中，资金由母公司掌握，经理也由母公司派遣。它不一定具有日本供货商体系的特点。据藤本所说，日本的供货商体系特别适合“整体构造”的产品（最具代表性的是汽车），在这样的行业，产品设计或生产过程的各种模块的一体化对产品的性能至关重要，因此对它的竞争力也至关重要。藤本发现日本供货商体系的根本特点在 20 世纪 90 年代后半期在汽车行业里仍然完好地保持着的，而“系列企业集团”关系在公司世界里逐渐瓦解了。

而且，延伸到亚洲，为了适应当地的情况，日本的生产网络都作出了重大调整。比如，即使是在日本第一级的零件供应商几乎也很少提供仅仅一种装配工，和亚洲各种装配工打交道以实现最小的效率规模对它们来说变得日益重要。而且，日本的生产网络不仅只包括归日本公司所有的企业。比如，在中国大陆的日本公司正在增加它们从中国台湾或大陆当地供货商的采购，因为它们的产品质量提高了。但是，对当地的子公司缺乏判断力往往造成延误。就像厄恩斯特在第 7 章中指出的那样："在日本公司严格地按部就班的决策程序"说明了日本电子公司在亚洲的缓慢发展。日本公司正逐渐意识到妨碍它们追赶东道国迅速变化的商业环境的缓慢决策过程。

在亚洲从事生产经营的日本公司还意识到吸引非常有能力的当地雇员的需要。一项在中国进行的调查显示，大学生在决定从事什么工作时，比起薪水他们会优先考虑职业发展和个人发展的机会。关引用了这项调查，指出日本公司之所以在中国学生当中不受欢迎是因为当地的雇员无法指望得到提拔。这就导致了恶性循环，无法吸引有能力的当地人力资源，使得提拔当地雇员到管理岗位、把决策权下放给当地的管理人员变得十分困难，这样对于有能力、有雄心的人公司就更没有吸引力了。一项由日本贸易振兴机构（Japan External Trade Organization，JETRO）所做的研究显示，日本公司意识到这个问题。这项研究显示，日本在亚洲的子公司认识到，要提高公司的竞争力，有必要把当地雇员提拔到管理岗位，而不是依靠公司付出高额工资，从日本派往海外工作的人。然而，很多日本公司的行动并不像它们希望的那么快。比如，许多公司对提拔当地人员到地方子公司的高层管理岗位犹豫不决是因为它们担心，由于语言上的障碍或缺乏文化上的理解，在日本的总部和海外的子公司之间沟通可能存在一定困难。这种缓慢的变化速度反映出它们对缺乏所需的组织上的能力感到焦虑（这不是一朝一夕就能改进的），而不至于导致日本模式在亚洲持续失败这一误导。

还应该注意到日本在亚洲的子公司对亚洲金融危机所做出的反应是不一致的。深尾用他的实证研究展现了，一个地方子公司每个工人的附加值越大，这个分支机构就越有可能保持它的劳动力。这项研究还显示，在同一个东道国，母公司的纵向公司网络越大，它的子公司就越有可能保持它的劳动力。这些结果说明，当一个子公司拥有一个有价值的、有技术的劳动力或者是东道国活跃的生产网络里的重要成员时，它就更有可能从母公司或同一公司网络内部的其他公司得到支持。结果清楚地说明，不应该不惜代价保持系列企业集团，实际上它已经经历了各种变化。亚洲金融危机后，日本政府对帮助公司维持它们在亚洲经营活动的支持不能（并非有意的）不考虑企业从没有生存能力的经营中撤回的决定。

随着能力各不相同的制造商努力调整它们的公司战略和能力以适应竞争的现实，日本的生产网络继续演化、转型。尽管日本在亚洲网络组织的形式和美国以及其他亚洲国家的网络组织的形式有所不同（参见厄恩斯特，第7章），日本公司确实是根据市场压力做出反应的。因此，对于区域化进程受市场驱动的本质而言，日本生产网络的作用并不是一个特例。

东亚区域主义的演进

从20世纪80年代中期开始，区域主义在亚洲的演进经历了四个不同的阶段。本章开头部分所确定的不同要素在每个阶段都开始发挥作用并决定了那个阶段的发展，而在某个阶段被忽略或受到挫折的力量则抓住机会并影响其后的发展。美国总体上促进全球化，特别是在亚洲的贸易和投资自由化的政策开始的时候美国具有决定性的影响力，但是由于成功地唤醒这个地区的政府按照适合它们社会和经济情况的方式适应全球化，美国政策的相对重要性有所下降。此外，美国对世界上的这个部分缺乏持续的政策关注，特别是对它的发展需求的关注，这有助于减少美国在东亚设计区域机制的影响力。同时，日本（在20世纪80年代后半期就开始了区域化，在90年代末开始了东亚的区域主义）发现自己处于来自东亚其他国家越来越大的压力之下，不得不重新调整它的国内经济并积极地把自己和这个地区融为一体。

第一阶段：各种提议的竞争和相互影响

第一阶段，1985—1992年，不同区域框架提议之间展开了激烈的竞争。正是在这个阶段，前一部分里所论述过的区域化创造了“区域内经济相互依赖性”的力量。

但是，对体制化的经济一体化第一个真正的刺激来自美国对东盟—美国的提议。

“自由贸易协定”（FTA）框架下的东盟还没有做好准备。20世纪80年代末，美国政策圈子里所考虑的和日本、韩国、中国台湾的双边自由贸易协定，尽管还不是正式的，但由于“美国朝着单边贸易行动的倾向”也在亚洲和太平洋地区的决策者中引起了相当大的关注。它们还关心欧洲和北美的区域主义。

这些关注，再加上快速经济增长和东亚的区域化，促使日本和澳大利亚开始成立后来成为亚太经合组织（Asia-Pacific Economic Cooperation，APEC）的联盟。与日本通产省的提议不同，澳大利亚最初的提议里并不包括美国和加拿大。而且，澳大利亚的提议更关注贸易自由化，而日本通产省所提出的想法更关注通过增长而不是简单的市场自由化来扩大经济馅饼。这两个国家并没有消除这些实质性的差异而是把重点放在寻求对开始部长级会议的支持上。

同时，美国政策圈对在亚太地区建立一个多边经济问题论坛的想法也更加开放。乔治·布什政府的国务卿詹姆士·艾迪森·贝克（James A. Baker）也已经开始考虑有关经济问题的多边框架。在澳大利亚接受了美国参与其中的要求后，国务卿贝克表达了他对“在太平洋沿岸国家中一个新的多边合作机制”的支持。因此，亚太经合组织第一次部长级会议于1989年11月在堪培拉举行。

在1990年末，由于在结束乌拉圭回合的贸易谈判中遇到困难，而且亚太经合组织显然无法阻止《北美自由贸易协定》的区域主义，面对这样的挫折，马来西亚首相马哈蒂尔·穆罕默德提出一个“经济集团（economic bloc）……包括东盟、印度支那、中国大陆、韩国、日本、中国台湾和中国香港……以抵消其他贸易集团的影响”。日本马上拒绝了“集团”这个概念，而且中国大陆提议最初的合作应该是“松散的”之后，马来西亚澄清了它的提议是一个和“关税及贸易总协定”（General Agreement on Tariffs and Trade，GATT）相一致的“松散的亚洲经济组织”。在咨询了东盟成员国的意见后，这个提议又被重新命名为东亚经济干部会议（East Asia Economic Caucus），以避免进一步的误解。尽管这些努力是适度的，但是这个提议还是遭到美国的强烈反对，美国认为这个提议“把底线降低到太平洋”，而且会破坏亚太经合组织。

东亚的决策者们渴望稳固美国的利益，对于推广这个想法并没有特别太大的兴趣；但是美国的强烈反对使它们感觉它们应该自己选择和谁会面并举行会谈。而且还有一种感觉，鉴于美国在它自己的半球所大力倡导的区域主义，美国的反应是虚伪的。美国的反应是，提议中的《北美自由贸易协定》“不会对协定以外的国家构成共同的障碍”（Baker 1991），因此它不会成为一个“集团”。但是，令人不解的是，为什么一个咨询性的机构会破坏亚太经合组织，而像《北美自由贸易协定》这样的次区域级的“自由贸易协定”反倒不会。

尽管马来西亚努力寻求对它所提议的东亚经济干部会议的支持，但是东盟在 1992 年开始了一个新的经济一体化倡议——东盟自由贸易区。由于担心和东欧国家以及中国在外国直接投资上的竞争，以及随着亚太经合组织的进一步建立可能对东盟身份和讨价还价的能力带来的损失，这就促使东盟成员国同意了第一个综合性东亚区域经济一体化的框架。

同时亚太经合组织作为一个区域论坛逐渐确立下来。1991 年，中国大陆、中国台湾省、中国香港同时加入亚太经合组织，极大提升了它的重要性。在克林顿政府期间，美国恢复了它对通过亚太经合组织开放亚洲市场的兴趣。这就开始了向第二个阶段的过渡。

在这个阶段，主要的动力是防御性区域主义。区域内的经济依赖性促使各国认识到有必要通过某种形式的合作来解决共同的挑战，但是在这点上没有发挥很大的作用。同时，所有三个障碍（缺乏内聚性、美国对只有亚洲参与的框架的不满、避免体制化）都起了作用。

这个阶段区域主义的一个特点是对实质的关注最少，尽管有想聚到一起的冲动。没有现成的区域框架，往往就会寻找一个既能满足每个国家的议程又能把重点集中在成员身份上的简单的方式。

第二阶段：亚太经合组织的首要位置

第二阶段从 1993 年美国担任亚太经合组织主席国开始到 1997 年亚洲金融危机止。在这个阶段，亚太经合组织成为区域合作的首要工具。美国有力的领导（Clinton 1993）增强了亚太经合组织的力量，克服了成员对在这个论坛内追求贸易自由化的抵制。美国在西雅图主办了第一次领导人会议。肩负着为亚太经合组织起草一份设想使命的名人小组（Eminent Persons Group）甚至提出是否可能建立一个亚太经合组织自由贸易协定（APEC FTA）（APEC-EPG 1993，1994，1995）。然而，由于东亚成员对优惠贸易协定以及对通过谈判确定的贸易自由化的速度有所担心，在那一点上没有达成协议。相反，领导人们采纳了 1994 年茂物自由化目标（APEC 1994）和《大阪行动议程》(Osaka Action Agenda)（APEC 1995），选择一个以成员国主动的努力和来自同等国家压力为基础的机制，以实现这个艰巨的目标。

尽管在美国有力的领导下，亚太经合组织成为这个地区首要的经济论坛，但是它并没有实现成员国在论坛初始时的大多数期望。

第一，亚太经合组织在阻止美洲的区域主义方面没什么效果（Summit ofthe Americas 1994），更不用说欧洲了。此外，美国解决贸易摩擦的单边方式“增加了亚洲对美国的矛盾心理”，而美国和亚洲国家之间，特别是和印度尼西亚之间，就人权、工人的权力、出版自由等的紧张关系使亚洲国家对美国在亚太经合组织的作用持警惕的态度。

第二，美国想打开亚洲市场的愿望最终受挫。将茂物自由化目标的执行留给了自愿行动和来自同等国家的压力。美国通过早期的自愿性行业自由化（early voluntary sectoral liberalization，EVSL）把亚太经合组织贸易自由化的模式从自愿行动改变为关税谈判的努力失败了。

第三，亚洲想建立一个有效的合作框架的愿望没有得到满足。在亚太经合组织，经济上的合作不是优先考虑的问题。项目提议数量激增，但是几乎没有什么系统跟进的努力。1997 年末亚洲金融危机刚刚爆发后，自愿性行业自由化成了 1998 年亚太经合组织议程中的首要问题，这时挫折达到了顶峰。

同时，日本和东盟发展了一个合作性框架。1992 年，东盟的经济部长和日本通产省的大臣开始在东盟经济部长会议外举行会议（AME-MITI），主要目标是促进东盟内的一体化。通产省为这个框架下的项目提供技术支持，以双边为基础对现有的支持做出补充。但是，这个框架在降低日本对东盟成员国想扩大出口的敏感商品所征关税上没有什么效果。

亚洲快速的经济增长和亚太经合组织的建立也刺激了欧洲对亚洲的兴趣。东盟在 1996 年开始亚洲会议时起了一个协调作用。尽管中国台湾和中国香港由于政治问题没有被包括在这个议程里，但是这个会议为东亚国家和地区在和它们的欧洲对手遭遇前凝聚在一起提供了一个新的机会。尽管这些论坛在取得具体、实质性的结果方面并不一定成功，但它们满足了亚洲国家和地区尝试各种论坛、进一步促进相互理解的愿望。

亚太经合组织的经历在两个方面为下一个阶段打下了基础。首先，这个论坛的根本问题是在没有核心目标强化的情况下的迅速增长。这些成员国所学到的是它们不能希望亚太经合组织能解决所有的问题，因此应该成立互补性的论坛，这个论坛的成员数量要更少，并且成员之间的利益有交叉的地方。同时，亚太经合组织还酝酿了亚洲的区域合作。它通过许多会议和项目把这个地区的政府和企业聚到一起。亚太经合组织增强了各成员国对共同的问题、新的合作方式和区分哪些是要优先解决的问题的意识。

在这个阶段，在第一阶段中造就了亚太经合组织的动力仍然在发挥作用：提高对付欧洲共同市场的力量这个共同愿望，促进这个愿望的实现并结束乌拉圭回合；亚洲和澳大利亚对付（就亚太经合组织而言是共同选择）美国单边主义、保护主义和半球内区域主义的愿望；亚洲应对发展和增加相互依赖性的挑战的愿望。美国和澳大利亚想让亚洲市场自由化以便从深化的相互依赖性中获得更多好处的目的，尽管不是“东亚”区域主义的一个动力，但是也发挥了一定作用。但是，美国在第二阶段不像在第一阶段那么耐心。美国对这个地区的多样性没有做好充分的准备，对于在实现期望中的有形结果前，建立一种社会责任感所需的时间准备也不够充分。这种不耐烦最终提高了亚洲对美国在亚太经合组织领导权的警惕，为第三阶段防御性区域主义的猛增做好了准备。

第三阶段：禁忌的崩溃

到第三阶段的过渡从 1997 年 7 月爆发的亚洲金融危机开始。金融危机在几个方面改变了区域经济的状况和看法，为东亚区域主义的发展带来巨大的转折点。

第一，通过货币危机的“恶劣影响”让东亚国家注意到它们内在的依赖性。此外，它们认识到美国和国际货币基金组织（被看成是美国国际经济政策的工具）使遭受危机打击的国家的情况雪上加霜。这个认识，再加上美国的投机性投资公司从大量卖出的亚洲货币中获取高额利润，破坏了美国在这个地区的形象。这个经历让东亚国家相信了，既然美国领导下的全球性机构并不总能指望得上，那么它们就不得不保护它们自己的利益。这一信条促使它们建立外汇储备并开始区域合作以促进亚洲的金融稳定；后来，这个信条又孕育了一个更为全面的区域一体化的想法。区域间经济上更强的相互依赖性和防御性主义都发挥了作用。

第二，对亚洲的经济活力的自信有所下降，对其他地方的区域主义则更加忧虑。亚洲危机使区域内的市场缩小，使这个地区的国家把重点放在出口上。它们开始认真对待克服由不包括它们在内的“自由贸易协定”带来的歧视，并且开始寻找能加强它们和不受危机影响的世界主要市场关系的“自由贸易协定”。这个努力回过来提醒它们，特别是中小经济体，它们讨价还价的能力很大程度上取决于整个地区的吸引力。这一点似乎为邻国之间的“自由贸易协定”创造了更大的动力。对亚洲经济活力失去信心因此加强了防御性区域主义，减少了对体制化的犹豫不决。

第三，危机引起了对经济改革的紧迫感。为了从国际货币基金组织得到必要的融资，必须要执行已获通过的改革措施。外国投资者也带着浓厚的兴趣观望，看看各国政府究竟愿意走多远。改组国内经济和吸引外国直接投资的需求提高了它们对“自由贸易协定”的兴趣，“自由贸易协定”用和外国签署的具有法律约束力的协议锁定国内的改革。因此，对体制化的犹豫不决被大大削弱了。

第四，东盟的影响力大大降低了。整个危机中，中国相对稳定的经济表现、外国直接投资涌入韩国，与东盟国家国内需求崩溃、经济改革进展迟缓形成了鲜明的对比。重心向东北亚转移促使新加坡在加强和东盟以外的国家关系方面孤军奋战。新加坡的举动开始了区域内的竞争动态，进一步减弱了亚洲国家对体制化的犹豫不决。

第五，其他国家对日本的认知发生了变化，原因是日本失去了它作为经济模式的吸引力。由于日本在这个地区经济上的主导而构成的威胁消失了。现在，亚洲国家担心日本在亚洲的商业承诺可能有所下降，日本的经济危机可能会深化亚洲的危机。亚洲和美国的高级官员呼吁日本承担起支持亚洲经济复苏的责任。从危机爆发起，日本制造商努力维持它们在这个地区的海外生产，并留住受过良好训练的当地雇员。政府采取各种各样的措施援助受到危机打击的国家和日本公司，亚洲国家似乎也希望日本在整个经济恢复的过程中扩大进口。因此，以前对扩大日本在这个地区作用的抵制被希望日本带领这个地区走出危机、带头领军整个区域创造一个稳定的经济环境所取代。

亚太经合组织失去发展的势头使美国政府感到失望，经济危机进一步压制了美国对亚洲的热情。美国贸易政策的重点转向有关中国加入 WTO 的谈判。同时，尽管缺乏来自国会的快速通道权力，华盛顿仍然继续坚持它对西半球区域主义的兴趣（Summit of the Americas 1998）。随后，P5（Project 5）倡议——一项在五个“具有相似意向”的国家（美国、智利、新加坡、澳大利亚和新西兰）开展“自由贸易协定”的提议开始创立。这说明以自由化为导向的亚太经合组织成员已经开始探索其他方式来实现区域贸易自由化。这些发展使亚洲国家的政府相信亚太经合组织不应该仅仅是亚洲的区域框架，在没有美国参与的情况下，论坛也能够存在。

这些变化的共同经历加强了对区域合作的兴趣，将有关东亚的禁忌抛开——只有论坛和优惠的贸易协定。突然间，对尝试各种方式，把它们作为全球经济多层次的机制的额外层次，产生了相当大的兴趣。但是，考虑到东亚对区域外的依赖，区域经济并没有什么动力用区域机制代替全球机制。相反，它们想要更多的工具来补充全球机制，目的在于更有效地影响并强化那些机制。

东盟＋3（包括东盟成员国的政府和中国、韩国、日本）于 1997 年 12 月召开了第一次非正式领导人会议。在创立一个亚洲金融基金的努力失败后，东亚国家开始通过《清迈协议》发展一个货币互换协议网络。

东盟＋3 本来还可能追求一个包括整个东亚的“自由贸易协定”（East Asia Vision Group 2001），但是缺乏完成这个任务的内聚力或能力。由于经济逻辑支持在更大、包括的范围更广的集团中的优惠协议，在其他条件相等的情况下，从理想的角度看，东亚国家应该创立一个覆盖至少整个地区的“自由贸易协定”。但是，许多经济体在对农业和其他敏感行业进行自由化方面存在困难。

与马上为所有东亚国家缔结一个“自由贸易协定”不同，通过双边“自由贸易协定”一步步地发展将有助于在每个交易中对敏感商品自由化所需的政治上艰难的调节。适用于所有发达国家的《关税及贸易总协定》第 24 条规定，一个“自由贸易协定”不得不包括参与各方“实际上所有的贸易”。尽管对于“实质上所有”没有一致意见，但 WTO 下的先例说明，一个“自由贸易协定”应该涵盖现有贸易的 80％～

90%。一个“自由贸易协定”可以以多边谈判所不能的方式对特别是敏感商品的自由化施加强大的压力。这是使用“自由贸易协定”作为对多边贸易自由化的补充的一个好处，尽管双边“自由贸易协定”不一定加起来等于整个东亚的“自由贸易协定”，但只是因为需要所有的国家突然大幅度对政治上敏感的行业实行自由化——在短期不是一个现实的主张。

此外，认为所有的东亚经济体都会以同样的步调行动是不现实的，因为在经济发展阶段和政府执行贸易协定的能力水平上都存在巨大差距，有些国家或地区甚至还不是 WTO 成员。一步步的战略对于解决不同国家或地区各种各样的问题可以提供一个更集中的方式，这可能会适用于其他成员并且有可能成为更大型论坛的范例。实际上，在各种双边、次区域、区域、跨区域和全球级的论坛上会有持续的反应：双边的解决方式会找到更广阔的应用，而且在更大型论坛上论述过的新想法有可能成为具有相似意向的经济体之间具有法律约束力的协议。

此外，在东亚关于哪些经济体应该参与进来也没有一致的意见。中国香港和中国台湾地区，都是亚洲生产网络中重要的节点，是亚太经合组织成员，但不是东盟+3成员。关于东亚应该和哪些区域外国家和地区缔结“自由贸易协定”也没有一致的看法。有些国家在探索和像澳大利亚、新西兰和印度这样的国家签署“自由贸易协定”。这些国家并没有（至少现在是）密切地和亚洲生产网络合为一体，因此无须分担对减少各种行业内贸易的交易成本的迫切需求，和它们缔结“自由贸易协定”有助于扩大东亚经济的出口机会，和美国以及拉美国家缔结“自由贸易协定”也同样如此。那些准备好缔结“自由贸易协定”的更发达的经济体不想等待一个东亚“自由贸易协定”的出现，它们都想赶在前面好利用面前的机会。这种一步步的过程可以在决定哪些其他经济体可以加强和目前东盟+3 成员的经济联系方面更加灵活，并影响相互依赖性的模式和这个地区的社会感。因此，这个过程可能扩大“东亚”的范围。

另一方面，谈判独立的双边“自由贸易协定”就会冒不同来源的规则和其他差异扩散的风险，这会导致更高的交易成本。然而，许多东亚国家的政府意识到生产网络的需求并且具有强有力的动力避免所谓的意大利面碗效应（spaghetti bowl effect），它们希望最终把分别谈下来的双边“自由贸易协定”合成一个具有区域性来源规则和共同规则的区域性的“自由贸易协定”。

尽管有些人可能会主张覆盖拥有大市场的国家，如日本和中国，在双边而不是区域性或多边环境中可能有更多的优势，因此会偏好双边路线，但实际上无论哪个国家都没有一个实用的选择。日本不能冒违反 WTO 原则的风险。中国在加入 WTO 之前还没有为“自由贸易协定”做好准备。当中国做好准备了，并没有很多国家迫切想在短期内和它缔结一个“自由贸易协定”。此外，市场的规模只是影响谈判杠杆的许多因素之一。比如，一个被现行“自由贸易协定”排除在外的国家将会更渴望缔结“自由贸易协定”，因为它有强大的动力去战胜歧视。然而，每个双边“自由贸易协定”的政治力量变化超过了本章所论述的范围。

日本和韩国首先引发了双边“自由贸易协定”的潮流。这两个国家改变了它们长期奉行的唯我独尊的多边主义政策，采纳了多轨政策，这样双边和区域优惠协议可以和 WTO 互补。《日本—韩国自由贸易协议》(Japan-Republic of Korea Free Trade Agreement) 在 1998 年韩国总统金大中和日本首相小渊惠三进行历史性会面后不久就孕育成功了。这个协议创立了东亚最大的双边自由贸易区，包括 17 亿人口，加起来的 GDP 达 5 万亿美元，是整个东亚经济的 3/4。亚洲仅有的两个经合组织成员国之间的一个“自由贸易协定”，具有和它们经济水平相当的先进的规则，可以为这个地区的经济一体化设定标准。然而，韩国方面有所犹豫，担心消除关税会增加它对日本的结构性贸易赤字。这种担心并不是不现实的，因为韩国的平均关税税率比日本的高。韩国人担心《日本—韩国自由贸易协议》是一个不平衡的交易。对日本战争时期所犯暴行的敌对让韩国更加犹豫不决。而且，日本还是一门心思地想依靠 WTO，还没有为第一个“自由贸易协定”谈判做好准备。两国让附属于政府部门的思想库共同研究了双边“自由贸易协定”的可行性。同时，韩国选择智利作为它的第一个“自由贸易协定”伙伴，并于 1999 年 9 月开始了谈判。

尽管是日本和韩国启动了这个进程，但实际上是新西兰和新加坡推动了这个地区的双边“自由贸易协定”。1999 年 6 月新西兰提出一个“自由贸易协定”，两国于 9 月开始了谈判。新加坡现在已经为不受东盟影响的“自由贸易协定”谈判做好了准备，在 1999 年 12 月向日本提议两国应该探索商谈一个“自由贸易协定”。日本政府抓住了这个机会，克服了长期以来的犹豫不决，在贸易政策上取得了一个突破。其目的是提出一个具有创新性的经济安排，不仅可消除关税，还包括各种各样降低两国之间交易成本的措施，这有可能成为其他“自由贸易协定”的典范。“一个带自由港的‘自由贸易协定’”要想对东京有吸引力，必须要有所创新。新加坡维持具有国际竞争力的商业环境的政策也会促进日本的调控上的改革，最后竟成为日本理想的第一个“自由贸易协定”伙伴。

日本于2000年10月22日决定和新加坡就“自由贸易协定”进行谈判，这对区域内外都产生了促进作用。新加坡探索是否有可能和美国、欧盟、中国和印度缔结“自由贸易协定”。2000年11月16日，在亚太经合组织领导人会议上，美国和新加坡出人意料地宣布它们就双边“自由贸易协定”谈判的意向。随着亚洲国家开始追求“自由贸易协定”，美国“中心辐射”的方式不再是一个共同关心的问题。新加坡的举动，尽管开始受到怨恨，却促使其他东盟成员探索和其他国家缔结“自由贸易协定”，不论是以集体的还是单独的形式。

总之，第三阶段的决定因素是防御性区域主义。同时，金融危机的恶劣影响给东亚国家带来了高度的相互依赖性。自由尝试各种形式的论坛使东亚各国（地区）政府的注意力转移到每个论坛的实际问题上，进一步提高了区域内经济上相互依赖的作用。

第四阶段：“自由贸易协定”潮流

第四阶段的特点是中国对区域合作可能性的新的信心以及由此带来的区域间竞争的动态。自从20世纪90年代初，中国政府更加关注亚洲，以此确保一个良性的国际环境，以便让中国把精力集中在国内经济发展上。此外，亚太经合组织进程的实际经历帮助中国逐渐克服了它长期以来对多边框架可能会减少它的自由、破坏它的利益的担心。

在亚洲金融危机后，中国变得更加自信和主动，开始向第四阶段过渡。1998年年中，中国通过不让人民币贬值成功地树立起一个负责任的区域大国的形象，尽管这样做也是为了中国自己的利益。这段插曲进一步增加了中国对它积极塑造区域环境能力的信心。中国积极参加了东盟＋3会议，转变了它最初对亚洲货币基金提议的谨慎态度，并且在东盟＋3财政部长会议上支持《清迈协议》。而且，中国加入WTO极大地加强了它作为一个负责任的大国的形象。

从20世纪90年代后期到2000年初，中国对它安全环境的忧虑促使它努力改善和邻国的关系。1999年在中国驻南联盟使馆遭到轰炸后，中美关系变得十分紧张。布什政府最初把中国当成一个战略对手的政策更让中国警惕，促使它对美国包围、遏制中国的企图采取防范措施。

在贸易政策领域，中国警惕地注视着它的邻国把重点转向“自由贸易协定”，而就在那时，中国将全部的精力都放在了加入WTO的谈判上。同时，中国认识到东盟各国对它们经济未来的忧虑感有所增加。它们的发展阶段和中国接近，它们的出口结构相互重合。和东盟的“自由贸易协定”说明中国愿意让东盟从中国的经济增长中受益，并缓解东盟对中国崛起的忧虑。对于中国来讲，和东盟的“自由贸易协定”比和经济更发达的国家签署“自由贸易协定”更容易，并且帮助中国迅速赶上发展“自由贸易协定”的潮流。

在日本和新加坡宣布它们开始“自由贸易协定”谈判一个月后，中国总理朱镕基提议让东盟和中国的专家共同研究建立一个自由贸易区的可能性。自从中国在2000年完成了加入WTO的主要谈判后，中国对参与区域框架明显变得更加积极。因此，中国和东盟之间“自由贸易协定”的提议标志着“自由贸易协定”潮流的开始。

自从2000年9月对东盟提出建议后，中国的行动非常迅速。2001年10月，中国和东盟完成了有关“自由贸易协定”的联合可行性研究；11月，中国说服东盟在10年内建立一个东盟—中国自由贸易区。对于大多数东盟成员来说，中国的出口是一种竞争性威胁。因此，中国提供的“早期收获计划”，在早期阶段就降低某些农业关税，对于让东盟上岸非常重要。2002年11月，中国和东盟签署了东盟—中国经济合作框架协议，根据这个协议，中国将和东盟的原有成员到2010年之前、新成员在2015年之前建立自由贸易区。该协议覆盖商品、服务贸易以及投资的自由化。协议还列出了五个优先加强经济合作的行业：农业、信息技术、人力资源开发、投资和湄公河盆地开发。2003年10月，从泰国开始，中国开始执行所谓的早期收获措施以取消某些水果和蔬菜的关税。在这一点上，中国和泰国准备在贸易和投资自由化上走多远，它们将采取什么具体措施通过“经济合作”降低交易成本还不清楚。

同时，日本和新加坡在2001年10月结束了谈判。尽管日本把大多数农产品排除在外招致了其他国家的批评，但是协议超出了“自由贸易协定”的普通条款，包括进行广泛的经济合作以降低交易成本并扩大双边交换。它们这个协议突出的特点包括对电力和电子产品以及电信设备技术一致评估的相互认可，通过更广泛地使用信息技术改进海关程序的海关合作，在法律上认可两国经过鉴定的数字签名，相互承认信息技术技能证书，促进商务人员的流动。日本和新加坡的“新时代经济伙伴协议”于 2002 年 11 月 30 日生效。日本还在 2002 年开始和墨西哥，2003 年和韩国，2004 年和马来西亚、泰国、菲律宾，2005 年和印度尼西亚谈判。

2002 年 1 月，日本首相小泉纯一郎访问了东盟国家，和新加坡签署了“新时代经济伙伴协议”，并提出一个日本—东盟全面经济伙伴关系的倡议。普遍认为，是中国和东盟就“自由贸易协定”进行谈判的协议促使日本朝同一个方向行动。2003 年 10 月，日本和东盟签署了全面经济伙伴关系框架，并于 2005 年开始谈判。在双边层面，日本于 2004 年初开始和马来西亚、泰国、菲律宾谈判。

华盛顿也开始更加关注这个地区。中国的崛起以及它自信的区域外交，与日本的停滞，都预示着区域权力平衡发生了潜在的转移。同时，实力减弱的东盟导致对东盟可能成为恐怖主义温床的更多关注。2002 年 10 月，布什总统宣布了东盟企业倡议(Enterprise for ASEAN Initiative)。2003 年 5 月，签署了美国—新加坡“自由贸易协定”。2003 年 11 月，布什宣布了他开始和泰国进行“自由贸易协定”谈判的意向。

双边“自由贸易协定”为亚洲经济提供了不需要等待一个更大集团的一致意见(对某些特别问题，不是所有的集团成员都有同样的紧迫感）解决具体问题的有效措施。以前，先是论坛，只有适合论坛的内容才能被提出来。现在，先是内容，论坛是为了解决内容服务的。因此，多层次的方式，其中双边的、区域的和全球的框架平行发展，现在在东亚取得了牢固的位置。

在这个阶段，竞争的社会力量成为一个重要因素。但是更重要的是区域内经济相互依赖性这个因素。到目前为止，竞争的社会力量促进了建设性的反应，并且在一个能容纳并培养那种相互依赖性的范围内还继续存在。同时，中国的崛起，还可以利用 WTO 解决争端的机制，以及能利用包括“自由贸易协定”在内的各种选择，都大大缩小了防御性区域主义，尽管这个动力仍然在起作用，特别在金融合作领域。区域内竞争的社会力量和防御性区域主义还没有找到一个稳定的平衡，根据大国将如何相互影响，它们之间的平衡将发生变化。

区域发展中的美国、日本和中国

在前三个阶段中都很重要的防御性区域主义在第四个阶段大大削弱了。区域内经济的相互依赖的重要性不断增长。以前主要局限于东盟内部互动的竞争的社会力量，在第三阶段双边“自由贸易协定”流行起来的时候出现，在第四阶段成为一个重要的因素。

本章结论部分要解决的问题是这种区域主义的演进过程反对来如何影响美国、日本和中国以及它们在塑造亚洲区域主义方面的影响。

美国

美国推广全球化并且准备了一个有利于亚洲区域化的环境。美国的市场、技术、资本支持了亚洲出口导向型的发展。

然而，具有讽刺意味的是，美国推广全球化战略的成功却使美国继续其在贸易自由化方面的领导地位变得更加困难。特别是自从 20 世纪 70 年代以后，美国经济结构经历了重大转变，让更多的美国生产商和工人面临外国竞争和调整的困境，这在国内政治舞台上比更加开放的贸易所带来的稀薄的利益更明显。在 20 世纪 80 年代，美国在世界经济中的地位相对下降，加上不断膨胀的贸易赤字（尽管根本性问题并不在于贸易而在于宏观经济失衡），使自由贸易者更容易受到国内保护主义的压力。冷战的结束消除了西方盟友之间的凝聚力，以前这种凝聚力可以防止贸易摩擦危害它们的安全合作，现在的情况使美国国会对外交政策问题十分冷漠。这些发展都使美国政府要想赢得国内对其在贸易自由化上的支持，有必要显示通过提高了的海外市场准入能获得丰厚的收益。自由贸易为发展中国家缓解贫困、促进政治稳定，也为美国带来战略利益，以及美国本土市场的自由化在提高生产力和效率等方面所带来的经济利益，在美国国内政治中被忽视了。

由此导致美国在和亚洲各经济体打交道时，仅仅关注市场准入以及亚洲事务的有限资源，这些往往妨碍美国对亚洲政策方式的有效性和一致性。20 世纪 80 年代末，当亚洲看上去越来越像一个有吸引力的未来经济增长中心的时候，美国开始探索一个能确保美国进入地区市场并提供对付欧洲共同市场有效杠杆的多边机制框架。美国的影响力是决定性的，亚太经合组织成为亚洲的首要论坛。然而，这个成功是短暂的。美国狭隘地把注意力仅放在为创造国内就业机会开放亚洲市场上，再加上它对发展问题的漠不关心，只在自己的半球追求区域主义、通过自愿性行业自由化在亚太经合组织中引入关税谈判的企图，导致亚洲经济体对美国在亚太经合组织中领导地位的不满。另一方面，自愿性行业自由化的挫折给美国支持自由化的私有行业残存的对亚太经合组织的热情以致命一击。亚洲金融危机进一步抑制了美国对这个地区的兴趣，金融危机后防御性区域主义的兴起减小了美国对亚洲区域主义的影响。

在第四阶段，根据竞争的社会力量，美国政策关注的重点又重新回来。然而，自从 2001 年“9·11”恐怖袭击后，亚洲国家认为美国很大程度上考虑的都是反恐怖主义的战争，同中国相比，对这个地区的关注更少。同时，美国无法为亚洲的地方问题提供政策资源，美国对发展支持效力普遍的怀疑态度，以及偶尔对机制变革渐变过程的缺乏耐心，希望美国对整个地区保持持续的关注是不现实的。因此，美国对亚洲区域经济秩序的具体形式只能产生相对较小的影响。

发展中的东亚区域主义会如何影响美国的亚洲政策以及美国的亚洲影响力，还有待观察。美国仍然是唯一有能力在对美国国家利益至关重要的领域中推动区域发展的超级大国。通过有选择地参与创建区域安排结构（它们可以成为 WTO 以外的先进规则的典范，以及通过可靠的执行建立更大型机构的典范），美国对此还是有帮助的。而且，当美国对和发展中国家进行自由贸易协定交易很严肃的时候，它似乎更愿意关注发展问题。类似愿意和亚洲打交道的意愿将加强美国对亚洲区域主义进程和形式的影响力。

日本

亚洲区域主义对日本的影响最强也最深。日本是区域化进程的先锋，对亚太经合组织的创立作出了贡献，并且鼓励东盟作为一个有凝聚力的区域实力发挥作用。

然而，日本的方式有很大的局限性。日本的对外政策受其有竞争力的行业和受到保护、低效率的行业这种“双重结构”的制约，前者被寄予希望赚取国家财富，然后再分配给后者。T.J.潘佩尔在第2章中主张，这种体制是由于自由民主党内部，在城市、大企业——官僚联盟和农村、小企业——农民联盟之间的“政策承诺”。在战后时期，这个体制帮忙发展了国内市场，这个市场养活了国内的制造商。然而，这个体制也创造了一个高成本的商业环境。现在，日本的人口正趋于老龄化、数量正在减少，除了眼前的经济问题外，还限制了国内需求增长的长远前景。绩效高的行业，面临更大的竞争压力，已经开始将它们的业务转移到海外，而低效率的行业仍然在国内，要求获得保护和补贴。这种双重结构已经不能再持续下去了，因为保护弱者的代价（潘佩尔把这个形容成“没有失败者的含糊的保证”）在低增长的环境里是不允许的。同时，这种结构妨碍日本对邻国减少对日本敏感商品的贸易壁垒要求做出反应。

亚洲金融危机对日本的政策制定者产生了很大的影响，促使他们认识到日本和亚洲其他地区的相互依赖性。日本更深入地融入亚洲一体化会给它的经济以新生，提供更多的需求，帮助亚洲经济恢复，并且能让日本利用亚洲的增长潜力，创造一个良性的循环。要想让这些变为现实，日本不得不经历结构上的改革。这种思想为利用“自由贸易协定”作为改革的新工具铺平了道路。因此，日本开始追求“自由贸易协定”，不仅是为了改善海外的商业环境（特别是降低在亚洲的交易成本，并克服由其他“自由贸易协定”所引起的歧视），还是为了促进国内经济重组。尽管没有人质疑改进海外商业环境的效力，寻求维持保护体系的既定利益反对“自由贸易协定”的国内重组目的。为此，日本政府谨慎地选择了进行“自由贸易协定”谈判的国家，和它们谈判所带来的利益大到足够可以克服每个交易所可能引发的政治上的抵制。因此，日本在和墨西哥的“自由贸易协定”谈判中同意取消或降低许多农产品关税——几年前这样的发展是不可想象的。

同时，日本的经济体制还没有充分适应这种新的竞争的现实。实际上，这也不是一夜之间就能改变的。很长一段时间，日本都没有企业资源方面的充足的外部市场。这个缺陷导致了企业重组所需的总经理和专业人员短缺。功能完备的劳动力市场的缺乏导致了新行业所需的技能和失业人员的技能之间的不匹配，这更增加了公众对越来越高的失业率的忧虑。日本的政治体制，就像潘佩尔在第 2 章中所阐述的那样，也试图改善现状。偏向农村地区的不平均的选举权，其中相当多的投票者受雇于受保护、享受补贴的行业，再加上组织完备的既得利益集团，这些都有利于那些抵制机制改革的政客们继续执掌政权。尽管在企业、公众和政府的期待和导向方面有根本性改革的迹象，但经济、社会和政治体制的惯性使日本的转型更加困难，因此限制了日本坚定地朝区域主义迈进。

在日本刚刚开始的政策转移帮助下开始的新的区域发展，反过来，把更多的压力加诸日本身上让它完成这个转变。日本能否在亚洲区域主义的进程中发挥更有建设性的作用，取决于它能否并且以多快的速度发展政治上的意见一致，以打破它的双重结构。

中国

中国的崛起在两个方面改变了地区局面。首先，它作为生产网络的一环这个新的作用促进了区域内贸易的增长。其次，中国成为推行区域主义的一个积极参与者。第一个因素坚定地把中国置于东亚区域经济框架不可缺少的一个成员的位置上，强化了第二个因素。

中国的优势在于，现在，一旦在政治精英中达成一致意见它就能大胆采取行动。只要政治精英决定为了维护国内的稳定而采纳某个政策，在它的政策中就能反映普通公民的声音。比如，农民，现在在中国人口中占大多数，但是他们缺乏政治力量，往往得到的关注远少于他们在人口中所占的比重。他们是中国加入 WTO 的过程中开放农业市场的决定的担保。有了这个自由，中国政府似乎专注于打消东盟疑虑的政治议程并且在享受它们的“自由贸易协定”所带来的外交上的友好关系。

然而，这个方法有它的风险。中国仍然在它广阔的疆域内奋力执行 WTO 的规则，但中国的地方官员执行规则和规定的意愿及能力各有不同。在这种情况下，厄恩斯特在第 7 章中谈到一个日本商人所经历的日本式和中国式的创业方式之间有趣的对比。“可以做”在日本意味着绝对的承诺，但是在中国这个只表示想做生意的迫切愿望。然而，具有法律约束力的国际协议比正式签订合同之前的商务联系的分量更重。

如果中国没有忠实地执行“自由贸易协定”，它就会面临在商业领域里失信的风险。而且，中国政府的重点似乎已从追求更快的经济增长和技术进步方面转移到纠正国内差距、实现更公平的发展方面。这种国内政策焦点的转移可能会影响执行现有协议、采取加快区域和全球经济一体化进程的新倡议的速度。因此，问题是：中国将从什么时候开始调整它的国际政策以适应国内的能力和优先考虑的事情？

在这些都不确定的情况下，受市场驱动的区域化进程和政治指引下的创立区域机制的努力在东亚相互作用，相互影响，在指引区域发展的同时也在改变愿意参与这个进程的主要国家国内政策所要优先解决的事。它们在多大程度上愿意调整它们的政策以满足建立区域机制的需求，将对它们对区域主义的进程的影响具有重大意义。迈向东亚区域主义还受到很多因素的影响，如东亚经济本质，它们对区域内外资本、技术和市场的依赖，全球性机构和机制的势力，以及为建立一个强大的设想中的这种事业的基础所面临的困难。当代东亚区域机构的本质和相对不足是这些相互竞争的力量互相影响的表现。

第 7 章

在东亚区域化中寻找新的角色：电子产业中的日本生产网络

迪特尔·厄恩斯特

电子产业是东亚区域化的开拓者和试验基地——电子产业是这个地区国际贸易和投资的主导，而且表现出和全球生产网络的高度一体化。电子已经取代了纺织成为这个地区经济增长的主要动力，各国政府相互竞争并把这个行业培育成工业升级的催化剂。因此，对这个行业的分析可以让我们更深入地了解究竟是哪些力量正在重塑东亚。

日本的公司在东亚的电子产业中扮演了非常重要的角色——它们是资本、元件和机器以及商业模式和管理技巧的主要来源。然而，面对这个行业的持续萧条，现在电子业已经重新洗牌了，由此带来这个地区贸易和投资模式以及电子产业发展轨迹的重大调整。日本和东亚经济互相影响的传统“雁行”模式作为区域化的统一力量显然已经结束了，但是哪些新力量将会塑造东亚未来的区域发展模式呢？

自20世纪90年代以来，美国公司加强了它们在半导体、计算机行业的领导地位，开发出新产品、软件和服务市场，比如，互联网、电子商务、先进的微处理器以及为日益多样化的数字产品服务的操作系统。另外，日本的电子公司经历了它们以前在消费电子和半导体行业的领导地位的迅速下降，在上述的新产品、软件和服务市场，它们没有赶上美国的行业领导者。因此，电子产业的现状似乎是对斯蒂芬·罗奇（Stephen Roach，摩根士丹利的首席经济学家）所做的评价的支持——“现在世界比以往任何时候都更以美国为中心”。

但是，这意味着东亚的电子产业将会被“美国化”吗？在这场游戏中日本公司将扮演什么样的角色？在本章中，笔者将分析这个等式的一端，将探讨日本的电子公司如何寻找新的方式转变它们的全球生产网络以应对一个从根本上转型了的东亚区域经济所带来的新机遇和挑战。日本公司在电子产业的资本不但没有从亚洲撤出，而且现在严重地依赖这个地区，日本不仅把亚洲作为全球出口的生产基地，而且还是它的产品、服务和技术的一个主要而且越来越复杂的市场，是价格更低廉的知识型工人的来源。为了从东亚日益增长的重要性中受益，日本的电子公司正在寻求扩大并升级它们区域生产网络的方式，这其中对中国大陆尤其关注。

在分析这方面笔者要面对的挑战是解释为什么日本的公司发现难以在它们区域生产网络的组织和管理上进行必要的调整。日本商业模式长期积累起来的弱点可以给出部分解释，但是，同等重要的外在力量也在起作用。本章的核心主题是不同国家商业模式之间的竞争不再是东亚区域化的主要决定因素。在前文中使用的“美国化对日本化”的二分法已经不能完全解释现在所发生的真实情况了。

更重要的是在电子产业中表现得特别明显的国际商业组织结构上的根本转型：不同国籍的公司在多层次的营销、生产和创新的“网络的网络”中竞争并合作。这迫使日本公司与大量来自美国以及东亚的占领先地位的电子出口国的公司进行频繁的交往。另外一些至关重要的外在力量是中国作为全球出口生产基地；复杂的增长市场，特别是移动通信和数字消费品领域，以及作为研发和创新的新来源的崛起。两股力量合到一起导致了一个更为复杂的区域化进程。地区内部的经济互动，比如贸易、投资和竞争性战略，已经超过了一个“短小、随意的”链条，在那种情况下，很容易厘清因果关系，并做出有效的反应。识别、监控，更不用说按国籍“控制”转型的参与者和机制，这些都已经变得更具迷惑性。

在本章中，介绍我们抓住国际商业组织和区域化之间互动所需的几个概念性构建模块；描述日本电子产业对亚洲日益增加的依赖性；探索日本的电子公司如何在寻找方法扩大并升级它们的区域生产网络，其中中国是它们争取的主要对象；研究对变革的制约。本章强调日本在东亚的网络管理模式的突出特点，这些特点曾经反映出日本的优势。现在，同样是这些特点却已经变成了体制上的不足，因为它们限制了日本公司应对并塑造东亚越来越复杂的区域化进程的能力。本章的结论部分将举一个例子，阐释一些日本电子公司是如何通过和亚洲新兴工业国家（地区）的领导者（主要来自中国）发展战略联盟来逐渐扭转它们的全球生产网络的。

全球生产网络和区域化

可以把“区域化”定义为跨越国界但又在一个商品、资本、服务、知识和劳动力市场的宏观区域内的一体化。当然，在不同市场（特别是低工资的劳动力市场），一体化的障碍继续存在，因此一体化还远谈不上完善。但是毫无疑问，一个大规模的横跨东亚边界的一体化行为已经发生，而仅仅在不久前，这似乎还是令人费解的。这就提出了那个问题：谁是“一体化的参与者”？

对东亚区域化的研究显示，尽管国家在重新确定体制和规则方面明显扮演着一个重要的角色，但主要的“一体化的参与者”是公司。大部分关于这方面的文章关注的都是“日本化”和“美国化”之间的战争，把这个作为区域化的主要推动者。但是对于能区分出日本和美国公司谁在塑造区域化上更有能力这一商业组织的准确特点上，几乎没有一致的意见。

不幸的是，关于这方面关系的理论研究几乎是空白；我们仍然缺乏一个统一的区域化和国际商业组织的理论。但是，我们可以把贸易和外国直接投资理论与全球市场网络理论联系起来的研究作为基础，在此之上继续研究。这类研究说明，公司战略、组织和投资决策决定贸易模式、从事经济活动的劳动力的空间分布以及技术和知识传播的转移。公司还可以通过在国会游说政府改变机制和规则来间接影响区域化。这样做的动力源自竞争。在像电子业这样的知识密集型产业，持续的价格战会损害利润率，激烈的价格竞争需要和产品区分结合起来。然而，至关重要的是产品上市的速度：将合适的产品及时地投放到最大份额的市场就会带来巨大的利润；迟了就是一场灾难，甚至可能会使公司破产。由此带来的结果是在现有市场的领导地位变得更加不确定、多变、不稳定。

没有哪个公司（即便是占主导地位的市场领先者）能从内部获取所有这些对于应对全球性竞争的要求来说必要的不同的能力。因此，要想在竞争中取得成功，主要取决于“纵向专业化”，也就是在公司外部有选择地获得专业能力的能力，这个范围很广，包括从简单的合同汇总，到十分复杂的设计能力。这就要求从个人转移到集体的组织形式，从“多国公司”的 M 形（M-form）功能层系转移到网络化的全球旗舰模式。贸易经济学家最近发现了对作为贸易模式决定因素的国际生产组织进行改革的重要性。他们的研究表明：(1) 生产越来越细化，生产过程的零件分布在几个国家，因此增加了国际贸易中零件和元件所占的百分比；(2) 存在着通过全球生产网络（global production network，GPNS）的再次一体化；(3) 有能力成为这些网络一部分的国家和地区是那些工业化进程最迅速的国家。

在本章中，笔者以这些研究为基础，但是使用了一个更广泛的概念，这个概念强调影响区域化的全球生产网络的四个特点。第一，范围：全球生产网络包括价值链里所有的环节，不仅包括生产，还包括销售、采购、外购和研发；第二，非对称：旗舰对网络资源和决策起控制作用；第三，知识传播：知识共享是促进这些网络发展所必需的黏合剂；第四，信息系统：越来越多地使用数字信息系统来管理这些网络，这不仅提高了信息交换能力并且为共享以及联合创造知识提供新的机会。

一个日本的东亚生产网络既包括公司内和公司间的交易，还包括各种协调形式；它把旗舰自己的子公司、分支机构和合资企业与它的转包商、供货商、服务提供商以及它战略联盟中的伙伴联系到一起。一个像日立或索尼这样的网络旗舰将价值链分成各种独立的功能，并把它们放置到能最有效地行使这些功能的地方，放到它们能促使公司接近资源、能力和知识的地方，放到需要它们促进对重要的增长市场渗透的地方。需要强调的是，因果链条似乎在两方面都起作用，这很重要。日本全球生产网络组织的变化导致东亚贸易模式和投资分配的变化；那些变化反过来又导致上述网络的组织上的进一步变化。

扩大并升级和东亚的联系

在 20 世纪 90 年代，日本在全球贸易和外国直接投资的份额经历了长期的下滑，这十年成了这个国家“失去的十年”。在经历了 1986 年 10.2％的顶峰之后，2000 年日本在全球出口中的份额下降到了 7.6％。1992 年，日本的境外直接投资存量占世界总数的 12.4％，仅次于美国，但是到 2000 年，回落到第八位，和 1980 年时的位置一样。而且，在 1990 年成为境外直接投资流最大的来源国后，日本在 2001 年成为第七位。

然而，自从世纪之交，日本的世界地位下滑的局面出现了逆转，主要原因就在于和东亚的贸易与投资联系的扩大。从 1997 财政年度高峰期时占世界的 22％，到 1999 财政年度日本制造公司的海外生产率（海外生产率）一直都在下降。自从那以后，在 2001 财政年度，出现了稳步回升，达到 24％；预计 2005 财政年度会上升到差不多 32％。电子产业处于领先地位，在 2002 财政年度的海外生产率估计可达到 41％，比前一年的 38％有所上升。东亚是日本电子业公司资本在海外运营扩张的主要目的地。下面介绍日本电子产业对亚洲（不包括日本）日益增加的依赖性，并探索日本的电子公司是如何寻求出路扩大并升级它们的区域生产网络的，特别关注中国大陆。

对东亚日益增长的依赖性

日本的电子产业严重依赖东亚。随着时间的推移，这种依赖性有所加深，并且变得更加复杂和多样。最重要的是这个地区作为全球出口生产平台的作用。1985 年根据《广场协议》，日元升值，这增加了日本的生产成本，对日本企业来说是具有催化作用的冲击。此后，日本公司把生产基地重新安排在亚洲劳动力成本更低的地方，首先是韩国、中国台湾、中国香港和新加坡，然后是马来西亚、泰国、印度尼西亚和菲律宾。中国大陆作为日本全球低成本出口生产基地的角色在过去的十年里大大加重了。2002 财政年度，在接受日本国际协力银行研究所（Japan Bank for International Cooperation Institute，JBICI）调查的日本制造业公司中，几乎 2/3 的海外生产基地集中在东亚，比 2000 财政年度的 60%有所上升。

开始，重点是消费电子产品和家用电器以及相关的元件。然而，在过去的几年里，日本公司在亚洲的产品组合出现了极大的多样性，包括计算机、通信和工业应用所需的硬件和软件。同时，越来越复杂的生产阶段和总的供应链管理逐渐从日本转移到亚洲的其他地方。这种升级是日本电子公司对来自上下两个方向的更加激烈的竞争的反应。

比上，美国的电子产业领先者在最受重视的技术创新领域已经跑在前面，这可以用专利数字来衡量。美国的“创新分”从（1985 年的）41 到（2002 年的）101，提高了一倍多，这个速度比任何其他国家都要快得多。2002 年，在所有专利引证最好的 15 个领先的公司中（它们的基地都在美国），有 9 个属于电子产业。日本保持了第二的位置，“创新分”从 15 上升到 33，但是日本和美国之间的差距却更大了。欧洲电信和消费电子产业的领先者已经通过向亚洲公司，特别是中国大陆的公司发动伙伴攻势，巩固了它们的市场地位。

相比之下，日本的电子公司正在面临来自六个亚洲国家和地区（中国大陆、韩国、中国台湾、新加坡、马来西亚和印度）的新竞争者，它们是全球电子出口的新的重心。中国大陆现在已经（从 2000 年的第十位上升）成为电子产品的第三大出口商，并（从 2000 年的第七位上升）成为第二大进口商。中国台湾是 14 种电子产品的头号世界市场供应商。这些产品包括硅铸造服务（包括领先的晶片制造），占全球生产总值的 73%；无线局域网；数字视听设备如 CD-ROM 和 DVD，这些设备大部分都是中国大陆生产的。韩国（在计算机存储器、平板显示器和移动电话方面）、新加坡（在存储设备和打印机方面）和中国大陆（在计算机及外围设备和数字消费装置方面）也都占据着世界市场的主导位置。而且，尽管印度没有成为一个领先的全球制造业出口商，但是这个国家却牢固地树立了自己作为软件和信息服务的全球出口生产基地的地位。

在日本对东亚日益增长的依赖性中，另外一个同等重要的是需求方面的因素，即亚洲电子产品和服务市场不断增加的复杂性。在亚洲，那些原来受到保护的市场、作为由当地的日本分支机构（the “mini-Matsushitas”）生产的低端和成熟产品倾销市场的日子已经一去不复返了。日本子公司在亚洲的采购为日本零件和元件以及资本设备的出口创造了一个繁荣的市场。迅速增长的电子业的发展进一步扩大了这个地区对这类输入进口的需求。然而，随着时间的推移，日本子公司和亚洲公司的采购不再以日本为中心，而是用在整个亚洲范围内的采购代替从日本进口。在过去的十年里，日本公司在亚洲大大增加了它们销售和采购的本地化。

在一定程度上，这种转移反映出日本元件供应商将生产重新部署在亚洲，这是日本全球生产网络内部越来越复杂的劳动分工的一部分。由此带来的一个重要的结果是亚洲子公司的销售现在超过了日本向亚洲的出口：在 2000 财政年度，亚洲子公司的销售额是 3 640 亿美元，是日本向亚洲出口值的 1.7 倍。日本子公司在亚洲采购的区域化中，一个同等重要的因素是在韩国、中国台湾、中国香港、新加坡、马来西亚、泰国、菲律宾，最近又在中国大陆出现了具有高度竞争力的制造服务供应商。

此外，日本的电子公司现在认识到亚洲繁荣并变得更加尖端的消费市场的特殊重要性，为时已晚。日本国内家用电器、视听设备、计算机和通信装置零售市场的萎缩为在亚洲其他地区开发积极的市场渗透战略提供了很大的动力。2002 年，东亚的总消费支出估计是 14 610 亿美元。中国大陆所占的比例从 1991 年的 27.5%上升到 40%。这个地区的中产阶级和上流社会市场是全球竞争的首要目标，据估计包括大约 1.4 亿人口，大约占东亚总人口的 10%。四个新兴工业化经济体（newly industrializing economies，NIEs）（新加坡、韩国、中国台湾和中国香港）垄断着这些高端尖端的消费市场，但是中国大陆拥有大约 4 100 万的高端消费者，占这个地区高收入市场的约 30%。

可能最重要的变化是中国大陆电子产品和服务市场的不断复杂化。中国大陆现在是世界上最大的电信设备（有线和无线）市场，第三大的半导体市场，最大和最尖端的数字消费和计算机装置的市场之一。主要的全球市场领先者指望中国大陆市场持续快速增长，以减少全球电子市场的需求持续停滞所带来的负面影响。电信市场的情况就是这样，日本基础设备（富士通和 NEC）和移动电话（松下、夏普、三洋、索尼、京瓷）制造商正在和全球的行业领先者（比如摩托罗拉、阿尔卡特、诺基亚、思科、三星、西门子、爱立信和 LG）激烈竞争又相互合作，它们都在和新兴的中国大陆本土公司（如华为、中兴、大唐、TCL、海尔和波导）争夺市场份额。全球的行业领先者还迫切地想渗透到中国大陆的计算机和消费装置以及核心元件（如半导体）的市场。

日本的电子公司在向这些市场渗透方面不是特别成功，而且竞争特别激烈。对于利润丰厚的高端市场，它们的主要竞争对手是韩国的（三星和 LG）和欧洲的消费电子公司（飞利浦、西门子），以及美国的计算机公司（惠普、戴尔、苹果和捷威），它们正带着复仇的心理进入数字消费市场。在中低端市场，竞争更加激烈，在这些市场，除了已经提到的公司，中国大陆本土的公司和台湾地区的伙伴正在发挥越来越重要的作用。实际上在这个地区所有这些市场中，日本公司处于防守地位，它们现在正在为早期没有采取行动这一失误做一些亡羊补牢的工作。

未来网络扩张和升级的重中之重

为了从东亚不断增加的重要性中获益，日本的电子公司现在正在寻找扩大并升级它们的全球生产网络的方式。重点是对国内和海外生产的劳动分工进行微调，降低对传统的和其他日本公司“企业集团型”的联系的依赖性。这种战略转移背后的主要动力是在有吸引力的亚洲市场扩大市场份额的需求，特别是在中国和韩国，以及寻找规模经济的需求，这对应对来自区域内新出现的竞争者的激烈的价格竞争是必要的。

这是公司总部在日本商业模式上转向亚洲基本变革的迟到的尝试。特别重要的是从扩大市场份额转移到把利润作为衡量成功的主要标准的努力，以及通过向外寻求非核心的活动来加强纵向一体化的努力。自从 20 世纪 90 年代中期以来，这些日本商业模式的变化就是公司总部所争论的话题。然而五年后，在亚洲实行这些变革的绿灯才开通，那时电子产业的发展减速导致竞争加剧、利润下降。

2003 年，日本的制造业公司希望在它们的全球生产网络扩大时优先解决下述问题。中国以关注扩大生产而引人瞩目（在 518 个反馈中占差不多 73%）。东盟四国同样高度重视扩大生产（在 341 个反馈中占 70%）。但是，尽管在中国这包括在新生产线上的投资，而东盟四国重点几乎只在扩大和升级现有设备上。在新兴工业化经济体中，扩大生产的作用就不那么重要了，销售的扩大才是它们主要关心的问题。在中国，日本公司还优先考虑营销职能的扩张（几乎占回答者的 60%）。

尤其值得注意的是日本公司并没有特别优先考虑在亚洲扩大研发。这和美国和欧洲，以及韩国和中国台湾公司的做法形成了对比，那些国家和地区的公司正在扩大它们在亚洲的海外分支机构中的研发。在亚洲，打算扩大研发的日本公司所占的比例在 9%（新兴工业化经济）到 13.5%（中国）之间徘徊，与此相比，欧盟是 19%，北美约为 23%。日本公司继续忽视亚洲作为成本更为低廉的知识型工人来源的巨大潜力。日本的公司在升级它们的亚洲网络所做的努力中，通常仍然试图保持劳动力之间的不平等的分工，这种分工使领先的、高附加值的产品的研发和生产阶段留在日本。它们还试图把可能的技术知识的泄露最小化。但是它们保持这种专业化的“雁行”模式的能力已经被严重削弱了。

这就有了另外一个例子，说明日本的大型一体化的电子公司反应速度缓慢。按照资产规模的降序排列，电子工业的领先者是日立、索尼、松下电器、东芝、NEC、富士通、三菱电子、三洋和夏普。这九个公司拥有巨大的海外销售网络和广泛的全球生产网络，它们曾经代表日本在电子产业中的全球领先地位。这几大公司的总营业额是 460 万亿日元（约合 3 800 亿美元），总劳动力 1 400 万，在全球有成百上千个子公司和成千上万个元件供应商，但它们的战略和体制调整却只是一点点缓慢地进行。

这种情形和日本的中小型企业不同，中小企业大多数都是专业的电子元件供应商，可以比全球性的日本旗舰公司反应快得多。这些中小型企业是目前在东亚进行的生产扩张背后的主要动力。对于中小型企业来说，这是一个生存问题——规模更小的日本元件供应商直接受到来自亚洲供货商越来越激烈的竞争的影响。在2002财政年度，差不多有88%的电子元件供应商计划在接下来的三年里扩大它们的海外生产网络，与此相比，最终的组装商中有这个想法的不足73%（它们中大部分都是全球旗舰型企业）。而且日本电子行业的中小型企业有一个创纪录的45%的海外生产率，超过所有行业的平均海外生产率——略低于32%。

电子产业在日本国内供货基地的迅速国际化表明，令各公司普遍恐惧的“掏空”对规模更小的专门的供应商的打击尤为严重。这一点得到了2002财政年度日本国际协力银行研究所的调查结果的证实。和早期的调查相比，电子产业的公司中打算投资进行国内经营升级的更少。日本的电子公司可能因此失去它们的主要传统优势之一，那就是一个充满活力的、灵活的国内供货基地。

另一方面，规模更大的全球性公司处在把在亚洲的生产扩张和对它们国内的生产和创新体制进行富有活力的升级的巨大压力下。在日本辞退工人的代价很高，因为必须对被裁掉的员工给予适当的补偿，这样公司才能维持它们作为优秀雇主的名声。这意味着工资是固定成本中一个事实上的组成部分。为了留住工作职位，特别是高工资的知识型工人，大型日本公司试图和亚洲之间维持一种不平等的劳动分工。它们试图把基本的和应用研究留在国内，再加上“能促进附加值和基本规划发展的设计工作”，而产品和系统定制、生产过程则在大的海外市场进行开发，如亚洲新兴工业化经济体和中国。

对变革的制约：体制上的弱点

要确定为什么日本的电子公司执行上述为未来网络扩张和升级所要优先解决的问题时存在困难，笔者想强调日本在东亚的网络管理模式的五个突出特点，这些特点以前可能反映的是优势，但是现在已经转变成体制上的弱点：持续的组织多样化；受风险最小化驱使造成的场所分散；以日本为中心的销售目的地以及对地方市场特点的忽视；在开发非日本技术工人、工程师和管理者的创造力方面能力有限；不愿意向外寻求研发。

部分趋同和持续多样化

面对新经济热期间美国电子产业的复苏，处于领先地位的全球日本旗舰公司和像京瓷这样更小些的公司都试图模仿美国公司的成功战略。模仿是变革的一个重要力量。但是，模仿并没有使日本的公司和它们的全球生产网络变身成为美国标准模式的克隆。相反，模仿产生了"一个复杂的杂交过程，其中，部分趋同和持续多样化共存"。

趋同出现在亚洲生产的产品组合中。到 20 世纪 90 年代中期，日本的公司加入到美国公司的行列里，将相当大比例的个人计算机生产转移到这个地区。日本公司还搭上了给美国计算机公司带来巨大竞争优势的原始设备制造（original equipment manufacturing，OEM）合同的引导车。同样，通过将越来越多的工程和电子设计任务转给子公司，美国公司是第一个利用东亚的各种电子生产领域里专业技术越来越集中的优势的国家。一些日本公司从 20 世纪 90 年代中期开始效仿的这个做法再次被证明是个划算的策略。被转给日本子公司的新任务不可避免地要求在管理方式上进行改革，这些管理方式让它们和美国公司更近了一步。

然而，在日本全球生产网络的组织机构中仍然存在着重要的差别。这种持续多样性的一个重要原因是日本在全球经济一体化的进程中，仍然落后于美国（表 7—1）。这种不完整的和全球经济的一体化制约着日本网络和美国模式的融合。只要日本继续在它的海外生产率上，特别是净直接投资收入上落后，日本公司将仍旧处在通过在母公司集中对管理的掌控，以及通过严重依靠母公司和其他长期的伙伴供应资本货物和元件以使风险最小化的巨大压力下。

表 7—1　　日本与全球经济的一体化，2000

	日本（%，十亿美元）	美国（%，十亿美元）	德国（%，十亿美元）
海外直接投资平衡/GDP	5.9	25.0	22.7
海外生产率	14.3	30.7	46.8
净直接生产率	4.9	103.2	4.6
收到的收入	8.2	149.3	16.8

续前表

	日本（%，十亿美元）	美国（%，十亿美元）	德国（%，十亿美元）
支付的收入	2.6	68.0	9.6
收到的许可证使用费等	10.2	38.0	2.8
支付的许可证使用费等	11.0	16.1	5.5
净直接投资收入/GDP	0.1	0.8	0.4
净直接投资收入/投资平衡	3.0	6.0	4.0
出口依赖	9.7	7.8	26.3
进口依赖	7.2	12.4	26.3
对内直接投资平衡/GDP	1.1	27.7	23.6

注：除了美国的海外生产率为1999年数据外，其他均为2000年数据。
资料来源：Takeuchi 2003。

分散的地点

直到20世纪80年代中期，日本电子公司的分支机构比美国公司在整个亚洲的地理分布上更加分散，原因在于它们把主要的关注都放在受保护的本地市场上。一旦焦点被转移到出口平台生产上，地点上的模式就开始趋同：日本和美国的电子公司都大量在位于马来西亚、中国台湾、新加坡和泰国的几个工业区的大型工厂投资。进入新世纪，这些公司在地点选择上变得更加挑剔。日本的公司现在努力通过加强在中国大陆的投资来实现规模经济，并且通过在中国大陆市场进行渗透来赶超全球的竞争对手。

在中国大陆市场，一方是美国、欧洲和韩国公司，另一方是日本公司，它们之间仍然存在着巨大的投资差距。首要的重点是加强其在中国大陆的全球生产的大部分，既为中国大陆市场服务也为全球市场服务，从而使经济的规模和范围最大化。与此形成对比的是，作为日本外国直接投资累积存量的一部分，中国大陆仍然远远落后于亚洲新兴工业化经济体和东盟四国（表7—2）。

表7—2　　日本对外直接投资存量，2002

新兴工业化经济体[a]	249亿美元
东盟四国[b]	187.8亿美元
中国大陆	124.8亿美元

a　新加坡、中国台湾、韩国。
b　马来西亚、泰国、印度尼西亚、菲律宾。
资料来源：JETRO汇编2003。

在中国大陆，日本的电子公司在生产上的投资比美国、欧洲和韩国公司要早得多，但是它们的发展受到限制，因为除了几个出口导向型的合资企业（主要是日立和三洋）以外，中国政府不允许外国公司在电子产品的制成品生产上投资。这就是为什么在1991—1995年“中国热”期间，日本在中国大陆的电子公司集中在消费电子产业的核心元件生产上的原因。通过为中国大陆的装配厂提供像阴极射线管、压缩机和集成电路这样的核心元件，通过支持它们的集成电路设计，日本公司支持了中国公司技术能力的发展，这些公司，如海尔、康佳、TCL以及其他公司现在都是电子行业的领先者。

然而，日本的电子公司并没能享受到像上海大众在汽车行业里那种作为先到者（先得）的优势，而且它们也没有能够在中国大陆的制成品市场上占据有利的位置。甚至对于日本公司在东南亚占主导的消费电子市场，也是如此。这些让日本公司有充足的经济理由维持在东南亚和中国大陆的双生产基地。今天，这种遍布亚洲的生产网络的分散变成了一个主要的劣势，因为这种分散妨碍日本公司在中国大陆攫取成本降低所带来的规模经济效益。

日本管理层想保护公司免受风险和不确定性的影响这个根深蒂固的历史因素，制约了将日本全球生产网络的重心从东盟转移到中国大陆的努力。日本公司担心一旦它们把大部分投资转移到中国大陆，它们的利润将会受到损失，因为它们过度担忧被看做是在中国大陆投资的不利条件和风险。一个主要的顾虑是法律框架和税收体系不透明，而且这两方面都容易受到频繁、突然和无法预测的变化的影响。同样重要的是对缺乏有效的知识产权保护、募集当地投资基金的困难以及在应收款上的延误的担心，而日本的公司却被要求马上结清账目。日本的电子公司还担心会导致“过度”竞争和阶段性过热的行业结构，以及逃避WTO规则、招致暗藏的非关税壁垒的趋势。

还有一个主要担心的地方是能否得到当地的管理人员、工程师和劳动关系。日本的电子公司担心中国管理人员和工程师不断上升的薪酬成本会很快降低相对于亚洲其他地方的成本优势。日本公司经常抱怨的事情有：人员流动频繁、基本工厂技能低、在日本员工和中国工人工资差别上存在冲突。因为这些可认知的困难和风险，日本的电子公司一般都极不情愿把分散的亚洲生产网络变成中国境内的集中网络。换句话说，风险最小化限制了对纵向专门化的追求，这使得日本的公司和美国及欧洲的公司有所区别。

但是有可能逆转的迹象：日本对中国大陆的外国直接投资，自 1995 财政年度以来在数值上一直处于停滞状态，在 2000 财政年度第一次再次有所增加。从那以后，日本流入中国大陆的外国直接投资速度加快，在 2001 年上升了差不多 60%，达到 46 亿美元，是该时期的最高水平。在 2002 年的前 6 个月，日本的公司又投资了 31.5 亿美元。就像 1992 年第一轮中国热一样，日元升值是有力的催化剂。但是，现在还有额外的吸引力，比如在基础设施和物流方面的重大改进，至少在中国大陆的三个主要增长支柱上；中国大陆加入 WTO 的信号效应；支持性产业群的出现；在人力资源素质上的巨大改进，特别是中国大陆每年 70 万的理工科毕业生。

对亚洲市场的销售忽视

第三个持续的不同可以从日本和美国全球生产网络销售目的地的对比中找到。在日本的电子公司从向本地市场销售转移到向第三国出口，现在又发展到逆向进口到日本的同时，美国公司的行事方向正好相反：从主要集中在反向进口到美国转到越来越强调在亚洲的销售。在整个 20 世纪 90 年代，日本电子产业全球生产网络的一个特点就是反向进口到日本的贸易迅速上升——在日本从亚洲的进口中，60%以上是从日本的子公司进口。

到世纪之交，亚洲取代美国成为日本计算机、半导体和电子元件进口的主要来源地。对于半导体，日本的进口依赖率上升得很快，从 1991 年低于 20%上升到 1999 年的约 50%。这主要是由于半导体的铸造合同以及合同生产协议主要是和中国台湾以及新加坡的公司签署的。到 2000 年，亚洲占日本半导体进口的 60%多，而从美国的进口份额下降到 30%左右。这样做的结果是日本在电子产业和亚洲贸易平衡的大逆转，从顺差转向逆差。

以日本为中心的销售目的地造成日本全球生产网络的另外一大弱点：靠缺乏进取的战略营销来解决东亚市场的具体要求。日本的公司实际上在遍布亚洲的所有重要的电子市场都处于防守地位，它们现在正在寻找办法事后修复由于早些时候没有采取行动而带来的损失。在整个亚洲，特别是在中国大陆，日本的电子公司没能发展并利用独一无二的市场地位。比如，在消费电子方面，像索尼和松下这样的大型日本公司已经陷入和占主导地位的本土对手的价格战中，而在高端市场，它们落后于韩国和欧洲的装配商，如三星、LG 和飞利浦。对于计算机和通信设备，日本的公司似乎处于困境。一方面，它们在升级进入到由美国的市场领先者所开发的新产品、软件和服务市场中存在困难，这包括互联网、电子商务、先进的微处理器和为越来越多样化的数字装置服务的操作系统等。另一方面，对于对价格敏感型的设备，如笔记本电脑和移动电话，日本的公司正受到来自美国、欧洲和韩国的全球品牌领导者的排挤，它们正在向低成本的电子制造服务（electronic manufacturing service，EMS）和原创设计制造（original-design manufacturing，ODM）服务供货商外购生产和设计。日本人还受到中国组装商的排挤，后者通过给参考设计和硅知识产权（促进系统集成芯片的标准部件）发放许可证，有得到最新产品技术的近便条件，比如说小灵通电话。

特别是在中国，日本的电子公司需要把它们自己和日益重要的亚洲（主要是韩国和中国）的对手区分开。有关如何提高它们市场地位的争论强调，有必要“在从技术和艺术方面能够有所区分的领域维持非价格竞争”。但是实现这个愿望并非易事。以中国的移动通信市场为例，这个市场经历了几何级数式的增长，以价值衡量在 1998—2002 年增长了两倍。从 2003 年 1 月起，作为对中国身为 WTO 成员义务的反映，外国公司可以在中国建立移动电话、数据通信、固定电话和国际电话服务的合资企业。而且，希望中国政府在 2005 年期间引进 3G 移动电话服务。

要想在中国的电信市场取得成功，全球公司必须愿意分享它们在为复杂的技术体系提供“一体化的解决方案”方面所积累的经验。戴维斯（Davies）的“一体化的解决方案”包括四套能力：（1）系统一体化：设计并把元件和子系统融入到一个系统中；（2）运营服务：贯穿整个生命周期的维修、融资、创新和操作系统；（3）业务咨询：理解顾客的事并提供满足顾客具体需求的建议和解决方案；（4）资金：在顾客购买新的资本密集型系统、管理顾客已安装的固定资产数据库时提供帮助。基本上，美国和欧洲的电子公司具备了尖端的并且已经经过实践检验的战略，能提供这四个关键的支持服务。

日本的公司（既包括销售设备的也包括提供服务的）在向中国通信市场渗透方面远远落后于来自美国和欧洲的对手。比如，NEC 和松下通信工业公司在 2001 年末建立了合资企业，开发移动 3G 手机。但是由于这个企业预计在 2003 年期间投入运营，对于移动 3G 手机来说到那时价格竞争已经大幅度加剧了。价格竞争主要是受能提供低端手机的中国本土制造商，如波导、TCL、联想和其他公司的驱动，它们能够这样做的基础是它们获得了像爱立信、得州仪器和飞利浦这样的全球平台领先者的授权，掌握了核心元件和设计参考。简而言之，日本的公司可能再次错过先行者发横财的机会。

为什么日本公司在渗透到中国新兴的“系统解决方案”市场方面没什么进展？这里面有几个原因。可能最重要的是妨碍日本电子公司分享“一体化解决方案”能力的日本生产体系所强加的限制。就像吉原（Yoshihara）令人信服地证明的那样，日本的母公司一般都坚持在海外的子公司（几乎）一模一样地复制工厂的布局、质量控制和管理惯例，而且它们对“一体化解决方案”所要求的能力实行严格的控制。这种不愿意和外人分享日本生产体系的基本组成部分的做法已经成为日本进入中国市场的渗透战略的一大块绊脚石。

人力资源管理

人力资源管理过去被认为是日本商业模式的一大优势，然而稍带讽刺意味的是，现在这却成为了一个弱点。日本的电子公司在招收、开发并从日本人以外的掌握技术的工人、工程师和管理人员那里受益方面的能力相对有限，在所有因素中，这一点对它们在东亚发展的制约最大。比如，在中国，欧洲和美国的公司投入巨大的精力和财力培训中国员工并在公司里提拔他们。相反，日本的公司却培养“中国专家”——研究过中国的企业实践和行为的讲流利汉语的日本人。这些日本管理人员牢牢掌握着企业，和他们的中国同事保持距离。

一般来说，日本的公司按照从上到下、官僚的方式管理他们的亚洲子公司。它们主要的目标的是确保子公司忠实地按照来自日本的命令行事，这需要工头似的管理人员。现行的组织框架和激励机制对于培养创新精神没什么帮助。只要公司的主要目标是利用廉价劳动力，这种从上到下的人力资源管理方式就会发挥作用。通常，亚洲的子公司生产低端的、根据某一既定设计的商品型产品，与日本相比，它们所提供的产品和服务范围更小。因此，日本外派的管理人员相对比较容易地就能把总部管理层的意愿传递到车间工场。他们的主要任务是实现最终结果，并不太需要倾听当地下属的意见。这种体制的灵活性非常有限，然而，没有日本的外派人员，子公司就不能运作。因为日本的管理人员是自己做大部分决定，他们“常常发现自己是根据传闻（比如，关于对手可能已经采取了什么战略）和猜测（比如，关于顾客正在想什么）做决定的”。

笔者在 2002 年 11 月采访一个日本最大的电子联合企业在中国的子公司的总经理时，就经历了这种体制下的一个生动的例子。因为他只讲日语，他带了两个翻译，一个负责日语和英语之间的翻译，和我交流，另外一个和他的六个中国中层管理人员（代表子公司的主要职能，如销售、生产、质量控制、研发、采购）交流。在这种情况下，交流并不容易，需要对各方都保持相当高的注意力。幸运的是，那个日本总经理举止温和而且非常有幽默感。但是一个标准的一个半小时的采访要差不多三个小时。即便如此，到采访结束时，我们也没有讨论到我们想讨论的内容，但是由于太劳神，所有的与会者都同意结束采访。

这种交流上的障碍在日本在亚洲的子公司里无处不在：“外派的日本管理人员和当地雇员在文化和语言上的差距使前者无法了解后者的真实感情”，由此导致误解和互相指责对方。这会对当地员工的士气造成负面影响。此外，选择当地高级管理人员时标准模糊，设置障碍，限制非日本人的管理人员晋升到某一职位以上，这些做法都使当地雇员失去动力：“老员工互相配合干最少的活，等候指令而不是主动提出建议。”日本的子公司在鼓励掌握稀缺技能的非常熟练的本地雇员方面尤其不足：“雇员受教育的程度越高……他们对公司的价值取向就越不满。”毫不奇怪，这样的员工往往寻找能快速赚钱的工作，特别是在高度竞争的中国熟练工人市场。

这种交流上的障碍存在的一个重要原因是日本的总部管理层没有研究当地管理人员和工程师的工作动力，这些是造就日本子公司的公司文化的根源。由此导致恶性循环。由于不愿意把当地的管理者提拔到最高岗位，由于存在妨碍迅速提升的论资排辈的制度，日本公司发现在它们的亚洲子公司很难招到并留住优秀的管理者和工程师。日本的管理者一般认为，他们对于提高当地管理层的作用都不太自信，“因为在当地招收的管理者的技术水平普遍较低”。日本公司在亚洲招聘顶尖的技术人才和当地管理人员时仍存在相当大的困难。语言上的障碍是一个重要原因：能讲日语通常是雇用当地管理人员的一个先决条件，但是亚洲的管理人员更愿意学英语。

另外一个因素是日本公司作为熟练工雇主的负面形象。调查显示大多数亚洲管理人员认为美国子公司的工作条件和晋升机会要有利得多，这就使日本的子公司在竞争中处于劣势。电子产业在亚洲的迅速扩张为非常有才干的人提供了换雇主的机会。大量跳槽就是这个游戏的名字，这是一个日本公司感到陌生的现象。

为了解决这个问题，日本的电子公司采取了对它们的工程师进行内部培训的策略。以一个精心挑选的程序为基础，一个亚洲的分支机构将在5～7年的时间里把一群非常有动力的操作员培养成（有时候是没有资格证书的）工程师。通过这种方式，工程技术都是针对各个公司的，这样减少了跳槽的可能。然而，这种做法的一个劣势是要花费很多的时间。最重要的，这种对内部招募的依赖导致在整个地区争夺最优秀的当地管理和工程人才方面更严重的失败，这些优秀的人才可以为升级日本的全球生产网络提供新想法和新承诺。

日本的电子公司认识到它们必须对它们在东亚的人力资源管理方式进行重大改革。它们正在寻找赶上全球行业领先者的更加公开、灵活和分散的人力资源管理方式的方法，包括来自韩国和中国台湾的竞争对手的人力资源管理方式。日本公司很清楚，不在人力资源管理上进行这样的改革，“它们所拥有的任何竞争策略都将是无效的”。经过多年的犹豫，日本公司现在迫切地想靠近东亚巨大的低成本的管理者和工程师资源，以促进并加快它们的决策，并应对亚洲商业在时间、价值观和思维方式上疯狂的变化速度。

人力资源管理上必要的改革包括引入适应当地管理和劳动市场规则的透明的绩效评价标准，以及与处于竞争地位的美国、欧洲和亚洲公司的观点相匹配的就业观念。最重要的是，当地员工应该成为决策过程和寻找解决问题的方案过程的组成部分。而且，应该把当地的管理者推荐并调动到全球性岗位上，比如，像摩托罗拉那样，它把在槟榔屿的子公司的总经理派去管理刚刚成立的中国大陆的公司。为美国全球网络旗舰工作的当地高级管理人员在公司内和地域上的高流动性和日本公司推行（绝大部分都是）日本籍管理人员在公司内的调动的方法形成对比。

研发管理

在 20 世纪 90 年代中期前，日本公司在它们的东亚子公司里几乎没有进行过研发。这和美国子公司的情况形成了对比，美国母公司把越来越多的产品设计和开发责任分派给子公司，在有些情况下不仅是为当地市场，还为全球市场设计开发。到世纪之交，和北美和欧盟相比，在日本公司的全球生产网络中，研发的作用仍然非常有限。但是随着东亚的顾客变得越来越挑剔，日本的公司不能再依靠日本设计的产品渗透亚洲市场。相反，设计和工程的本地化对于定制产品和服务以及加快对需求变化的反应速度都是必要的。因此在东亚，要想成功地进行市场渗透，就要和现有的研发管理模式决裂。

然而，我们看到日本公司仍然没有太多优先考虑在东亚扩大研发。这反映出日本研发管理上的防范偏见：知识产权保护和专利费支付上的限制是它们主要担心的问题。这和美国电子公司的研发管理形成强烈的对比，在美国公司，通过把一个公司的知识产权大胆商业化来创造价值现在是头等重要的大事。来自美国、欧洲和韩国的主要竞争对手在通过研发外购，大胆使用这个地区大量低成本的人力资源和专业技术方面已经走在了前面。日本公司因此需要重新把更多的研发设置在东亚主要的新产业群这样一个连贯一致的战略来补充它们的知识产权保护。

然而，在长期不愿意这么做之后，日本公司最终在中国和东南亚的研发中心投资，重点正在从产品定制和进程调整转移到芯片设计和软件服务上。但是，保持对核心生产技术的控制仍然是它们主要关心的问题，这反映出对日本的竞争力可能会因为生产技术泄露到海外而被削弱的担心。这种不愿意大胆渗透到亚洲的新兴技术市场的做法和日本电子公司重要的长远利益相冲突。如竹内弘高所示，日本的公司需要从外国直接投资和给予技术许可来增加它们的利润，目的是弥补正在降低的出口利润。一些日本的行业领先者已经在像芯片设计、液晶和等离子显示器以及纳米技术这样的核心技术上占据了有力的领导地位。这可以帮助它们承担把一些研发机构重新部署到东亚的风险。

杂交——和亚洲公司结成伙伴关系

日本的电子公司现在正在寻找办法，重新调整它们的生产、分销和创新网络，以便应对由在发生了根本性变化的东亚越来越复杂的区域化所带来的机遇和挑战。这构成了日本公司战略和体制的基本变化。日本的电子公司总算做好了准备接受一个事实，那就是它们不能再把不平等的“雁行”劳动分工强加给东亚。同样重要的是，对日本商业模式与生俱来的优越性的信条已经成为一个濒危物种——日本的电子公司不仅正在努力效仿美国和欧洲对手的成功特点，还包括处于领先地位的韩国、中国台湾和中国大陆公司的特点。现在第一次，日本的电子公司把成功的亚洲公司，如三星、LG、宏碁（明基）、鸿海、海尔和 TCL 当做标准和榜样来重新调整它们区域网络战略的构成。而且它们在寻找办法和亚洲新兴的行业领导者发展战略伙伴关系，最突出的是和中国大陆的公司。

一些日本公司正在追随由全球行业领导者如摩托罗拉、英特尔、IBM、思科、阿尔卡特、飞利浦、西门子、英飞凌以及韩国的四大企业（三星、LG、SK 电讯和 KT)、新加坡的淡马锡和中国台湾的行业领先者所开创的伙伴战略。特别有启示意义的是三洋和海尔之间的伙伴关系（2002 年 1 月宣布）显示出和传统的不平等（“纵向的”）的合作形式（由日本伙伴主导）的彻底破裂，转向平等伙伴间的“横向”关系。作为一个大型日本电子公司和一个中国大陆行业领导者建立综合性的业务联盟的首次尝试，三洋—海尔协议得到经济产业省的喝彩，把它称为新的“中日企业关系的标准……日本的企业应该与中国大陆公司合作分享相互市场的利润，而不是与它们敌对”。但是这个协议也遭到“来自各方的大量反对”，这说明日本公司仍然相当抵制它们在中国大陆的战略的变化。

三洋—海尔协议有四个组成部分：（1）用三洋和海尔的品牌名称，通过海尔的分销网络在中国销售三洋的产品；（2）通过在日本的合资企业（其中三洋占 60%，海尔 40%)，在日本销售海尔的产品；（3）紧邻海尔在青岛的大型冰箱厂，将建一个新的三洋工厂，为海尔提供三洋先进的压缩机；（4）在广泛的重要元件领域进行技术合作。

对于三洋而言，重要的利益包括享受进入海尔在中国大陆巨大的销售网络的特权，这个网络是所有电子公司里最大的。此外，海尔在广泛的产品上的市场领导地位、海尔先进的生产体系，以及最重要的，接受严格执行的以绩效为基础的评价和激励机制的非常有动力、受过良好培训的劳动力（其中相当高比例的工程师和管理者曾在美国接受过培训）也很有吸引力。三洋的首席执行官井植敏（Satoshi Iue，公司创始人的儿子）早些时候在一个大型的海尔集团的工厂参观时留下了深刻印象，这个工厂的规模比他的公司最大的工厂大四倍。尤其给他留下深刻印象的是海尔购买那种昂贵的、先进机器（主要从欧洲供货商那里）的能力，而日本的制造商由于它们财政上的困难都无法购买这样的设备。

反过来，对于海尔，主要的吸引力是三洋愿意在日本市场销售并支持海尔的产品，这在以封闭而名声不佳闻名的日本市场可是头一次。海尔明白，因为中国商品一直以来的“低质量”的形象，克服日本顾客的抵制尚需时日。但是，海尔希望利用三洋的决定来在以难以进入而闻名的日本市场支持它的产品，在其他市场提高它的品牌认可度，包括越来越苛刻的国内市场。尽管几家领先的日本公司都企图得到海尔的好感，但是似乎没有其他的公司愿意像三洋那样提供一个包括基础广泛的技术合作在内的全面的商业联盟。

正如事实表明的那样，最有意思的发展是三洋的经理们的紧迫感，他们要非常认真地努力克服和中国的经理们的沟通问题，并适应现代中国的商业做法。35岁的三洋-海尔合资企业的总裁所采用的办法就能反映出这一问题。他承认这种全面的商业联盟是“一种三洋以前从未接触过的新型的项目。接触中国的企业风格带来了以前我从未面对过的问题，但是……我感到很愉快并享受这种挑战”。为了说明这一点，他讲了下面的故事：

> 中国人开始做生意的方式是接受命令，并不考虑他们当时完成命令的能力。当中国人被要求做什么事的时候，他们通常都会回答：“可以做。”在日本这意味着绝对的承诺，但是在中国这句话只是被用来表示一个人想开始做生意的迫切愿望……在这种情况下，日本人的反应是说：“我们会把它带回到我们的办公室来决定我们是否能接受这份工作。”开始的时候，我们相信我们的中国同行的话并开始做我们这边该做的事。过了一段时间，我们发现我们的合伙人并不能做到协

议中他们应该做的部分。**那是我们的过错——我们本来应该意识到那是中国人接受命令的方式，我们不应该把他们的第一反应当成是完全的承诺……我最终明白他们并不是恶意的……**我羡慕中国人对做生意的迫切和自信。日本人在做生意的时候往往太过谦卑和没有把握。中国人更坚决，我想正是这一点导致他们最近的经济增长。

本章说明，日本电子行业的公司资本远没有从东亚撤出，而且现在还严重依赖这个地区，它们不仅把东亚作为全球出口生产基地，而且东亚还是一个主要的、越来越尖端的日本产品、服务和技术的市场，以及成本更低的知识型工人的来源。这说明为什么日本的电子公司正在寻找办法扩大并升级它们的区域分销、生产和研发网络，尤其专注中国大陆市场。这些网络将继续影响东亚的区域化模式，但是现在它们的影响和早期时候有所不同。前文已经表明，比如，日本和亚洲的贸易联系已经从顺差转为逆差，重要的变化发生在贸易产品的构成上。日本的公司仍然是元件和机器的主要来源。它们还继续在为亚洲的供货商提供工场的管理技术方面发挥重要的作用（比如，质量控制和供应链管理）。但是在管理的许多其他方面，日本公司现在像第二小提琴手一样，居于次要地位。

我们已经看到，日本公司发现它们很难进行体制和管理上的改革，而这些对于扩大并升级它们的区域网络来说又是必要的。前文已经强调了日本在东亚的网络管理模式的五个特点，这些特点以前是它们的优势，现在却变成了体制上的缺陷：机制上的持续多样性；受风险最小化驱使的分散的场地；以日本为中心的销售目的地，忽视当地市场的特点；在开发非日本人的熟练工人、工程师和管理者的创造力方面能力有限；不愿意外购研发。

笔者还找出了同样重要的外在力量。在电子产业，不同国家的公司在营销、生产和创新的多层面“全球网络的网络”内竞争并合作。这迫使日本公司和许多来自美国以及东亚占领先地位的电子出口国（地区）的公司进行相当多的互动。另外一个重要的外在力量是中国大陆作为一个全球出口生产基地，作为一个尖端增长市场（特别是移动通信和数字消费装置），以及作为研发和创新来源的崛起。这两股力量导致越来越复杂的区域化进程。而且这些都不可能减弱。全球网络正越来越多地从制造规模扩大到知识密集型服务的生产上，如软件、信息服务、工程、产品研发，由此创造出东亚专业化更细密的模式。而且尽管阶段性的硬着陆或软着陆可能会减慢中国的增长，但是这个国家不可能失去它作为区域化发动机的作用。

为了应对在正在发生根本性改变的东亚所面临的新挑战，日本的公司开始效仿韩国、中国台湾和中国大陆商业模式的成功特点。虽然有些迟了，但一些日本公司现在正在努力发展和亚洲的新兴行业领先者（主要是大中华地区）的更平等的伙伴关系。这种外在的行为可能是变革有力的催化剂。和亚洲伙伴结成成功的同盟关键是超越国家模式的商业组织的杂交，日本公司采纳东亚公司的成功特点。在这个意义上，从更长远来看，生产网络的亚洲化可能正处在取代日本化和美国化之争的进程中。

第8章

地区的虾、全球的树、中国的蔬菜：日本—东亚关系中的环境

德里克·霍尔

昭和天皇的去世让人们看到纷至沓来的反映日本在现代世界的地位的事件，这是不可避免的。开始于 1926 年的裕仁的统治，创造了日本各方面惊人的发展历史，他的离世正好赶上这个国家似乎最终“赶上”了西方，并设法行使区域甚至全球霸权的时候。因此，昭和时代的结束成为有关日本过去和将来争论的焦点就没什么可让人惊讶的了。可能更值得注意的是它使全球的虾贸易发生动荡。在裕仁于 1988 年 9 月去世到次年 2 月举行丧礼期间（“让大多数日本人承受着极大的冲击生活的五个半月”），日本的娱乐业一片大萧条。在全国哀悼的这段时间，奢华是不合时宜的，因此虾的消费大幅度下降。由此带来的价格下跌横扫整个东南亚沿海，在那之前的五年里，受日元升值（endaka）和泡沫经济（babura）的影响，这个地区已经变成满足日本需求的养虾池。裕仁的离世不仅使昭和时代落下帷幕；还标志着东南亚养虾业黄金时代的结束。

这段轶事为由泡沫经济时代日本的需求所带来的东南亚环境的转型打开了一扇有用的窗户。20 世纪 80 年代末的情况比今天更为严重，密集的养虾业是一个有风险的、淘金式的尝试——一个“虾堤”——这会带来严重的环境影响。大面积对于环境至关重要的红树林湿地被清理干净，为红红火火的养虾业开道，但是仅仅几年后，由于养虾业所导致的健康和污染问题，新修没多久的池塘就被废弃了，这简直就是往伤口上撒盐。这种失控了的日本的需求对东南亚的环境带来灾难的感觉在其他行业中也重复上演，比如原计划以向日本出口木屑为目的的桉树种植；开发度假场所，把高山夷为平地、使用大量的化肥和淡水修建场地吸引日本游客周末来打便宜的高尔夫。

在本章中，笔者试图通过从这些行业以及其他行业入手，研究重塑日本和亚洲关系中的自然资源和环境变化。这个问题可以从几个方面着手。最直接的，20 世纪 80 年代末以日本为导向的养虾业、林木种植和东南亚的旅游业扩大了这片“资源上的穷乡僻壤”对日本的作用，这是美国战后的规划者在第二次世界大战和中国的共产主义革命后指派给这个地区的。日本政治经济对资源的需求，无论是食品、纤维、燃料还是矿产，都远远超过这个群岛的能力。提供资源满足这些需求对于日本人来说一直是个挑战，并且在历史上意味着日本的公司与政府和东南亚的深入交往，以及日益向日本市场倾斜的地区发展倾向。

然而，虾、桉树和高尔夫还要求对东南亚的生态系统也做出重新调整，这给依赖这个生态系统为生的人们带来了严重的后果，他们往往被迫搬迁到其他地方，以便为以日本为导向的生产让路。有关日本政治经济在日本本土以外的地方造成环境破坏（即有关日本的“影子生态学”）的文献很多。彼得·道沃格纳（Peter Dauvergne）在他有关日本和东南亚的木材贸易的研究中，对“影子生态学”的定义是“累积的环境因素对政府管辖范围地区以外的资源的影响，特别是政府开发援助（official development assistance，ODA）；公司行为，投资和技术转让，以及贸易，包括消费、出口和消费价格和进口关税”。这方面的例子包括日本消费对全球渔业的影响，由于日本对木材的需求而导致砍伐林木。在此，东南亚国家，特别是印度尼西亚、马来西亚、菲律宾和泰国再次成为围绕日本的“影子生态学”最有争议的问题的核心。区域化和与此相关的“资源上的穷乡僻壤”及“影子生态学”的概念之间的相互影响包括日本越来越多地参与亚洲的生产、区域内的国家和公司越来越以日本市场为导向，以及随之而来的当地社会和生态关系的转型。

日本对亚洲的环境影响在1990年前后吸引了活动家、学者和政策制定者相当多的智力上的投入。然而，在裕仁去世15年后，泡沫经济时代的事件仍然制约着我们对日本的亚洲“影子生态学”的理解。尽管自从泡沫经济以来发生了很大的变化，这一点仍然是正确的。最明显的，在经过十多年的经济停滞后，在世界舞台上日本人更有可能因为消费不足而不是消费过度受到指责。日本的国内经济见证了大范围的重组，区域贸易模式被全球化、由美国领导的亚洲贸易自由化、经济增长和农业工业化大大改变了。也许引人瞩目的是，在有关日本“影子生态学”的文献中根本就没有被提及的中国，在一些资源密集型的行业里，极大地增加了它在日本贸易中的份额。然而，有关自然资源、环境和区域化之间的关系的概念仍然以泡沫经济时代和日元第一次升值为基础。本章的主要目的是更新这方面的文献。本章的主要发现是关于可再生资源，无论如何，日本对海外“影子生态”的需求并没有导致日本和东南亚关系的持续深化。相反，日本的“影子生态”一方面更加具有全球性，另一方面更加以中国为中心。我还主张，可再生资源进口机制的转型可能意味着日本对亚洲的环境影响可能变得更大，并更难以觉察。

因此，资源腹地和“影子生态学”代表的是了解日本—亚洲关系中环境、自然资源和区域化相互影响的两个方向。笔者的第三个观点利用的是政治生态学中更能体现跨学科的研究。这项研究说明，对自然进行正确的社会科学的理解一定不能只研究人类行为对环境的后果。相反，必须把自然当成是塑造人类行为的一股积极的力量。结尾部分用这种观点为我们对亚洲的区域化的理解增加一个新的“参与因素”，认为环境的变化本身对日本“影子生态学”的空间轮廓和组织都有意义。在像养虾和木材贸易这样的行业，环境对区域生产和贸易都有影响，它们在本体论上对于作为政治经济焦点的人类行为和结构都是不可还原的。

笔者将追溯日本的亚洲资源腹地，“影子生态学”和国际政治生态学自1990年以来横跨不同空间——日本和亚洲、本地、全国、地区和全球的变化。鉴于这个任务所包括的范围很广，我将把注意力集中在日本对可再生资源（既包括未加工的还包括加工过的资源）的进口上，即农业、渔业和木材制品。我没有涉足在亚洲日本的和以日本为导向的工业生产中环境方面的问题，或者日本进口像石油、矿产品这样的不可再生资源的情况。我选择这些行业有几个原因，包括是否能获取信息（尽管有限，但是比有关日本制造业的外国直接投资对环境的影响方面的数据更广）；空间和结构变化的迅速性；在这些行业中的某些领域里环境的制约可能接近被超过的地步；这些行业对日本的“影子生态学”政治的核心地位。我希望我所选择的这些重点能对斯蒂芬·邦克（Stephen Bunker）和保罗·西科泰尔（Paul Ciccantell）正在进行的对日本不可再生资源进口的研究做一些补充。

对日本的亚洲资源腹地和“影子生态学”的分析从简要回顾自90年代初期日本可再生资源进口的宏观发展趋势开始，并找出对这些趋势的四点主要解释。第一，日本国内的变化，特别是消费模式和零售方面的变化，改变了日本人对可再生资源产品的需求。第二，研究了贸易与投资自由化和亚洲的农业工业化的相互作用对亚洲国家满足这种需求的能力的影响。第三，论述了中国作为向日本出口可再生资源密集型产品的国家的引人注目的崛起，在这方面，尤其关注新鲜和速冻蔬菜以及木材制品。这些行业都凸显了卷入这些变化的重要参与者——国家、公司、非政府组织、消费者和当地百姓。每个行业的情况也都说明了尽管彼得·卡赞斯坦在引言中所强调的全球化、区域化、美国化和日本化在重塑日本的“影子生态学”中都发挥了作用，但是（就像他所指出的那样）很难把它们区别开。最后一部分探讨的主题是关于虾和木材的政治生态学，以及中国迅速增长的出口导向型有机蔬菜生产。

日本可再生资源密集型进口的宏观模式

因为大部分有关日本的亚洲“影子生态学”的研究都是在 20 世纪 80 年代末和 90 年代初进行的，这些文献把日本描绘成一个经济大国并且是经济快速发展的国家。这第一个特点显然还是正确的，即便爆炸式的中国的大量需求在塑造区域贸易上的作用更大，日本的需求在任何亚洲的资源密集型行业仍发挥主要作用。第二点却不再适用了：在 90 年代日本的经济几乎是停滞的。然而，我们并不能直接地把增长的缓慢解释成对某些产品的消费或进口也有所减缓。实际上，经济上的停滞在某些方面是资源密集型产品进口增加的一个推动力。

日本的可再生资源进口长期以来的特点是混合型空间战略，某些商品主要来自亚洲，而其他的则从全球进口。比如，日本的热带木材主要来自东南亚（以前从菲律宾进口，现在从印度尼西亚、马来西亚和巴布亚新几内亚），而美国和加拿大主要向日本提供温带地区的木材。日本的鱼类进口以及日本的渔业活动是真正意义上的全球性的，而养殖虾主要来自东南亚密切一体化的水产业。当 80 年代开始大量进口肉类时，这些肉主要来自美国和澳大利亚，最初的新鲜和速冻蔬菜主要来自美国和中国台湾。在 90 年代期间，这种进口结构的某些方面仍然保持显著稳定（无论是就数量还是贸易伙伴而言），而其他方面则发生了巨大变化。在十年的经济停滞期，日本的木制品的进口增长了 7%（以美元计算），鱼增长了 33%，肉增长了 60%、蔬菜进口差不多翻了一番。对日本食品进口的区域分析说明日本对亚洲的依赖性有所增强。然而，到 2000 年的时候，在日本总价值 460 亿美元的食品进口中名列第一、第三和第四大来源的却不是亚洲国家，而是美国（123 亿美元）、澳大利亚（32 亿美元）、加拿大（26 亿美元）。中国以 60 亿美元排在第二，泰国第五（23 亿美元），韩国第六（18 亿美元）。图 8—1 说明了中国作为日本的食品供应商异军突起的局面。

下面将研究日本所进口的一些已经被证明会对环境造成严重影响的商品的变化。在看似默默无闻的木制品行业，缓慢的进口增长掩盖了重大的变化。

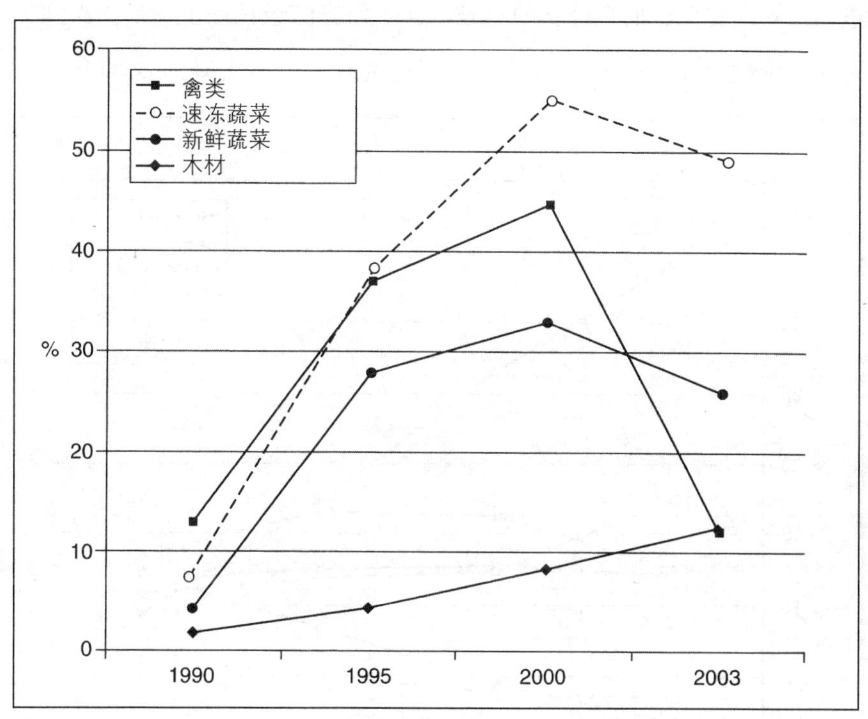

图 8—1　中国在日本选定商品进口中所占份额，1990—2003

注：以美元价值为基础。
资料来源：UN Commodity Trade Statistics。

首先，日本对初级热带木材制品的进口急剧下降。最值得关注的是热带原木进口的变化，在 20 世纪 80 年代，这种商品是日本木材进口中受攻击的核心。日本 1991 年进口的 1000 万立方米的热带原木和 20 世纪 70 年代的高峰期相比已经大幅度下降了，但是到 2002 年这一数字下降了 80％还多，达到 167 万立方米。实际上，日本已经下降为世界上第三大热带原木进口国和地区，排在中国大陆和中国台湾之后。由于先是印度尼西亚（1985 年）禁止原木出口，然后是沙巴，热带胶合板已经取代了一些原木进口，但是这项贸易的增长并没有完全弥补原有进口。相反，温带地区的原木和新产品正在填补这项空白。

其次，日本的木材贸易在地域上发生了重大变化。图 8—2 给出的数据只能反映目前发展中的总体情况，但是强调了美国在日本木材进口中所占份额呈下降趋势（从 1990 年的 35％到 2003 年的 9.4％），以及同样迅速的中国的崛起（从 2％到 12％）。在这一阶段，美国、加拿大、印度尼西亚、马来西亚在日本木材进口中的比重从 76％下降到 45％。最后，日本对二次加工过的木制品（主要是家具）的进口大幅度下降。

日本的进口反映出更广泛的全球化的趋势，这个趋势已经见证了热带二次加工木制品的国际贸易按价值计算，从1991年占初级产品贸易的17%上升到2000年的71%。

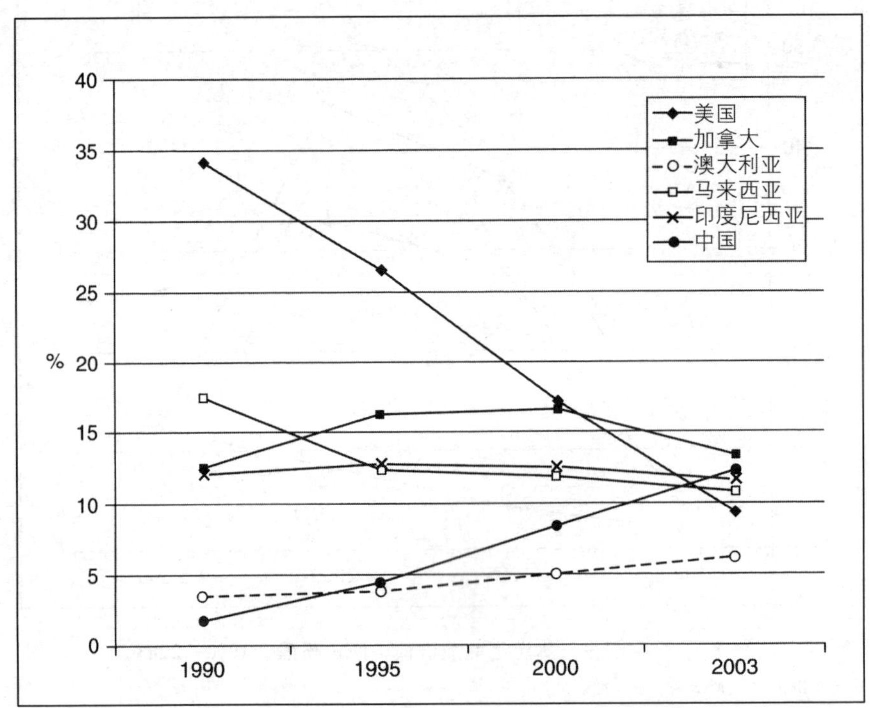

图8—2 日本进口木材和木制商品的份额，1990—2003

注：以美元价值为基础。
资料来源：UN Commodity Trade Statistics。

日本鱼类进口来源的变化有些不易分析，因为出口国的船只可能在它们本国水域以外的地方捕鱼（对于日本的“国内”捕鱼量也同样适用）。但是，养殖虾的进口一般来说的确发生在出口国，而且在一段时间内虾是日本最重要的进口食品之一。进口的热潮出现在20世纪80年代末，在1994年达到顶峰，到1999年跌回到1987年的水平。虾的消费遭遇了娱乐业低潮、公司新年聚会减少（虾通常是聚餐时常见的菜品）和人们重新首选野生虾的打击。日本对养殖虾需求的下降使亚洲的养虾者陷入严重的困境，他们不得到其他地方寻找新的市场。日本养殖虾进口的来源地在20世纪90年代发生了很大的变化，但是仍主要在亚洲。

肉类进口的走势因商品不同而有所变换。无论以价值（上升21%）衡量还是从进口伙伴（美国和澳大利亚继续占进口的95%）上看，在20世纪90年代牛肉的进口几乎没有什么变化。相比之下，猪肉的进口在90年代翻了一番，在2001年达到33.8

亿美元。最引人注目的发展是中国台湾的崛起和衰落。在1990年前后中国台湾所占的份额开始增加，到1996年达到峰值，约为其他出口国数量的两倍（25万吨），然后在1997年3月口蹄疫爆发导致进口被禁后，中国台湾所占的比重跌落回零。2003年，丹麦、美国和加拿大占日本进口的84%。鸡肉进口在90年代期间上升了45%，泰国，然后是中国大陆作为鸡肉供货商的增长非常迅速。在90年代末，这两个国家占日本进口的2/3。那么，从进口来源看，实际上所有日本的牛肉和猪肉来自非亚洲的发达国家，而鸡肉主要来自中国大陆和泰国（以及美国）。

新鲜和速冻蔬菜是日本食品进口里的新成员。出口导向型的蔬菜生产在过去的20年里是许多发展中国家农业调整的核心部分，由此对环境产生了重大影响，日本对这些食品的需求推动了亚洲的这一进程。实际上，由于日本迅速从几乎是自给自足的状态变成大量依靠进口（1984年进口占全国消费的5%，1995年占15%），在蔬菜的进口上重演了早些时候肉类进口的情况。藤岛广二援引了一些数字，把最初用于加工产品的蔬菜也包括进来，他估计日本在1995年进口了相当于342万吨的蔬菜，高于1984年的100万吨。随着最初占主导地位的洋葱让位于大规模的南瓜、西兰花、大蒜、胡萝卜、西红柿、茄子等的进口，蔬菜的进口还变得更多样化了。中国在日本的蔬菜贸易中占主导地位（图8—1）。

这些图表让我们可以更新菲利普·麦克迈克尔（Philip McMichael）所做的截至20世纪90年代初的日本农业贸易研究。麦克迈克尔从最全面的角度，为我们展示了日本战后农业贸易的转变——从以美国为中心、带有极大公共参与性的双边管理的进口机制转向多边的、主要由跨国公司组织的区域化的机制。麦克迈克尔将战后机制的演变分成三个主要阶段：在20世纪50年代，日本食品进口的核心组成部分是来自美国的小麦，它们替代的是受到保护的、价钱更贵的日本大米；从60年代初，自由化促使进口转向作为饲料的谷物（玉米和大豆），日本用这些饲料喂养牲畜以生产肉类。然而，从80年代开始，由于贸易自由化和外国直接投资促使日本从自己生产肉类转变成大规模进口牛肉、鸡肉和猪肉，饲料进口出现停滞。泛泛而言，用麦克迈克尔的话说，80年代目睹了"从标准的、低价值的和战后食品机制有关的大宗商品，向和'非传统出口'的扩散有关的高价值的食品的明显转变"。肉类、养殖虾以及新鲜的水果和蔬菜的进口是这些新产品的标志。在木制品行业也存在类似的动态，家具的进口增加，初级木材的进口减少。

尽管麦克迈克尔的主张和90年代初以来的发展不尽一致，但很大程度上得到了确认。作为饲料的谷物进口实际上没有什么变化，而肉类的进口（特别是猪肉和鸡肉）有所增加。麦克迈克尔所强调的非传统进口仍在继续，加工食品的进口也同样如此。麦克迈克尔认为，在澳大利亚和美国仍然垄断牛肉贸易、中国台湾被挤出猪肉出口行列的情况下，像泰国、中国台湾、墨西哥和巴西这样为日本提供更多的肉类进口的新农业工业化国家和地区，得到了更多各种各样的支持。从更广的意义上说，日本似乎并没有做出什么戏剧化的举动来加强它对麦克迈克尔所关注的东南亚“农业出口区”的依赖。相反，自麦克迈克尔公布这些数据之后的主要发展是中国大陆作为日本第二大食品供应商的突然出现。

日本的变化：消费、零售和获取货源的策略

为了解释这些动态，下面从日本的消费开始，向后推进到进口渠道和东亚的农业工业化，最后落到生产和亚洲的环境转型上。论述主要集中在食品上，偶尔也会对木制品加以评论。食品消费和零售上三个相互关联的变化促成了日本食品进口的调整。头一个变化第一眼看上去好像是矛盾的：泡沫经济后的十年见证了日本消费者对价格和质量的高度关心。在经济停滞时期对经济来源越来越大的压力导致食品零售业激烈的价格竞争或价格破坏（price destruction），以及成本低廉的零售商的迅速扩张。但是，同时，一系列的食品质量恐慌［如雪印牌（Snow Brand）牛奶丑闻和在日本的一头牛身上发现BSE——疯牛病等，都出现在2001年］以及对食品安全、转基因食品（GMOs）和农业化学品更普遍的担忧，都推动零售商对消费者就食品安全的担忧做出反应。“有机的”和“非转基因”的标签在推动这些反应方面扮演了重要角色。有点讽刺的是，对食品安全的焦虑（大部分是由国内的丑闻引起的）促使零售商在推销产品的时候标榜“百分之百国产”来利用人们认为在日本种植的食品比进口的更安全的想法。这种对质量的偏好包括了口味以及安全的问题，并且在保持对野生虾的需求持续上涨方面起了重要作用，即便是在对养殖虾的消费下滑的时候，对野生虾的需求也

继续上涨。在海尔布伦和拉金（Heilbron and Larkin）对日本食品市场渠道发展的研究中，他们认为，这些对价格和质量的更多的忧虑是针对两个阶段的，90 年代初是价格破坏的主要时期，90 年代中期人们目睹了强烈反对价格更低廉的进口食品以及消费者优先选择“实力强大的日本食品公司所专长的国产高质量的农产品”这样一个重大转变的情况。然而，这两个趋势似乎都是对日本食品零售业进行调整的持久的方面，消费者的价格意识鼓励食品进口，而质量意识又妨碍食品进口。

日本的食品进口还受到持续的消费上的美国化的影响。这个趋势根本谈不上新，其根源可以追溯到战后从 50 年代开始的对小麦的消费的增加，60 年代开始的对肉类的消费的增加，以及 70 年代引进美国快餐连锁店。最近的重大创新出现在超市和便利店的普及上，这在部分程度上是自由化了的零售店法的结果。这些变化和某些食品的进口密切联系在一起，特别是速冻蔬菜和半加工或加工好的现成的产品。个人在回家的路上在便利店购买自己的饭食并且自己吃而不是和其他家庭成员一起吃，这样的变化导致了制成食品的流行，并且在日本受到谴责，认为这导致家庭的破裂并且使日本的生活方式变得美国化。当然，这种消费上的变化在多大程度上表示采纳了明确的美国的生活方式而不是反映出持久的本地的多样性是值得讨论的。《麦当劳代表全球化吗?》（*Golden Arches East*）这本书中肯地论述了这一点，书中说明在麦当劳用餐的意义，人们利用餐馆的方式在整个亚洲有很大的不同。在此我只是强调这些变化是由源自美国的技术和食品消费方式所带来的后果，并且和美国的富有这个形象密切相连。

价格竞争和零售的创新也影响了农产品进口到日本的方式。海尔布伦和拉金认为，日元升值（endaka）初期并没有给日本的食品进口带来任何重大的结构上的变化，而是看到一个更直接的数量上的增长。重大的调整是从 90 年代初期开始的，因为折扣店和其他的零售商开始直接从海外的生产商那里寻找货源以减少它们对错综复杂的日本食品分销行业的依赖。在 90 年代初，随着日本消费者对价格越来越敏感，零售商方面似乎有了两种行动：在 90 年代的前半期，零售商尝试更直接的进口渠道，然后就退缩了；当然综合贸易商社（sogo shosha）仍然是日本食品进口的中心。但是，关键在于这些安排对分销系统所产生的价格压力迫使国内的分销商进行合理化改革，因此导致更低的价格以及进口食品的数量增加。

那么，日本方面在调整和刺激食品进口方面起作用的参与者似乎是消费者和公司（尽管并不总是跨国公司）。日本国家层面对这些变化的态度很难确定。在西堪特尔（Ciccantell）和邦克（Bunker）最近对日本不可再生资源进口的调查中，仍然能看到组成企业联盟的进口商和国家，特别是日本经济产业省之间的密切关系。尽管就这个问题还有很多工作要做，但是在日本的农业贸易中，无论如何，在过去的15～20年期间，国家在组织进口方面的作用相对于公司在这方面的作用的确是大大降低了。保罗·盖勒特（Paul Gellert）就有关日本从印度尼西亚进口热带胶合板的情况发表过类似的看法。在1985年印度尼西亚禁止原木出口后，（在苏哈托的亲信鲍勃·哈桑的领导下）胶合板制造商成立了财团法人日本木材综合情报中心（Apkindo）——一个控制价格和生产的联合会。财团法人日本木材综合情报中心和日本的小型贸易公司上松（Kanmatsu）商事之间形成了一个联盟（Nippindo），一个掌握所有出口到日本的印度尼西亚胶合板独家授权的新商行。显然，这种和类似背信弃义的商行之间的联盟使财团法人日本木材综合情报中心能控制大部分日本来自综合贸易商社（sogo shosha）的胶合板贸易。尽管从日本到印度尼西亚存在着利益上的重大再分配，日本政府拒绝干涉这件事。就像盖勒特总结的那样："与邦克和西堪特尔所分析的战略矿产部门不同，如果有的话，日本政府对日本商行的（国内）进入战略的干涉也是微乎其微"。

亚洲的自由化和农业工业化

当然，如果亚洲国家不能做出相应反应的话，日本消费偏好的变化对日本—亚洲贸易几乎没什么影响。亚洲生产商反应能力的关键在于农业工业化的快速传播和深化。这个过程见证了某些发展中国家在区域和全球自由化的背景下、在支持性的政府政策和来自农业综合企业的外国直接投资的刺激下，从出口传统的大宗商品（如糖、咖啡和大米）到出口像虾、新鲜蔬菜、罐头食品和加工食品这样的高附加值产品的转变。泰国，擅长出口导向型的养殖虾、烤鸡、罐装金枪鱼和其他非传统出口产品的生产，已经成为新农业工业化国家的典范。日本公司增加高附加值食品进口的能力和亚洲的农业工业化有非常大的关系。

通过关贸总协定及世界贸易组织的谈判，亚洲国家已经被更牢固地吸纳到以美国为中心、以规则为基础的国际贸易体系里。“新立宪主义”（new constitutionalism）在亚洲传播的含义对农业尤为重要。在进口方面，日本的农业贸易自 20 世纪 80 年代中期以来出现了一些自由化的倡议。对具有重要政治意义的稻米行业的继续保护使人们很容易就忘记已经发生在肉类和蔬菜行业的自由化。健康和质量标准的统一也是日本进口的一个重要推动因素。比如，现在食品必须贴上“在……之前食用最佳”的日期而不是生产日期，这个举动意味着把需要一些时间才能到达的日本的进口食品和国产食品置于同一起跑线上竞争。在亚洲，特别是在中国，由于生产和贸易更密切地结合到一起，反映出比较优势，农业方面更自由的贸易极大地影响了销售到日本的产品组合。

（亚洲和非亚洲的）公司利用贸易和投资的自由化来大幅度增加它们在农业的外国直接投资，在整个亚洲建立生产基地以抓住国内和出口市场。然而，外国直接投资到底是如何发挥作用的就不那么容易明白了。比尔·普里查德认为：

> 尽管人们广泛接受了农产品跨国公司（transnational corporations，TNCs）（特别是来自西方的）是东亚农产品体系亟待规范的结构中重要的参与者，但对于从理论或实践上解释它们普遍的社会—空间实践和战略，几乎还没有什么明确的考虑。

为了对已知的内容进行一个概括，下面从来自日本的外国直接投资开始论述，在日元升值的影响下，它从 80 年代末开始广泛使用。初期值得注意的一点是在美国和澳大利亚的牛饲养场大规模投资的数量。然而，在 90 年代，亚洲是外国直接投资主要的投资目标。在注入亚洲的外国直接投资内，一个进一步的变化引人瞩目：一直到 90 年代，外国直接投资的主要接受国和地区是韩国、中国台湾、泰国和新加坡，但是在 90 年代，中国大陆异军突起。注入亚洲的外国直接投资主要目的是获取廉价的劳动力和材料成本。外国直接投资对于技术标准、技术（包括冷藏技术）的转让和亚洲生产基地的作物种类都是一个关键性的机制。外国直接投资还有助于把日本消费者的偏好传播到亚洲，因为亚洲公司常常在生产出完全符合日本要求并能销往日本的食品种类方面是有困难的。这种日本化的最后一种形式并不一定对亚洲农业具有更广泛的含义。

各种公司都进行了这种外国直接投资。其中综合贸易商社（sogo shosha）占了很大比例，建立起以出口到日本为目的的海外生产基地；而专门的食品贸易商也通过同样的方式在做。最近美国农业部的经济研究服务报告指出，有关蔬菜贸易，"中国大大吸引了外国投资特别是来自日本贸易公司的投资，它们提供种子、胚芽和生产包装技术，并把收获的农产品进口给日本的零售商"。但是，大多数日本在中国的外国直接投资都是由中小型加工公司进行的，有时候是自己，有时候和综合贸易商社合作。有意思的是，在中国，日本外国直接投资的以再出口到日本为导向的行业（主要是速冻食品、鱼类产品和蔬菜加工）所涉及的项目都比以国内市场为目标的投资规模更小。中小型公司的外国直接投资也是日本在印度尼西亚虾加工的特点。

更不明确的是非日本的外国直接投资在日本的农业贸易中所起的作用。海尔布伦和拉金的报告是澳大利亚政府为了了解为什么澳大利亚在向日本的食品市场渗透方面几乎没有成功过而做的努力的一部分，特别是高附加值产品。我们可以在他们的陈述中体会到一丝酸葡萄的味道：

> 食品生产和食品加工的进口渗透的爆发和大量的海外投资同时发生在 20 世纪 90 年代初……并不是巧合：这是日本的钱，为日本的市场获取"日本的"产品——这是外国的生产商凭他们自己的力量难以做到的。

另一方面，黄（Huang）认为中国台湾的外国直接投资对中国大陆与日本的蔬菜出口贸易的发展是至关重要的。她写道，"中国台湾地区速冻食品制造商大批进入中国大陆，就像台湾地区许多其他制造业一样，这是台湾地区在日本的速冻蔬菜进口份额中大幅度下降的主要原因，而这却推动了 90 年代中国大陆在日本市场的发展"。中国大陆、中国台湾和日本资本的投资，在关贸总协定/世界贸易组织所驱动的自由化的背景下，使中国大陆在广泛的领域里一跃超过了其他新农业工业化国家。

通过日本和非日本的外国直接投资进行技术转让，国内的创新和政府的政策加在一起促进了亚洲出口到日本的食品的加工水平和复杂程度越来越高。这些进程通过由出口导向型的蔬菜生产和食品加工所造成的环境破坏反过来有助于日本"影子生态学"范围的扩大。在我们确切地知晓根据日本消费模式的变化，亚洲的生产具体发生了哪些变化之前，还要进行许多研究。然而，我们可能会注意到，在蔬菜生产和食品加工的例子中，在中国生产二次加工的木制品的例子中，卡赞斯坦在导论部分所强调的日本、中国、美国和其他亚洲生产网络在这个地区的重叠非常明显。而且，在日本，看上去像美国化的东西从亚洲的角度看可能会大不相同。在日本，在便利店和超市购买速冻食品这种情况的增多可能看上去像是消费模式的美国化。但是，由日本公司利用日本的技术在泰国生产、在日本的便利店销售的满足日本人口味的速冻炸章鱼丸（takoyaki）并没有什么特别“美国味道”。因此，我们在这里可以发现这种形式的美国化的最终结果是食品的区域化生产，这种食品是强壮的美国人不会想吃的。

中国的崛起

日本的东南亚“农业出口区”面临着来自中国的严重威胁。实际上，在 20 世纪 90 年代，日本的可再生资源密集型出口中的大部分原本是打算在东南亚做的，但却发生在中国。在有关出口导向型蔬菜生产的论述中所归纳出来的轨迹在一个又一个的行业中重复上演，从家禽到家具。比如，尽管泰国夸耀它是新农业工业化国家的主要力量，泰国政府和跨国公司为蔬菜生产提供了很大的支持，泰国认为，日本是东南亚资源上的穷乡僻壤，但日本从泰国的蔬菜进口在 90 年代期间实际上下降了，这一点是非常引人注目的。在同一时期，日本总的蔬菜进口量翻了一番，从中国的进口上升了差不多 350%。

因此，尽管在麦克迈克尔所描绘的亚洲区域化的农业图中中国的角色主要是一个食品进口国（和鸡肉出口国），但这个国家还以一个出口导向型的新农业工业化国家的形象示人，现在中国排在美国后面，是对日本的第二大食品出口国。中国对日本可再生资源密集型出口的迅速扩张显然源于多重因素，包括自 1978 年以来的农村改革、贸易自由化、外国直接投资和政府的支持。中国在亚洲木制品贸易中的新角色提供了一个很好的例子，说明这些和其他因素是如何促成对长期的区域贸易和生产模式进行迅速重组的。日本在亚洲热带木材贸易上的主导地位，作为 20 世纪 50 年代以来这类贸易的基本特点，已走到了终点，因为中国成为世界上最大的热带原木和锯材的进口国。促成原木进口背后的动力是快速的经济增长、政府以提高胶合板生产为目标的政策（在 2002 年之前的五年里翻了两番）、降低对进口的依赖以及发展胶合板出口贸易。为了刺激生产，中国一直既进口热带也进口温带原木（西伯利亚是后者的重要来源）。中国崛起（和日本衰落）的速度可以通过一个事实来判断，中国作为一个各种来源的原木进口国首次超过日本是在 2001 年，而它在 2003 年的进口就达到了日本的两倍。

中国不仅正在取代日本作为亚洲主要原木进口国的地位，还在用那些原木把初级和经过二次加工的木制品出口到日本。这种再出口解释了前面指出的一个突出特点，就是中国现在出口到日本的木制品（以价值计算）已超过美国。比如，中国现在出口到日本的热带胶合板虽然量不是很大却一直在持续增长。2000 年，中国超过泰国成为日本最大的家具供应商，2003 年中国超过意大利成为世界上最大的二次加工的木制品出口国。中国出口导向型的家具业的发展依靠的是中国大陆公司和美国、中国台湾、新加坡以及亚洲其他国家和地区的公司之间的合资企业。低工资和支持性的政府政策所吸引的外国直接投资已经把广东转变成“亚太地区最大的家具生产和出口基地”。因此，从没有经过加工的原木的进口占主导地位起，日本的木制品贸易就经历了漫长的过程。由此产生的一个结果是日本消费者所购买的产品中木头的真正来源变得难以分辨；同样，对于采伐林木的那些人来说，被他们伐倒的树最后的结局会是怎样也不那么明了。

不要高估这些发展对中国的环境总体状态的重要性，这一点很重要。比如，想对中国出口导向型的蔬菜生产对环境的影响有个大致了解，实际上都是不可能的，因为缺乏这方面的信息。想把为日本种植的蔬菜的影响和为国内市场种植的蔬菜的影响分开是不可能的，无论如何后者比出口贸易要大得多。尽管不能预知农业工业化产生的环境影响，但来自巴西农业的证据已经显示出一个非常棘手的模式，在过去的十年里杀虫剂的使用增加了一倍，这些增加集中在依赖出口导向型的经济作物区；而且使用杀虫剂的大农场的数量更多。该项研究的研究人员指出，使用化学制剂的一个很重要的目的是想为对食品的外观高度敏感的消费者生产出没有瑕疵的农产品，而且日本市场在这方面声名狼藉。来自中国蔬菜种植的证据也显示出严重的环境问题。农工业和食品加工行业往往属于发展中国家污染最严重的行业；另一方面，使用更多最新技术并努力达到日本进口标准的日本公司的外国直接投资可能削弱了这个行业对环境的影响。然而，很明显，由日本人的消费而导致在日本以外的地方破坏环境的事例越来越多，这种情况正在中国发生。

区域政治生态学

日本和亚洲的各种力量综合在一起重塑了日本在整个90年代可再生资源密集型进口的组织和空间分布。但是，起作用的力量并不仅限于消费决定和政治经济的范畴。日本“影子生态学”的动态，以及区域化和参与亚洲事务的动态也深受为日本市场生产所带来的当地环境变化的影响，受到当地人、公司、非政府组织和政府应对这种变化的方式的影响。认识这些力量需要发展“国际政治生态学”，这个学科分析的是不同行业典型的环境问题如何通过它们对生产的可持续性的影响塑造区域化的方式。这个项目的一个关键部分是坚持自然在区域化中发挥积极作用，这是不会因人类的行为而减少的。

不幸的是，目前所能得到的不同行业和不同国家在这方面的数据上的差异很难对这个问题形成一个总体认识。比如，在中国台湾由猪肉生产所引起的废物和水问题已经严重到需要政府来做出努力限制出口导向型的生产并重新调整这个行业的方向，让其自给自足就可以了，尽管农业资本有能力解决这个问题。在对这个行业的一项综合性调查中，王（Wang）预计环境问题及其法规（特别是那些和用水有关的），有可能影响中国台湾生产的竞争力。到口蹄疫爆发的时候，中国台湾向日本的出口被完全封闭了。然而，能说的也就这么多了。

（不管怎么说，对于东南亚）我所能得到更多信息的两个重要行业是养虾业和森林工业。尽管自20世纪60年代以来，日本一直是主要的虾进口国，这个国家开始进口大量的养殖虾还只是在20年前。在最初的生意兴旺时期，东南亚在日本养殖虾的进口上占有优势，今天也依然保持着这种优势。但是，在东南亚范围内，养殖虾的生产地在国与国之间和一个国家内部都发生了迅速的变化，这些变化往往按照被斯克拉丹尼（Skladany）和哈里斯（Harris）称为水产养殖的“刀耕火种”（slash-and-burn aquaculture）的模式进行。中国台湾经历了第一轮并且是最引人注目的繁荣和萧条。中国台湾经济萧条后，印度尼西亚、泰国和菲律宾这些主要向日本提供出口的国家在20世纪90年代期间采取了各种不同的方式。印度尼西亚对日本的出口保持相对稳定（尽管生产从爪哇转移到苏门答腊、苏拉威西、加里曼丹和其他外围岛屿）；而泰国则从面向美国市场和加工出口转向日本；在菲律宾生产已经崩溃，特别是在内格罗斯的繁华区；印度和越南是日本日渐重要的进口来源，而且中国大陆在经过20年的中断后也回到了养殖虾出口的行列里。

从令整个世界的密集型养虾业感到困扰的环境问题（大部分和水的管理有关）中，我们能找到大部分对于这种出口地点上发生迅速转移的解释。养虾需要混合大量的淡水和海水以便提供一个适宜生长的环境，这就意味着养殖场对当地的淡水供给会施加严重的压力并且在对淡水进行盐化。从生产的角度，更严重的问题是管理废物上的困难，这些废物已经导致疾病迅速从一个养殖场向另外一个养殖场传播，使收获全部变成泡影。管理这些问题的方法以及所取得的成功因国家和地区而有所不同。但是，非常明显的是，无论从生产地的角度，还是从早期阻止日本人直接参与生产的角度，养虾业的环境问题已经勾勒出这个行业的区域轮廓。

日本对热带木材的进口长期以来都非常区域化，实际上日本的进口对于第二次世界大战后日本资本在东南亚的回归起了主要作用。日本的公司与政府之间的政治联盟和东南亚的老板—客户网络是区域形成的重要部分，并得到了日本政府开发援助的支持。因此热带木材的进口，和虾一起，是代表东南亚作为资源上的穷乡僻壤最明确的例子之一，而且尽管巴布亚新几内亚和几个非洲国家现在发挥着重要作用，印度尼西亚和马来西亚仍然占日本所进口的初级热带木材制品的大部分。几十年来为了日本市场而大规模采伐原木对环境造成的破坏在此就不赘述了。对我们来说更重要的是资源的耗尽促使日本人不断变换他们供货渠道的方式。几十年来这种变化主要在东南亚内部进行，因为在菲律宾、印度尼西亚和马来西亚的沙捞越与沙巴，最有经济吸引力的树群都被伐光了。但是，日本公司开始向其他地区寻求原材料并代之以不同种类的树木，无论是从温带森林还是工业化的树木种植园。为了降低成本，日本的胶合板工业正在用软木取代硬木（从俄罗斯进口的落叶松现在是首选树种）并开发新的产品类型，并在生产国建立合资企业。

日本重点的木材消费业长期以来都很清楚这些资源消耗的问题，它们也因此制定了对策。比如，日本的造纸业在 20 世纪 80 年代意识到对采伐业越来越多的规定（特别是在美国和加拿大）以及在东南亚传统贸易伙伴的树群消耗都要求它们采取新的进货策略。它们所采取的首要策略是对海外工业化树木种植园进行外国直接投资，在那里生长迅速的物种可以被伐倒做木屑。正如森本泰司（Morimoto Taiji）所主张的那样：

> 为了让我们国家的造纸业继续生产纸张……对我们来说减少我们对来自自然林的木制品的依赖并努力转到能在长期更自由地使用的资源上（具体是指我们自己能够种植并管理的林木，或者所谓的人工资源），这对我们至关重要。

在 20 世纪 70 年代初，一个叫做“南部森林协会”的公众—私人组织把东南亚视为工业化树木种植园最有前景的地区，并开始在这个地区进行试验性种植。东南亚还是日本的造纸业开始全心全意转向海外种植园林业时最初兴趣的焦点。从 1989 年开始，由于造纸业宣布了一个到 2010 年要从外国种植场得到其三分之一的木屑消费量的承诺，日本的公司开始在海外建立种植场。到 2000 年，日本公司在海外已经建立起 257 600 公顷的树木种植园。但是，这些工程中只有一个在东南亚（越南）；新工程集中在澳大利亚（13）、智利（3）和新西兰（2）。早期对在东南亚发展种植园的努力很快就因为能否得到土地和资源的冲突以及环境退化而放弃了，这些冲突在促使日本将树木种植园从典型的东南亚“穷乡僻壤”转移到澳大利亚中起到了关键性作用。从以东南亚为重点到解决树木种植园场地的自我意识的全球方式，1998 年当南部森林协会重组，变成日本海外种植园中心时这种转变显得尤为鲜明。这些问题由此对日本的“影子生态学”的区域化程度产生了直接的影响；同时还意味着日本对围绕木材采伐至关重要的老板－顾客网络的参与度在一个又一个东南亚国家大幅度下降。

对另外一个重要案例，我们暂时还必须保持一定的猜测成分，这就是对供应日本市场的中国出口导向型蔬菜生产的影响的分析。我已经勾画出日本对进口蔬菜迅速增加的需求可能导致的结果——加剧在中国的环境破坏。但是，另外一个可能发生的情况是，由于日本担心日本工业化的农业对环境会造成潜在影响，这将促使日本从中国，或者更广泛地，从亚洲进口有机蔬菜。来自发展中国家的有机食品出口在近些年来增长迅速，估计在全球范围的需求总额为 5 亿美元。出口导向型的有机农业在中国以极快的速度扩张，到 1997 年底被绿色食品发展中心（两个国家级认证机构之一）认证的面积超过 200 万公顷。鉴于在日本消费者对有机食品有浓厚的兴趣，中国生产的崛起以及两国之间已经建立起来的新鲜和速冻蔬菜贸易，似乎有理由使日本的消费者希望促进一个对环境的破坏不那么严重的农业区域化。实际上，一些日本公司已经在参与合同农业并从中国进口有机食品。

但是，保罗・蒂尔斯（Paul Thiers）对中国有机认证和营销动态的所做的非常吸引人的分析说明还存在必须克服的重大问题。有机农业在中国不是一项基础项目，而是受政府部门对有机食品作为利润来源的兴趣所驱动的发展型项目。两个国家级认证机构的主要兴趣在于有机农产品的交易，因此它们远非独立的第三方调节者。部分出于这个原因，它们对食品作为有机食品的认证在大多数国际市场都不被承认。那么，尤为特别的是，尽管中国的“有机”农业的发展是得到国家支持的、以抓住国际市场为目标的工程，支持它的那些组织在本质上又限制着中国“有机”食品在海外的销售。

区域化、环境、全球化

对日本—亚洲关系中环境方面的分析，和有关亚洲的环境和国际政治经济文献中的主要方法有很大的不同。我基本上跳过了国家为解决环境问题所做的明显的努力（比如，通过环境开发援助以及建立国际组织），而是赞同对促进日本“影子生态学”形成的不那么协调、不那么以政府为中心的，以及（用詹姆斯・斯科特的话说）更“水螅虫似的”活动的研究。尽管（特别是日本的）政府在促进建设这些后续进程中起到了核心作用，它们这样做大体上是无意的，也就是说，制定相关政策时并没有考虑日本和亚洲关系所带来的环境方面的后果，而是出于其他目的。无论是就日本政府而言，还是美国政府而言，高层政府很少考虑在亚洲以日本为导向的生产对环境的意义。尽管日本国立环境研究所（Japan Environment Agency）在各种出版物中强调了亚洲为日本市场所进行的生产可能会带来的环境上的后果，实际掌握日本对亚洲环境开发援助的政府机关却不大可能强调这一观点。政府开发援助往往不是用于这里所强调的问题，而是强调技术转让和日本作为亚洲环境楷模的作用。但是，在日本有关食品安全的持续争论（这个国家所生产的卡路里不足其公民消费的 50%）使人们很难相信政府对这种进口结构会漠不关心。

这里所提供的证据大大支持了菲利普·麦克迈克尔的观点：区域农业贸易正越来越受到公司及其供应链而不是政府的影响。木材业的例子尤其说明了当地人民和非政府组织在塑造区域化方面发挥了主要作用。那么，这个故事里的参与者包括公司、当地人民和政府，它们的重要性是相同的。还有，必须把环境自身也当做一个“参与者”来考虑。鉴于目前正在论述的问题的范围，环境扮演了重要角色，对这一点没什么可奇怪的。尽管讨价还价和高压政治都发挥了重要作用，这个故事中最重要的机制可能是：（用卡赞斯坦在引言中的术语）转型的（微观—宏观）机制。无论是从影响对亚洲生产需求的日本消费者偏好的总和来看，还是从由此而带来的整个东南亚沿海地区小规模的环境变化来影响养虾业的构成来看，对区域化的理解都不能脱离它在当地的表现。最后，具有多面性的美国化进程中至少有两个方面非常引人注目。从更积极的方面看，在美国领导的 WTO 体制下，贸易自由化对于重新调整农业生产和环境义务在亚洲的分布方式是有帮助的。从一个不是立刻就非常明朗的层面看，不能被解释成是口味和饮食习惯的美国化（或者，至少，全球化）的日本消费者偏好的变化也有助于推进这个过程，尽管在亚洲由此带来的后果似乎往往远非美国化。

所有这些进程都促使在 20 世纪 90 年代期间日本可再生资源密集型产品的“影子生态学”的复杂性大大增加。在过去有关对日本的热带原木、牛肉或虾进口的研究中，一般来说都可以从生产对环境的破坏到日本的进口之间画一条相对比较直的线——一个短的随机链条。但是，这里论述的许多趋势，把这项工作明显复杂化了（从开始就不简单）。木材在制成家具再次出口到日本之前从世界各地进口到中国的情况，或者有些在泰国为出口到日本而加工的虾原产于其他国家所表明的迹象，就是这样的例子。也许这些趋势中最引人注目的方面是日本的农业和资源进口的方式，在前面论述过的参与者和机制的推动下，在体现来自不同国家的各个生产地点、被集中到一起供出口前组装用的元件方面，这些农产品正变得与电子产品以及其他全球性产品越来越相似。

总的来说，停滞的经济增长并没有使任何可再生资源密集型产品进口到日本出现直接停滞的局面。在某些例子中，比如鱼、蔬菜和猪肉，进口还大幅度增加。在另一些例子中，比如木材，某些类别产品的下降被其他形式的木材进口的提高所抵消了。在所有这些行业，从日本到亚洲的加工变化意味着那个行业的环境影响也被转移到了亚洲。在所有这些例子中都不能简单地认为高进口一定意味着在海外会带来更多的环境破坏：技术和实践的改进可以对质量作出补偿。意识到日本的“影子生态学”意味着用周密、仔细的工作来描绘进口的来源和它们对环境所产生的后果，而且正是这项工作，由于区域生产和贸易的复杂性的增加而变得更加困难。

这种新的复杂性可能也在影响区域性非政府组织的构成。对日本“影子生态学”的担忧几十年来已经使整个地区的激进分子联合起来，从 1973 年在曼谷和东京同时示威反对旭化成（Asahi Kasei）的水银倾倒在泰国开始，通过围绕热带木材和高尔夫旅游的区域网络化运动在 80 年代和 90 年代继续发挥影响。但是，由于日本生产的环境义务变得更为广泛，非政府组织的组织者们将有可能不容易找到像过去那样容易宣传的目标。区域性的非政府组织在中国组织运动时也有可能甚至比在专制的东南亚组织运动时遇到更多的困难。因此，全球化、美国化、亚洲的农业工业化和这里论述的各种其他力量有可能导致一个结果，那就是日本的“影子生态学”在亚洲的分量会更重，同时还变得不那么有争议。

第9章

狭路交锋：软权力和日本流行文化在东亚的政治学

戴维·莱昂尼

2003年五部最吸引眼球的美国电影——索菲娅·科波拉（Sofia Coppola）的奥斯卡获奖影片《迷失东京》（*Lost in Translation*）、两部受动画影响的《黑客帝国》（*Matrix*）系列、昆廷·塔兰蒂诺（Quentin Tarantino）崇拜物神的《杀死比尔》（*Kill Bill*）和汤姆·克鲁斯的拿手作品《最后的武士》（*The Last Samurai*）——完全展示出日本文化在好莱坞的影响力。即使这样，没有比北野武（*Kitano Takeshi*）的电影《座头市》（*Zatoichi*）更能代表日本可以炫耀的跨国流行文化了[①]。以一个深受喜爱的电影系列（尽管在日本以外的地方看过的人不多）为基础，北野的这部电影讲述的是一位盲男按摩师、剑客横扫一个阴暗的犯罪集团所垄断的城镇的故事。北野显然想照顾日本和海外的广大观众，在电影里加入了不和谐的文化因素。影片中有明显和其他有关座头市的电影类似的地方，比如有一个情节提到无法摆脱的记忆和复仇的欲望。但是里面也有通过数码技术而增色的斗剑的镜头，座头市无法说明的金色头发，最后还有由一个日本剧团——the Stripes 领衔表演的著名的踢踏舞镜头，并配以嘻哈风格的音乐。由于特别（有时候是极其）具有娱乐性，《座头市》在威尼斯和多伦多电影节上赢得了大奖并且在美国的演艺影剧院引起骚动。

日本文化和娱乐业在全球越来越受到欢迎是一个不可否认但又不够明确的事实。日本政治圈对这个事实的解读归功于评论家对日本在亚洲的作用这个一直以来的想法的依赖以及他们为把握国内混乱而又令人不安的现实所付出的努力，还要归功于他们发挥了作用的政策目标。我将对有关日本即将形成文化霸权的报道以及使政策制定者将流行文化和政治权力联系到一起的知性话语提出疑问。在英语、日语两种语言中都用得最多的、说明这个现象的词是“软权力”。这个词在不同国家背景下使用上的相似性说明，软权力已经成为评论家在情感和智力上应对国力下降的方式，他们认为他们在自己国家里所看到的优势在海外受到认可，还说明这些优势凭借自身的实力成为权力资源。日本人对流行文化和软权力的兴趣在部分程度上反映出电影《千与千寻》（*Spirited Away*）、游戏 PlayStation2 和流行歌星滨崎步（Hamasaki Ayumi）在国际上受到欢迎的情况，但是也凸显了对一个受快速的社会转型和经济低迷困扰的国家在正在变化中的亚洲保持一个强大的作用的担心。

---

① “座头”指盲人，以吹拉弹唱、按摩等为生，“市”是男主角的名字。以前日本的平民没有姓氏，这种“职业”+“名字”的形式比较常见。——译者注

我从五个优势探索对有关日本流行文化在地区的重要性的政策上的争论演变的过程。第一，论述日本流行文化里一些有优势的领域，比如动漫和电子游戏，以及亚太地区各种其他娱乐业来源，包括美国和中国。第二，研究早些时候，美国学者和政策专家利用美国娱乐行业的文化优势削弱对美国国力下降导致的广泛恐惧而将美国软权力概念化的现象。第三，探索日本最近把这个国家流行文化的作用理论化所做的努力，对软权力这个概念进行重新改装来解释日本快速的社会变革和它与处在现代化进程中的亚洲公认的长期关系。第四，具体指出流行文化和软权力之间的联系影响当代日本政策选择的方式。第五，重新研究在亚洲人们对日本流行文化所赋予的意义，主张亚洲的观众在日本文化产物中所看到的日本和他们所看到的自己的未来不尽相同。部分程度上，这是日本的政策制定者头脑中对软权力的想法，但是可能不像看上去的那么有用。

日本流行文化在亚洲

日本的流行文化在国际上有多大的影响力？因为相关产业的多样性（音乐、杂志、电影、广播电视、电子游戏、手机内容，只说几个吧），还没有人整理出一个全面的统计结果，更不用说提供一个非常有说服力的方式从源自其他亚洲国家、美国甚至欧洲的许多跨国流动中理清日本的文化产品。因此，即使日本政府能够准确推测出文化产品所带来的巨大市场并付诸努力，也将遇到很大阻力。由此带来的结果是，能得到的信息主要都是说明性和逸闻趣事性的，通常要么就是为了显示“一流的”日本主导亚洲，要么就是根据“凋谢的”日本已经被这个区域里其他的文化权力来源所超越而改编的。

比如，流行音乐是日本艺术家在20世纪90年代期间明显发展壮大的一个领域。尽管在美国和欧洲受欢迎的日本表演通常都存在于传统或现存体制以外的乐队，像“少年小刀”(Shonen Knife)，他们在日本有一些忠实的追随者，但人数并不多，但是日本流行（J-Pop）歌手很快在亚洲拥有了一批追随者。1996年，“美梦成真”（Dreams Come True）三人组合的专辑《爱无限》(*Love Unlimited*）在中国台湾销售了10万张，在那里就像在韩国一样，日本的流行音乐几十年来都面临法律上的限制。1998年，新加坡向一个致力于J-Pop音乐的新调频电台发放了许可证（尽管主要以这个城市国家中移居国外的日本人为对象），到2000年，女生组合“帕妃”（Puffy）（出于对饶舌音乐制作人吹牛老爹肖恩·康伯斯［Sean“Puffy”Combs］的版权方面的考虑，这个组合在美国市场的名字是“帕妃亚美由美”［Puffy Ami-Yumi］）在亚洲已经销售了20万张专辑。日本音乐产业已经在中国台湾相当成功，在中国香港也差不多是这样，2000年当韩国政府取消了对在那里销售日本流行音乐的限制，条件是歌词是非日语的，日本的音乐业显然非常高兴，这预示着2003年进一步的自由化举措。然而至少一些音乐界的专家认为（更天衣无缝地将嘻哈音乐的影响混合起来并依靠真正能讲多种语言的乐队成员的）韩国流行音乐的影响在亚洲可能已经超过了J-Pop。

日本的电子游戏在亚太地区取得了各方面不同的成功。尽管最初从投币游戏机里的游戏，如超级马利兄弟（Super Mario Brothers）获得成功的任天堂已经成为世界电子游戏里的领军者，但是它在至关重要的家用电子控制市场面临激烈的竞争。索尼的PlayStation和PlayStation 2的表现比与它竞争的控制线（像Gamecube和微软的X-box，它们是美国在这个市场的主要产品）要好得多，但是由于可能存在盗版软件，它们在亚洲的发展受到限制。电子游戏的钱一般并不是来自控制台（常常是赔钱卖），而是来自具体的软件线或者游戏的特许权，因此许可证方面所面临的威胁和侵犯版权对于一个以极其微薄的利润率快速发展的产业来说，是特别令人恐惧的。而且电子游戏软件远非日本的专利，美国公司如艺电（Electronic Arts）和动视（Activision），甚至欧洲公司如像法国的悠景（Ubivision）都扮演着重要的角色。甚至只要有硬件的地方，盗版软件的威胁就大到足以限制软件的销售，所以在泰国、马来西亚、新加坡、中国香港和中国台湾的销售都十分有限。而且，主要控制类游戏大约是50美元的价格，限制了日本主要控制系统在大多数亚洲国家的吸引力，这就为日本和其他地区的软件开发商互相争夺价格更为便宜的在线游戏提供了特权。

有时，日本的真人秀电视节目在亚洲特别受欢迎。日本的电视剧在东南亚曾有很多观众，特别是在新加坡和泰国，它们给中国大陆、台湾和香港的观众留下了尤为深刻的印象。特别是在20世纪90年代中期，日本的短播电视剧（通常是10～12集，不像美国的节目一般都是等到不受欢迎了才停播）以它们的高制作品质、年轻演员具有亲和力的美貌以及公认的叙事上的现实主义打动了亚洲观众。

但是，在整个世界，特别是在亚洲，日本流行文化团队里毫无疑问的领军人物是动漫。尽管美国的动画电影持续垄断美国的电影票房，美国和环太平洋国家和地区的电视收益呈现出一幅截然不同的画面。日本的动漫创造者凭借《宠物小精灵》（*Pokemon*）、《美少女战士》（*Sailor Moon*）、《龙珠 Z》（*Dragon Ball Z*）和《数字宝贝》（*Digimon*）在全球获得了特别的成功，部分原因在于他们具有使节目适合本地市场的能力。据估计，日本占世界动画电视节目来源的 60%。而且，和动漫有关的特许商品，如动画人物和常作为孩子们购买的一套收集品中的一张收集卡的年销售额估计在 170 亿美元。尽管动漫在整个亚洲都特别受欢迎，但是特许商品的销售似乎在美国和日本特别看好。对于万代（Bandai），主要的特许商品制造商之一，“我们在亚洲的业务活动以中国香港、泰国和其他地区的玩具生产为中心……［这些产品］是为日本的母公司和海外负责销售的子公司而生产的”。当然，在上海或香港街头人们很容易买到模仿日本动漫人物的娃娃和人形玩偶，但是这些没有经过授权的商品最终导致万代和其他的日本公司赚不到钱。

电影中演员阵容和工作人员的不断变化是亚太地区新近一体化的娱乐市场的最佳写照。中国电影在这个地区的龙头位置，特别是像成龙和刘德华这样的明星长期的成功，有可能使这个行业仍旧以中国香港为中心，但是从日本和韩国的电影也清楚地看到由以跨国阵容为特点的联合拍摄所带来的可能性。导演王家卫在他的电影《重庆森林》（*Chungking Express*）和《堕落天使》（*Fallen Angels*）中使用日本和中国台湾混血的金城武当然证明了他们在东京是有市场的，特别是像《重庆森林》中有这样的场景——这个能讲多种语言的诱惑者试图用两种中国方言、日语和英语引诱一个女性。王家卫在 2004 年拍摄的科幻电影《2046》里的主要演员有日本超级明星木村拓哉，一起参演的还有泛亚洲的超级明星如梁朝伟和章子怡。木村来自 SMAP 的乐队队友——草彅刚（Kusanagi Tsuyoshi）为了打入韩国电视和电影市场而学习韩语，现在出演了韩语日本电影《维纳斯旅馆》（*Hotel Venus*），这部电影是以他人气很高的电视节目草彅刚（Chonan Kan）① 为基础（Kunikawa 2004）。韩国的动作电影《2009 迷

---

① Chonan Kan 是草彅刚的韩语发音。——译者注

失的记忆》（2009*Lost Memories*）设想了另外一个世界，在这个世界里日本完全掌握了亚洲，但是即使在这样一个极端民族主义的电影里我们也看到了日本明星仲村亨（Nakamura Toru）出演电影中的一个主角，这对东京的电影院来说是个至关重要的营销要素。在此，直接的票房方面的考虑促使导演寻找在不同国家都能接受的主题，促使明星学习新语言以使他们保住顶尖的位置。

在日本国内，被人们普遍认可的能代表日本流行文化在海外获得成功的巅峰是获得2003年美国奥斯卡最佳动画片奖的宫崎骏所拍摄的《千与千寻》，该片本身也是日本票房历史上最成功的电影。在日本这部电影赚了1亿5 000万美元，击败了此前由《泰坦尼克号》所保持的纪录（BBC Online 2002）。《千与千寻》在亚洲的放映也相当成功，特别是在韩国卖出了100多万张票，最终在全球的票务销售中赚取了2.6亿美元。然而，在日本报道更多的是以电影艺术金像奖为标志的评论界对这部电影异乎寻常的喝彩。即便这样，在美国，其1 000万美元的利润很容易就被它的奥斯卡竞争对手甩在后面：《冰河世纪》（Ice age）（6500万美元）、《星际宝贝》（*Lilo & Stitch*）（1亿4 500万美元）。当然，票房收入和电视收视率并不一定说明它们在流行文化中的影响。毕竟，许多受欢迎的日本电视剧和其他的商品作为黑市盗版光碟也很受欢迎，这说明衡量标准本身可能相当不准确。而且，流行文化市场在衡量某一创造性的努力的效果方面特别无效，更不用说这方面的质量了。

这里我的观点只是在亚洲的流行文化中日本的地位特别重要，尽管并不是说日本在亚洲的流行文化中占据霸权，至少相互冲突的数据让一个人（我）做出这样的决定。但是只要更多地了解动漫、电子游戏和J-Pop成功的故事，这个人就可以得到原谅。重要的是，它们的流行是在日本人似乎没什么其他值得欢呼的事的时候被注意到的。就像T.J.潘佩尔在第2章中指出的那样，政治和经济的停滞继续让日本的评论家们心神不宁，他们可能对正在侵蚀这个国家体制的激进的社会变革更感到惊讶，就像威廉·W·凯利和梅里·I·怀特在第3章中所提示的那样。如果日本的娱乐业真的在重新造就亚洲和世界，它们将在国家衰退这样荒凉的背景中代表一线希望。尽管日本人对日本的总体文化分量的兴奋是可以理解的，但这还有待讨论。

作为想法的“软权力”

如果一个人把文化的分量和政治权力联系起来，就像一些评论家已经做过的那样，在这就尤其值得讨论了。一个类似的问题差不多 20 年前出现在美国的政治话语中，尽管如果不记得日本在 20 世纪 80 年代时在全球的作用，这个问题实际上是难以理解的。虽然在 80 年代美国仍陷于和苏联的冷战中，但戈尔巴乔夫羽翼未丰的改革努力、里根时期的必胜信念和美国在全球市场中的分量使得几乎没有人怀疑美国作为唯一可能保持声望的竞争者的地位。然而部分原因在于查尔斯·金德伯格（Charles Kindleberger）的成果，越来越多来自学术界的声音开始研究美国作为一个世界霸主的行为将如何无情地授予对手权力并最终导致它的衰败。按照这种想法，霸权国家将无法保持控制地位，因为它们的公共财务的供给，比如自由贸易机制和稳定的安全关系，将使更小的国家不合比例地从这个制度中受益，并因此轻而易举地实现长期的经济成功。

由历史学家保罗·肯尼迪（Paul Kennedy）普及的“霸权的稳定理论”强调美国研究人员对有关美国主导全球体制的长期能力的日益怀疑态度。理查德·罗斯克兰斯（Richard Rosecrance）特别关注联邦德国和日本的崛起，这两个“贸易国”对新重商主义经济政策的强调以及对高额军事开支的蔑视有可能使它们和像美国这样的军事超级大国竞争，甚至取代后者。实际上，随着冷战的结束、代价高昂的德国统一，以及当时仍没有充分估计到的日本泡沫经济的影响，对于美国政治和学术界的评论家来说，日本似乎越来越有可能被判定为冷战的胜利者。

然而对一些评论家来说，日本将取代美国的命题感觉有点不对劲。在没有明确证据表明在接下来的十年里可能会发生什么的情况下，几个美国学者强调无论日本有多成功，它也不是美国，至少在全球的文化影响方面。尽管不是直接涉及日本，布鲁斯·拉西特（Bruce Russett）认为美国的流行文化（蓝色牛仔、摇滚乐以及诸如此类的在全球的作用）为美国提供了模糊但是非常真实的力量资源。重要的是，拉西特把这个建议留到一篇经过仔细证实的文章的结尾部分，最终说明尽管不可能数量化，但是还有些其他什么东西摆在那里，它们是全球权力的某个相关方面而不是那些政治学家一般会强调的东西。

1991 年，约瑟夫·奈（Joseph Nye）出版了《美国注定领导世界?》（*Bound to Lead*）一书，在这本书中他将这种资源定义为软实力，或者说是说服力而不是强制力。在奈看来，这个提法并非仅限于美国，它所指的是这个发生着翻来覆去变化的全球体系中权力的本质。软实力是未来的驱动力，眼下只有美国拥有充足的软实力。在奈看来，美国的软实力部分来源于美国在海外的文化和商业影响力，特别是在某些方面这些影响力代表着美国的民主、自由、包容等价值观。奈特别指出，日本无力与美国竞争，因为与美国不同的是，日本几乎不接纳外来移民，而这一点却是美国软实力的一个重要特点，这不仅向外来者证实了美国的良好意图，而且让不同的想法、愿望以及共识等更容易跨越国界、实现沟通。

很少有人注意到的是，在对奈的这本书的评论中，其他国家的人和受过良好教育的美国自由派人士对美国和美国价值观的看法高度一致。自由、自由主义、开放、对其他文化的包容成为美国软实力的来源，这是其他人喜欢美国的原因，也是奈和他的读者们最自豪的。实际上，奈对美国软实力的看法与弗朗西斯·福山那本备受关注的《历史的终结》有诸多相似之处，尽管两书的目的不同，所主张的政治议题也不同。福山的主要目的是从理论上讨论自由民主对法西斯主义的胜利，和奈在他自己的民族中所发现的全球普遍珍视的价值观相比，福山的书只是提出了一个更坚持己见、更为保守的版本。奈认为这些可以为美国赢得朋友，但是福山认为已经错过了通过其他方式了解国家作用方式的时机：引用受动漫影响而拍摄的电影《黑客帝国》中的台词："这是不可避免的声音。"

公平地说，约瑟夫·奈最近对他的"软权力"这个说法的改进集中在美国外交政策中对多边主义的需求上，而且他弱化了文化影响的作用。但是这是一个在不同时间进行的不同的争论。美国的"硬权力"似乎是无可争议的，至少到撰写本章时为止是这样。因为没有理由把注意力集中在超级大国地位中的文化要素上。约瑟夫·奈现在认为美国不能通过异化它所有的盟友来实现长期的安全，这个说法当然和他以前有关冷战后体制中变化中的权力本质的论点类似。但是这个观点和以前比有不同的原因。软权力不再是对一个硬权力资源萎缩的国家的补偿；相反，它反映出一个眼光长远的国家负责任的统辖。同样，这看上去不像是对美国文化和政治机制实力的争论，更像是一个谦虚的托辞。

对日本流行文化的新关注

直到最近，大部分有关日本流行文化和娱乐所提出的理论都来源于关注日本休闲活动的研究人员，这些休闲活动可能会有助于凸显有关性别、阶级、性和权力的日常体制。日本的知识分子和评论性杂志在 20 世纪 90 年代开始更加不遗余力地把关注的焦点集中在这个国家的流行文化上。在超级战队狂热的巅峰期，由外务省 1994 年出版的一期《外交论坛》上，有一篇关于日本流行文化越来越受到欢迎和日本作为“新亚洲文明”领导者地位的文章。在 1997 年的一篇文章中，白石隆（Shiraishi）分析了广受欢迎的动画片《哆啦 A 梦》的文化意义，这部动画片在整个东南亚都播出过。在一部有关全球化时代中的日本文化的特辑中，左倾的评论性月刊《世界》（*Sekai*）刊登了对日本消费型社会及其对艺术创造的影响、日本的文化产品和亚洲消费者对它们的本地化以及中国观众利用日本的电视节目和杂志了解中国以外的生活的研究文章。在这些文章中，焦点不是日本的影响本身，而在于既改变了艺术家的努力，也改变了观众的经历的全球化的模式。

然而，《世界》杂志还刊登了评论员辛淑玉（Shin Sugok）（是一位第三代韩裔日本女性）和音乐家喜纳昌吉（Kina Shoukichi）（由于他的音乐才华、他的作品所传达出来的政治信息和他把流行音乐与来自一个充满异国情调的岛屿的“原汁原味”的声音结合起来的才能，有时候在向讲英语的观众介绍他的时候，他被称作冲绳的鲍勃·马利[Bob Marley]）之间非常吸引人又有启发性的对话。喜纳和辛淑玉的对话涉及性关系、种族冲突、母亲（mazakon）和年轻女孩（rorikon，尽管她们不用这个词）的偶像，他们谈到日本泡沫经济后的恐慌，为新的多样化、创造力和开放打开空间的可能性。辛淑玉特别强调在泡沫经济后时代里传统的权威的崩溃可能为其他的声音（可能包括凯利和怀特在第 3 章中所描绘的那些“单身、闲散人员和外来者”）打开空间，他们以前没有被包括在有关“什么是日本文化”的传统概念中。

尽管辛淑玉对这一点的表达方式比以后的许多评论家的都更尖刻，但她巧妙地抓住了在学者和评论家当中正在蔓延的一种认识，那就是日本的流行文化变得激动人心、步调迅速而且积极，尤其是由于“传统的”制度的消除在一定程度上为被压抑的对创造力的迫切要求打开了闸门。然而，直到最近，这些迫切要求的主要消费者是最不可能成为日本的英雄的人——御宅族（日文为 otaku，意为令人反感的动漫或漫画迷）。这个词的创造应该归功于记者中森明夫（Nakamori Akio），它一般指的是极其忠实的动漫和漫画迷，他们没有什么社会技能，更没什么前途。1989 年，由于对儿童进行性骚扰并犯有谋杀罪行的宫崎勤（Miyazaki Tsutomu）在神户被捕，这个词又增添了新的邪恶意思，因为这个人有大量色情漫画书和录像带。然而，随着这个词传播的范围越来越广，在这个过程中这个词所蕴涵的一些不好的名声慢慢消失了。御宅族和第 3 章中提到的“闲散人员”有重合的地方，但是他们之间的差别才是重要的。大多数半日工作的人都不是痴迷的御宅族，尽管他们中有些人可能是非常有抱负的漫画家或者花无数时间打电子游戏的人。同样，许多御宅族都有全职工作，尽管一个人可能不希望办公室内旁边的隔间里还有一个人。

据大家所说，若没有御宅族（尽管这个词有贬义），则日本目前文化上的活力是不可想象的。画家村上隆（Murakami Takashi）也许可以算作为日本流行文化提供动力的当代美学最重要的代言人，他故意让自己和御宅族打成一片。村上隆以他的“超级扁平”（superflat）概念为基础，发起了一项艺术运动，他认为日本的艺术既是二维的又缺少透视，和传统的日本视觉传统（扁平）类似，同时还具备被压扁、拥挤、缺乏含义（超级扁平）的特点。村上的雕塑用微缩的日本流行文化偶像反映出这种观点，他自己以御宅族为雇员的工作室使高雅艺术和商业化的偶像之间的界限变得模糊不清。正像他似乎对一个通过大量生产的垃圾把意义压扁这样一个过度商业化的社会持批评态度一样，他也认同由此产生的当代美学。超级扁平的概念之所以重要，不是因为它本身的正确性是不言自明的，而是因为它是许多日本当代艺术企业主题中的一个统一的主题。

在这些叙述中所描绘的日本是一个不和谐的、后现代的混乱局面，然而这使它更具吸引力。辛淑玉有关传统的权威崩溃的观点含蓄地处在核心的地位，因为被边缘化的人群（御宅族、炫耀自我情欲化的女学生、外来者）自我觉醒的方式发挥了作用。

当然，在一定程度上，这个总的命题过分强调了权力的转移，就像前面有关守规矩、以白领为核心的日本没能理解被边缘化的人群在一个从理想的角度不会接受他们的社会里如何应对生活的观点一样。但是这种对日本似乎无政府的流行文化的赞美好像是可能的，只是因为当代日本在大众文化方面表现得相对混乱而已。失败者现在正在取胜，而且在这个过程中他们正在改变日本。

就是在这样的背景下，美国记者道格拉斯·麦克格雷（Douglas McGray）在 2001 年对日本进行了短期的非正式访问，在日本音乐著作权协会（JASRAC）提供的基金支持下工作。在东京，麦克格雷花时间和流行艺术圈的人在一起，采访关键人物（包括山口裕子［Yamaguchi Yuko］、三丽鸥［Sanrio］的凯蒂猫［HelloKitty］的设计者）并努力理解保守、乏味、压抑的日本如何能创造出为整个亚洲的消费者所拥护的充满活力、受人欢迎的文化产品。他过分强调日本在亚洲市场的主导程度（毕竟，一两个设计师在台湾的成功不能推进区域性的 J-Pop 热，特别是和 K-Pop 的成功相比），麦克格雷在《外交政策》（*Foriegn Policy*）中指出日本有可能保持它的强大实力和重要地位，因为它是生活方式的倡导者，由于它本土的艺术创造力能带动其他地区的消费和社会模式。在他这篇著名的陈述中提到，日本将因为它的“国民生产酷值”实现一种软权力。

显然是为了抓住一个吸引眼球的潮流同时又吸引它的日本读者，《时代周刊》（*Time*）的亚洲版出版了一期特刊，封面是“酷的日本”，频繁地把麦克格雷有关泡沫经济后日本的地位的理论称为亚洲其他国家和地区的试金石。《时代周刊》的特稿文章强调，日本在流行文化上的条件将是朝着服务业进行更大的转移的一部分，因此将抵消日本制造业掏空和日本一些不那么有竞争力的行业。《时代周刊》的作者以更短小的篇幅创作了充满热情的小品文，进行日本社会转型背后的创造力的研究，从建筑业的巨头森实（Mori Minoru）到电影导演是枝裕和（Kore-eda Hirokazu）再到财务省大臣竹中平藏（Takenaka Heizo）。《时代周刊》的这些文章谈及日本的变化，使庞克乐队、动漫、摩天大厦和新自由主义经济学成为日本恢复活力这个相同的总趋势的组成部分，而且所有这些都很“酷”。

尽管日本国际关系方面的学者毫无疑问在约瑟夫·奈创造出“软权力”这个词之后不久就知道它了，但是在麦克格雷的文章出现前，几乎没有人把它用于日本。在大多数人的眼里，只有美国拥有软权力。2001 年，在成为财务省大臣之前，竹中平藏（当时是庆应大学的教授）编撰了一本有关软权力在日本潜在的发展问题的书。竹中平藏的引言对软权力的处理非常谨慎，他认为，因为历史和语言的原因，美国拥有可能对日本来说难以捉摸的软权力资源。但是他也暗示日本的经济改革能为一个更有活力的经济铺平道路，这个充满活力的经济将再次决定其他国家的计划和期望。这本作品集中的其他作者对流行文化和软权力的问题的处理则更为直接。日本防卫大学（National Defense University）的神谷万丈（Kamiya Matake）对约瑟夫·奈有关共同的价值观的重要性的判断非常重视，不仅是美国商品的普及，他认为《宠物小精灵》和其他日本动漫的出口不会带来更大的软权力。相反，他认为日本可能具备软权力的地方在于它对经济的变革，然后在全球政治中扮演一个更为积极和开放的角色。著名的人类学家青木保（Aoki Tamotsu）几乎是失望地写到流行音乐对于促进软权力毫无裨益；尽管欧洲的孩子看《宠物小精灵》，但欧洲的日本研究中心在缩减，日本无论作为一个话题还是国家似乎都不够流行。

所以这个词的受欢迎更多地应该归功于麦克格雷而不是竹中平藏及其同僚，部分原因在于麦克格雷聪明地用了“国民生产酷值”这个短语，但是更大的原因是他是美国人。实际上，来自美国人的坦白的支持对于日本人讨论日本流行文化的作用似乎特别重要，远远超过任何可以衡量的经济影响。《千与千寻》现象（和麦克格雷的文章同时发生）很好地概括了这一点。尽管这部电影的美国甚至全球票房收入实际上很一般，但是它获得电影艺术金像奖这个成功被用于日本的政策话语中，来说明“日本来了”。和《宠物小精灵》及其他动漫在西方受到的惊人欢迎一起，宫崎骏的电影激起日本政策圈越来越大的兴趣。实际上，《创意产业白皮书》（英文为：*Digital Contents White Paper*；日文为：*Dejitaru Kontentsu Hakusho*）是一份由附属于日本经济产业省的数字信息协会（Dejitaru Kontentsu Kyokai）发表的年度报告，用《千与千寻》的跨国成功作为正在变化中的对日本流行文化的欣赏的第一个而且是最重要的例子。而且“国民生产酷值”这个短语以近来美国人写的文章中所没有的方式抓住了日本精英的想象力。2003 年 11 月，日本最主要的商业报纸《日经新闻》（*Nikkei Shimbun*）举办了一个以麦克格雷为特点的研讨会，主题是“酷日本：日本的文化权力”。

就像《时代周刊》的特刊所指出的那样，在日本几乎每个官僚都知道“国民生产酷值”这个词，他们经常对此及“软权力”发表评论。2003 年，由外务省主办的《外交论坛》(*Gaiko Foramu*) 出版了一期特刊，几乎十几篇文章都是以日本的软权力和这个国家流行文化在海外的成功为主题。其中四篇文章实际上是泰国、中国、俄罗斯和澳大利亚的动漫或 J-Pop 专业人士的简短陈述，还有一篇较长的是危地马拉驻日本大使的文章，他充满热情地探讨了黑泽明的电影长期受人们喜爱的情况。2003 年 5 月，《中央公论》(*Chuo Koron*)，一份主流评论性杂志，就大致同样的话题出版了一期特刊，包括翻译过来的一篇麦克格雷的文章、庆应大学法学教授田所昌幸 (Tadokoro Masayuki) 有关日本的软权力的一篇新文章，以及美国学者苏珊·内皮尔 (Susan Napier) 和动漫导演冈田斗司夫 (Okada Toshio) 之间被称为“日本和美国动漫御宅族之间的决战”(nichibei otaku taiketsu) 的对话文章。

用“御宅族”这个词来形容一本主要杂志的作者是有重要意义的，这意味着曾经被边缘化的人群开始进入主流社会。《中央公论》和《外交论坛》的这两期特刊和《时代周刊》的特别报道有些相似之处：理解“酷”日本已经在迅速而且往往使人失去方向的社会变革中浮出水面，许多中年日本人认为这些变革在他们身上得以宣泄或释放。而且这几期杂志再次肯定了这些变革的意义。这些文章描绘出正在转型中的日本，尽管这一转型以从过去流传下来的重要文化影响为特点。“不酷的日本”(大概就是日本的终身雇用、考试地狱、僵化的性别区别以及对权威的过度尊崇) 可能不会对亚洲的其他地区产生这种文化效应，因为它不可能产生这种充满活力的、多样性的而又有特色的娱乐环境。按照这种观点，日本已经经历了如凤凰涅槃一般从自己造就的迅速现代化中的重生；再加上它独特的传统文化，这就产生一种新的既令人惊讶又有点不可避免的文化环境。但是希望远不止这些：因为世界 (特别是亚太) 觉察到这一点，假使美国人都抛开他们自己批量生产出来的流行文化支持日本的稀奇古怪的选择，要是日本能盘算出如何最大限度地利用一个有利的瞬间，它就可能在政治上受益。

软权力的吸引力是可以理解的——而且非常广泛。对于日本的自由派来说，软权力代表一种非军事的日本对世界政治施加影响的方式。辻元清美 (Tsujimoto Kiyomi)，现在已经失宠的社会民主党前政策首席顾问，强调日本的安全政策应该从削弱防卫厅的作用开始，从硬权力转向软权力，这种转变主要表现在经济援助上。对于主流或更保守的评论家来说，软权力能帮助日本看上去更“值得信赖”，意思是日本流行文化在全球的传播可以增进国际友好和信任。在这个框架下，软权力和对艺术的支持成为公共外交的一个组成部分，因此有助于日本在行使硬权力时更加有效。实际上，日本近来在支持美国在阿富汗和伊拉克的军事行动中全球安全作用的扩大，要是没有政府和亚洲邻国建立信任的努力是不可能的。由于它的巨大的弹性，尽管有很大不同，软权力对日本各种不同的政策制定者和立法者的吸引力是相等的。而且，对于忧虑的日本人来说，软权力所代表的意思和它对忧虑的美国人的意思一样——有关他们国家消亡的报道尚未成熟。

这意味着国民生产酷值和软权力几乎肯定会产生政治影响，尽管可能不是按照使用这个术语的人所设想的那样。如果我们不把软权力当成一种权力资源而是一个想法（治国的文化和意识形态体系的一个组成部分），即使日本并非真的拥有软权力，它也可能会影响日本的政策。当然，很难说日本是否拥有软权力，它本身和政策的关系也并不密切。毕竟，“软权力”这个术语在美国流行起来并不仅仅是因为约瑟夫·奈所写的文章和他在国际关系理论上的重要地位，还因为它和美国人对他们自己的看法非常匹配。因为美国的文化和价值观是美国人的根本，对于美国人，有效地决定他们的价值观是否真正是共享的，实际上是不可能的事。对日本也同样如此。

我个人对生活在日本最喜欢的事情之一是我每天能和日本朋友、同事和熟人谈论这里和国外的生活。这除了是我学习日语的好机会，还让我有机会尝试着理解日本人眼中的世界——唾手而得的现象学。当然，这其中会有一定数量的暂时的学术上的不诚实：当我和一个日本人谈论某个问题时，我可能会把那个人的观点当成是一个更大群体的代表——日本妇女、日本的保守派或者（在特别懒惰的时候）所有日本人。但是当我们谈论美国，我的谈话对象表述一些我不同意的观点的时候，我往往不会认为这个观点是有效的，或者能代表什么有用或重要的东西。这是十分错误的，因为我作为美国人了解我的国家，而她或他作为一个日本人则不了解。当然，作为一名研究人员，我努力和这种愚蠢的冲动作斗争，但是它的存在证明一个更大的利害关系：其他国家（或人民）对自己国家的看法没有什么独到的价值，除非它们符合我们所相信的东西。这意味着当我们谈论其他国家如何看我们的时候，我们几乎肯定是在谈论我们如何看待自己，并把其他国家看成是表达我们自己的骄傲、不安全、气愤和悲伤的一面镜子。美国人可能是对我们自己的软权力最糟糕的裁判，因为我们无法把我们在其他地方的文化影响和我们自己对自己根深蒂固的看法分开。

由于这个原因，把日本对软权力和日本在其他地方的文化影响力迅速增长的关注作为一个评价日本区域重要性的工具的价值，可能不如把它作为抓住日本的政策制定者现在如何看待它们在地区的启发式工具作用更大。而且我已经陈述过的主旨（当代日本从经济衰退的废墟中崛起、反叛的日本流行文化和早期的文化传统之间的连续性，以及由对日本娱乐偶像的广泛认可而产生的政治影响力）在当前对日本软权力的理解中显得尤为重要。无论人们想要的是一个非军事的、大度的日本还是一个果断而值得信赖的日本，处方都是类似的：要想让别的国家见到今天的日本究竟是什么样的，日本需要支持它的流行文化在海外的传播。这是一个已经发生了改变的国家、一个具有原创力甚至有个性的国家、一个即使在大胆面对现代性的挑战时仍记住它的传统的国家。

政策结果：作为“内容”和权力的文化

作为一个政策思想，通过推广文化来提供软权力使某些决策机构有权采取以前不可能的行动，并且还引进了一个对评价政策成功的潜在标准。这不是说这个政策思想对于提出新政策承担唯一的或主要的责任；相反，它为参与政策制定者本已打算追求的倡议提供了新机会和基础。毕竟，政府有关文化交流、信息技术和旅游的战略并不是从麦克格雷的文章开始的。早在1995年，日本文部省的文化厅（英语为：Culture Agency，日语为：Bunkacho）就成立了一个多媒体工作小组，于1997年提交了一份有关21世纪的“新媒体艺术”的报告。但是对日本国民生产酷值突如其来的兴奋为政府参与休闲和娱乐业提供了选择，在某些方面允许管理者让混乱的（甚至吓人的）社会和经济变革的行为为国家需要服务。

这已经不是第一次了。在20世纪80年代，随着日元的迅速升值和由此导致的海外旅游费用的降低，运输省（现在是国土交通省的一部分）的管理者预计日本的海外旅游仅仅在几年内将有可能翻番。可以说人们并不希望事情朝这个方向发展。毕竟，海外旅游的增多明显以国内旅游市场为代价，这是这个政府部门的管辖范围；夏威夷的收入将是石川县的损失。人口统计方面也让人忧虑：由于日本的商业和家庭旅游的增长极其有限，大部分参加出国旅游的都是女性群体——主要是令人不安的未婚女性。尽管偶尔会有公众对艾滋病威胁的强烈抗议以及日本妇女到巴厘岛旅游是为了卖淫这样的谣言，聪明的旅游局成员意识到，这种休闲方式上的变化可以轻松地解释成日本愿意再次分配其通过大量的贸易顺差而获得的收益，因此促进国际理解、经济公平，同时开放边界。于是，在1986年，他们创立了“千万计划”（或“旅游倍增计划”），目的是让日本的出国游翻一番，达到管理者所认为无论有没有他们的促进它都应该达到的水平。通过这种做法，他们能为这个政府部门得到更多的国家预算并为建立他们管辖下的新机构找到合适的理由，这些是日本决策机构两个常见的目标。

国民生产酷值和软权力的倡议以及“千万计划”都迫切拥护社会变革，让它为国家所用，并支持现有的政策要务。显然，我并不是在暗示日本的政府部门没有能力进行改革，我认为泡沫经济的崩溃就像一个手电筒一样，自动把日本从一台经济上的发动机变成一个卧床不起的受害者。但是机构具体来说还是重要的，因为它们决定哪些是人们认为理所当然的，以及因此他们将如何理解新信息、他们所处的环境和他们的目标。德里克·霍尔曾主张，在日本，朝着经济“自由化”的大规模推进实际上并不是从体制化的经济民族主义的撤退；相反，是按照民族主义的方式捍卫并理解自由化。同样，现在掌管流行文化和“数字信息”的政府官员正在努力做他们经常做的事情：促进能为国家目标服务的行业力量的发展。

旅游业再次提供了一个很好的例子。部分程度上是显示他对受日本经济衰退损害的当地的支持，2002年小泉首相宣布成立旅游政策咨询委员会（Tourism Policy Advisory Council）。这个组织的目标是提出吸引外国游客来日本旅游的新举措，提出对国土交通省旅游局成员有吸引力的政策，他们的目的是维持他们在管理这个国家的休闲旅游基础设施中的预算利益。当然，由于到日本旅游费用高的情况一直持续，由于和恐怖主义有关导致国际航空旅行的减少，以及亚洲偶尔发生的像“非典”（严重急性呼吸系统综合征）这样让人震惊的危机，这个委员会当然认识到日本旅游的快速甚至是中速的增加都是绝对不可能的。所以其最后的报告强调的不是旅游对日本的经济回报而是越来越多的交流所带来的政治回报。实际上，这份报告明确把文化交流、软权力和创造“文化安全保障”（bunka anzen hosho）联系起来。报告还引用麦克格雷的话，指出日本的国民生产酷值现在是展现这个国家的魅力的重要组成部分。

同样，外务省也开始把软权力放到它特有的语言中，尽管外务省对任何日本正在试图对它的邻国行使权力的暗示特别小心。在向温哥华商会（Vancouver Board of Trade）的一次讲话中，日本外相川口顺子（Kawaguchi Yoriko）强调加拿大和日本对软权力都有共同的看法，它们愿意通过和平的方式建立它们的国际威信。日本国际交流基金会（the Japan Foundation，以前在外务省管辖下，现在也和外务省有着很紧密的关系）强调文化和教育交流项目对日本外交的重要性，强调这些对日本的软权力有促进作用。这种语言几乎取代了以前对“相互理解”的强调。引用麦克格雷的话，日本国际交流基金会提到“国民生产酷值”并指出日本对它的文化资源的培育可以提高其“国家形象”并因此加强它在全球的支配权。报告特别关注软权力在处于变换中的世界中的作用和影响，结尾部分是对外务省和日本国际交流基金会活动的建议，这些和现行的要务大体上是一致的。2003 年 1 月，日本外务省主办的某一期《外交论坛》，其内容最能体现出目标主要是经济上的，这期的主题是“‘品牌日本’：思考这个民族的魅力”（“Nihon Burando”：Kokka no Miryoku o Kangaeru）。

日本的经济政策制定者已经抓住软权力，把它当成为他们推广日本的“创意产业”（content industry）（这个词主要指的是在线业务，包括电影、音乐下载，在线游戏等内容）提供资金并支持这份努力的契机。随着互联网革命，几乎任何文化产品（电影、音乐、艺术品等）都可以被数字化并在全球传播。因为信息技术的资金现在似乎很大程度上在于内容产业本身，而不一定在用于传输它的基础设施上，这对于能向人们销售他们想要的东西，或者可能影响他们想要什么的公司、某个艺术家甚至政府，可能有重大的回报。以前的日本邮政省在 1995 年开始委托其他机构做有关信息技术的报告，附属于它的研究机构——邮电通信研究院（Posts and Telecommunications Research Institute）也是这样做的。尽管这些主要集中在所涉及的基础设施的类型上，但它们却预示着一个时代，在这个时代里，政府将开始考虑政府对内容产业而不仅仅是信息的存在的干涉的重要性。

和总务省一起，对国民生产酷值概念化最有责任的机构是经济产业省。尽管长期以来经济产业省的主要兴趣在制造业上，但是最近也开始对信息产业给予相当多的关注。在一定程度上，这一政府部门在把几乎所有的艺术性工作都定义为“创意产业”的过程中具有一些历史修正主义的色彩；附属于经济产业省的数字创意协会（Digital Content Association）现在制作了一个数字创意的大事年表，追溯电影在19世纪末、音乐唱片在20世纪20年代等的发展。特别是自从2002年以来，经济产业省对这个问题采取了一个特别大胆的方式，建立有关媒体内容监管的全面和具体方面的研究小组，全部的目的是提供有关这个部门如何帮助在日本激发长期的创造力、保护日本在亚洲的知识产权、跨国培育不同的传媒业等的建议。经济产业省的目的是确保日本的创意产业的创造者和提供者（动漫、J-Pop、电影工作室、游戏开发商、玩具制造商以及计划任何其他能吸引全球关注的娱乐产业）长期保持竞争力。为了这一目的，经济产业省的研究小组对互联网革命后娱乐的本质进行了广泛的调查。通过对培训和协调项目（用于帮助那些被认为可能长期拥有全球竞争力的艺术和创造方面的努力）的预算大方出资，使“酷”的日本形象越来越清晰地呈现在公众面前，从而使经济产业省从中受益。

然而，比经济产业省的野心更明显的是政府对国民生产酷值核心内容的广泛认可：日本已经变得新潮又时尚，特别是因为它已经完全蜕变。所以数字创意工作组（政府顾问委员会的一部分）询问未来需要什么样的公司：能专业地抓住全球市场的大型娱乐公司，还是几近业余但是拥有能让人们迅速为之狂热的点子的小公司？市场是受时尚的潮流引导者引导还是由独来独往的御宅族驱使？后者的过分沉迷证明某一独特的个性或系统计划的吸引力。政府是应该专注于生活必需品（如pan［日文的面包的说法］）还是其公民的娱乐生活上（如sakusu［日文的马戏表演的说法］）。换句话说，令人无所适从的社会变革（比如，御宅族能被授予一定的权力）现在成为日本经济复苏、“酷”的核心。所以问题变成政府的行业政策（对许多评论家来说，是“酷”日本之前的时代几近完美的象征）应该如何利用发展的权力，这主要归因于日本不再处于各个政府部门的操纵之下。

日本不是唯一一个掌权者寻求把被边缘化或自我边缘化的人物的魅力为自己所用的国家。毕竟，在它公开对社会变革的庆贺中（掌权者可能曾经反对过），《日经新闻》2003年的广告大赛——“女人已经变了，现在男人怎么样了?”——并不比美国公司赞助的连续的伍德斯托克怪物更可怕。但是这不是一个作为全球资本主义无私一面的公司，利用任何它能利用的偶像向用尽一切办法否认他们对“体制”投降的中年消费者来销售报纸或苏打水。相反，政府的参与者似乎接受了一个事实，就是他们现在寻求利用的创造力只能存在于一个不以控制或利用它们为目的的体制下。“酷”日本之所以存在是因为不“酷”的日本崩溃了；现在“酷”日本需要证明，不管怎样，日本还是日本。

什么样的权力?

这使有关日本的流行文化最终在亚洲会有什么样的作用成为一个没有固定结论的问题，即使一个人从假设它的娱乐业将继续发展甚至占主导地位开始。可能会有这样一个观点，看日本的电子游戏，听日本流行曲（J-Pop），或者在他们的墙上挂上流行巨星松浦亚弥（Matsuura Aya）的海报的消费者是“文化产业”中不可或缺的要素。日本便利店或快餐连锁店（如 Hoka-Hoka Bento）在印度尼西亚的铺开和这个地区无所不在的肯德基店面相比什么也证明不了。这些例子只是代表了日本公司向正在扩大但沉闷的全球市场销售它们大规模生产出来的偶像和小曲的能力。对日本公司，而且如果管理得当，对整个日本经济都会有好处，但是这给日本所带来的政治利益可能会被忽视。

对于许多在日本政府部门工作的人来说，这显然是不够的。正如岩渕功一所指出的那样，日本流行文化在海外往往具有无国籍（mukokuseki）的性质，意思是人们很难决定它到底是哪个国家的。由于动漫人物、故事、人名和题目都是为了照顾到不同国家的观众而设计的，它们的日本血统有点不够纯正。但是，岩渕功一指出，除了无国籍实际上成为日本血统的一个标志外，还有一些日本的娱乐产品（乐队、电视剧等等）带有明显的日本“气息”。显然是为了把这些产品和生产它们的国家联系起来，日本的政策制定者，特别是外务省的，一直在推广日本国家形象或日本品牌这个概念。他们的目的是通过使其他人更多地意识到日本对全球文化、设计和娱乐业的贡献来改进公众外交。除非外国人知道是日本人创造了美少女战士，否则它怎么能赋予日本政府软权力呢?

尽管岩渊功一努力想说明日本的流行文化已经成为全球化破裂的进程的一部分，但是他承认，在某些情况下，比如中国台湾的观众有意识地认为他们自己和日本电视剧和电影的关系比和好莱坞的更密切，后者显得既荒诞又格格不入。中野嘉子和吴咏梅（Nakano Yoshiko and Wu Yongmei）通过采访中国五个城市的观众得出一个类似的结论。然而，他们也否认这是某种简单、没有问题的（用岩渊的话说）“文化亲近”的结果。相反，中野嘉子和吴咏梅认为，中国观众对日本电视剧的着迷源于中国新兴的小资们对即将来临的更富裕、更开放的生活方式的渴望。按照这种观点，中国就是水晶球和镜子的统一体：是亚洲正处于现代化进程中的各国和地区希望实现的未来的一个版本。

远在日本成为传说中的流行文化上的标新立异者之前，它就已经成为它在亚洲的邻国和地区的一种文化试金石。实际上，对于许多生活在 20 世纪 60 年代的中国台湾、韩国及其他国家和地区的人来说，日本技术上的成就代表着他们自己在有生之年所能享受的一切，如果他们足够努力，并足够幸运的话。王家卫的代表作《花样年华》以 1962 年的香港为背景，通过聪明地提到他们有能力购买的商品，智慧地让观众了解到他的人物的阶级地位以及故事的背景。当陈太太的丈夫带着一个自动电饭煲从日本出差回来时，这个电饭煲马上成为公寓大楼里谈论的话题，不是因为它是日本的、外来的，而是因为它很便捷、现代。日本产品不仅是使日本遥遥领先的标志，而且是其他亚洲人，甚至是香港的上海人希望拥有的。许多日本产品在海外（无论是 20 世纪 60 年代在中国台湾的松下电饭煲，还是 20 世纪 90 年代在中国的电视剧《东京爱情故事》）部分，也许大部分的意思是它们就是现代性的标志。

在 20 世纪 60 年代和 70 年代，日本人也放眼海外寻找如何改进他们的生活方式的相关例子，尽管他们的原型主要来自美国和西欧。在一定程度上，这种倾向也成为政府政策的一个目标。在由通商产业省（经济产业省的前身）的娱乐发展办公室（Leisure Development Office）1974 年发布的名为《余暇总览》（Yoka Soran）的大型报告中有关研究方法的陈述部分，顾问委员会的成员解释说，他们有关合适的娱乐和生活方式变化的研究包括几个比较性案例研究，但是只有来自发达工业国（西欧和北美）的才有意义：

> 各种专门小组聚焦来自北美、西欧、共产主义国家及其他 4 个地区的 15 个

国家。但是如果有个人研究这些各不相同的国家的休闲体制的话，会看到从已经仅需一个新休闲文明时代（atarashii yoka bunmei no jidai）的发达国家到对“休闲”是什么意思还没有固定的理解的欠发达国家之间存在极大的多样性。

这份报告（当时由通产省主办的两个大型娱乐研究之一）成为政府政策的知识基石。政府的这些政策特别规定要让日本的休闲和娱乐业和美国与欧洲的一致。

这种通过其他国家目前的情况来看未来的倾向一直延续到20世纪90年代。由通产省出资成立的为和娱乐有关的产业提供相关政策研究的专门基金会——休闲发展中心（Leisure Development Center）把国内的研究调查和比较研究结合起来，为日本的最佳方案提供必要的信息。当我问一位官员为什么研究人员专注于美国和欧洲而不是（比方说）韩国、津巴布韦或巴西，他似乎被这个问题问得目瞪口呆，他（非常缓慢地，可能因为他认为我问问题的方式不对或者我有点笨）回答，“因为那些是发达的工业国”。就是意味着没有其他可以选择的。西方国家是很有价值的例子不是因为某个人喜欢或相信它们而是因为它们领先。

对于某些人，日本的流行文化对亚洲代表现代性这个想法，对日本的政策制定者来说是非常有吸引力的。一方面的论点是，日本对于全球的许多国家，特别是在亚洲，将是一个特别有吸引力的国家，尤其是因为它成功地协调了经济需求和政治自由化；另一方面，还维护了独特的文化。如果各个国家渴望变得像日本那样，也许那就可以赋予一种软权力——一种说服而不是强迫的能力。

但是这些好处尚不明确。就像本尼迪克特·安德森指出的那样，各个民族是按照反映它们接触对发展的既定说法的方式来撰写它们的历史的。比如，对于泰国和牙买加拥有“它们”自己的法国革命就变得很重要了，因为一个国家的历史需要某种具有催化作用的与过去的决裂。法国革命在世界的国家形象中显得非常突出，但是法国政府如何从它作为闪电第一个划过的地方中受益还不清楚。日本的流行文化政策专家似乎专注于充满创造力、狂乱无序并且骄傲地忙碌着的泡沫经济后的日本能影响世界的其他地方，但是他们也可以问问仅仅在25年前，“世界”是如何影响日本的生活方式及政策转变的。来自那个时代的相关资料来源说明，西欧特别是美国为日本提供了这个国家如何需要发展的关键的方向上的指引，但是在这些文件中既没有感激也没有羡慕。相反，有的只是接受事情就应该如此。实际上，美国有可能从几个方面从这种矛盾关系中受益，但是并不清楚美国的领导人是否理解或者曾经理解如何利用这一点。

将“酷”进行到底

日本的领导人能学会如何利用它们作为亚洲生活方式的领导者的象征性地位吗？到目前为止的证据不是那么令人鼓舞，尽管不是因为日本娱乐或文化产业有过任何失败。相反，就像那些施展软权力的美国人一样，日本的政策制定者有可能头脑中充斥着根深蒂固的对他们国家的价值观和日本恰如其分的全球作用的想法，他们看待他们这个国家的眼光不大可能像局外人那样。由于两国对国力下降的共同关切，考虑到每个国家对有魅力的形象的依赖，先是美国人，现在是日本人如此迅速地支持软权力这个概念就不足为奇了。由于日本和亚太之间复杂、模糊的关系，软权力对日本的精英们有一种特殊的魅力。一方面，软权力代表一个和平的日本，日本能通过自己的例子和慷慨鼓励其他国家变得富有和明智。另一方面，软权力提供了一个机会让其他国家的人民相信日本作为一个正常的国家、拥有正常的军备，不必为它的发展感到恐慌，因为这个民族有的只是最良好的意愿。如果人们（通过他们的歌曲、他们的电视热播节目、他们的动漫）了解到日本人，他们将意识到日本人民是和蔼、体面、有创造力而又好学的，不应该对他们抱有恐惧感。但是似乎没有哪个政策制定者准备承认现在正在被传播的日本形象对日本的邻国来说是展望中的想象的未来，是不透明的、马上就能理解的日本人的价值观。

所以，也许对日本流行文化在亚洲的政治作用所突然表现出来的兴趣的最突出之点是它所揭示出的日本政府如何看待这个亚洲地区和日本自身。从这个高尚的角度，亚洲的其他地区，像日本一样，在现代化面前努力保持传统的身份，所以软权力既源于又利用了日本作为一个成功地取得政治和经济发展的非西方国家的特殊地位。按照这个逻辑，日本走过现代化的崎岖之路部分是依靠泡沫经济后传统权力体系的崩溃，以及长期被这个国家社会的停滞所压抑的创造性人才的遍地开花。所以现在，像过去一样，政府的工作是确保成功开发、利用这些人才，使他们为国家所用。我的意思不是主张政府推广“数字创意”的战略作为行业政策将会失败，相反，我只是说明围绕混乱而模糊的跨文化流动的地方的话语，提供了有关官方意向和流行的政治趋势的线索。这些可能也很重要，并可能通过政府利用目前的时尚潮流变得特别重要。

但是我并不羡慕那些设法解开戈耳迪式的跨国文化流动的结的人（设法决定什么是日本人、美国人、韩国人或中国人），特别是如果他们的政治成功取决于他们能否做成这件事。北野的电影开始大约 30 分钟后，座头市在一个小饭店的中央和一个浪人对峙。因为浪人像座头市一样，是个聪明又无畏的剑客，在这么狭小的空间里，他们大范围的对决将是一件乱七八糟而又令人不满的事。座头市拦住浪人并静静地说道，“你不应该在这么窄的空间里挥舞你的剑”。在像亚太地区这么狭小的空间里，有特别多的剑，可能无法分清哪支剑是谁的。

第 10 章

第三波：东南亚和一个区域形成中的中产阶级的构成

白石隆

现在我们不能再用日本和亚洲相互影响的“雁行”模式（以日本为中心、靠日本的金融维持的区域经济为基础，一种日本式的发展模式及日本的生产网络）来分析东亚的区域形成进程了；相反，区域化伴随着复杂而又不断变化的政府和非政府的参与者之间的相互影响，结果产生出一个复合型的东亚。

本章是全书的一个总结，将通过研究东亚的中产阶级形成来研究区域化和区域主义的社会基础。在发展型国家和民族资本主义以及跨国资本主义的推动下，区域经济发展的一波波浪潮已经造就出数量相当庞大的中产阶层。他们在他们的职业生涯和生活方式上，在时装、休闲和娱乐上，在他们所拥有的渴望和梦想上有很多相同点。他们是东亚发生这种复合变化的主要动力。尽管因为中产阶级在不同的政治和社会制度中所处的不同地位使他们在每个国家的重要性有所不同（即他们在各自的社会中以及在和他们的民族国家的关系中占据不同的地位），但是因为他们是不断扩大的区域消费市场的重要组成部分，他们的区域重要性毋庸置疑。他们所赞同并过着的那种生活包含着社会和环境成本。他们作为一个阶级或阶层的生存和发展很大程度上依赖于他们各自国家的经济表现，他们的国家在经济发展上的失败可能会使他们容易遭受政治和社会危机。同时，以中产阶级为主要消费者的区域市场对国家身份和区域身份的新形式起着调节作用，这些可能促进区域一体化。

在本章的第一部分，我处理的问题是前面几章中提出的有关国家、市场和社会这些相互重合并发挥作用的领域在区域形成进程中的作用。在第二和第三部分我将东南亚中产阶级的崛起放在一个更长的历史和更大的区域视角下，论述这些中产阶级代表了阶级形成的“第三波”，这种情况首先发生在日本，然后是在韩国和中国台湾地区。接下来的三个部分论述的是东南亚的中产阶级所处的四种政治和社会制度（以泰国、马来西亚、印度尼西亚和菲律宾为代表）。最后一个部分探索东亚的中产阶级对区域形成的含义。

国家、市场、社会

本书已经分析了日本在三个相互重合并互相影响的领域：国家、市场和社会中参与东亚事务的方式。

在国家这个范畴，美国仍旧保持霸权地位，对区域的构建具有强大的影响力。这种影响力在安全以及金融和贸易（程度稍差些）方面特别明显。本书中有三章涉及在日本政治僵化的情况下，何种可操纵的限制和空间决定着日本的安全、金融和贸易政策的问题，还有一章研究的是日本的政治僵化本身。

理查德·弗里曼及其他几位作者在第 4 章中认为，从延续性方面可以最好地理解日本的安全政策。日本的安全立场是致力于对一个习惯于国内安全和秩序的社会实施广泛保护的一个国家的立场。日本对外军事政策的有限转变说明政府对它所处的国际环境的敏感度，首先是对美国的军事安全的忧虑；而在跨国关注的问题，如毒品、移民和反恐上，政府政策变化的迟缓步伐说明要维持有关政府应如何保护日本人的基本国家—社会协议。娜塔莎·汉密尔顿一哈特在第 5 章中说明，对日本的国际和区域金融政策的最好理解是延续性中的非延续性。她认为 1997—1998 年的危机标志着和在那之前的十年里的趋势的重要逆转，但是这种非延续性既不是日本化的逆转也不是朝着金融上排他的区域主义的转移。一个管理金融的正式区域组织的基础现在已经就位，但它们仍与美国领导下的全球金融体系相关联。然而，就它们的发展而言，尚没有明确的、没有争议的轨迹。在第 6 章中，宗像直子说明，日本贸易政策的特点是非延续性。她认为日本已经采取了一个多轨贸易政策，其中双边和区域优惠协议是对 WTO 的补充，日本—新加坡经济伙伴协议明确标志日本和长期唯一奉行的多边主义告别。发生这种变化是因为在《广场协议》后的时代，日本已经在经济上更深地扎根于东亚，还因为日本的国内体制改革和与亚洲其他国家与地区进行更深入的一体化之间存在机制上的互补性。

在上面的每个例子当中，日本的政治僵化，如 T. J. 潘佩尔在第 2 章中分析的那样，是一个主要的说明性因素，同时美国霸权的迫近使日本对此产生了不同的感觉。在安全方面，日本政治的僵化再加上美国在亚洲安全中的核心地位确保了延续性。尽管弗里曼等人强调日本快速的社会变革潜在的重要性，但日本的政策制定者在日本国内机制和规范的政治制约内，只能适应美国所确定的变化中的外部环境。在金融方面，尽管日本想为建立一个区域性的金融体系创造基础，但美国对此设置了限制（因此是延续中的非延续性）并否决了建立亚洲货币基金。正如汉密尔顿-哈特指出的那样，区域形成和美国领导下的全球金融组织之间未来发生任何洗牌的情况都取决于日本的金融结构能否重新回到健康的状态，还取决于信息分析方面的基础设施以及正式的国与国之间的协调，以便为区域形成调整亚洲的货币储备和区域清算协议。宗像指出，在没有系统的美国对区域贸易干预的情况下，日本已经着手通过以“自由贸易协定”和“经济伙伴协定”（economic partnership agreements，EPAs）为工具，构建双边和区域优惠贸易协议。这说明了非延续性，但是“自由贸易协定”和“经济伙伴协定”的最终成功取决于在日本政治制度处于僵化状态时，这些新协议在废除日本的双重体制及重新调整它没有国际竞争力、受保护、效率低的行业方面能走多远。

然而，日本的政治僵化并不意味着没有发生任何变化。像潘佩尔指出的那样，现在正在发生的变革，包括公司重组、金融大爆炸、政治阶层一代人与一代人之间的变化、撼动家庭基础的社会变革，以及社会契约的打破，可能最终会导致对广泛而且是根深蒂固的政策、程序和机制进行彻底的大检查。但是这些变化中许多要花很长的时间才能在政治上有所反映，同时，区域安全、金融和贸易的总趋势将很有可能保持前面的章节中所陈述的那种状况。

在市场领域，迪特尔・厄恩斯特在第 7 章中说明日本电子产业的公司资本正试图重组、扩大并升级它的亚洲生产网络（加速在中国制造业的外国直接投资，同时维持在东南亚的运营并使这两个部分相重合的网络合理化），并继续影响亚洲的区域化模式。他还主张，尽管日本的公司想复制美国模式，但它们最终在东亚采取了截然不同的网络组织形式，并有可能和东亚新兴工业的领军者建立战略联盟，首当其冲的是大中华地区和韩国的领军者，并把这些联盟当成国内升级和突破性创新的催化剂。在第 8 章中，德里克・霍尔指出，随着日本作为一个消费超级大国的出现，日本的消费模式（而不是投资决定）对日本以外的生态有相当重要的意义。日本的经济停滞（和购买力下降）以及日本人生活方式的变化（包括食品消费的美国化）导致对已加工和半加工食品消费的上升、农业产业化的发展，以及日本“影子生态学”的产生，这些不是专门以东南亚为中心而是更以中国为中心并具有全球性，和原有模式相比这些争议不那么大但具有同等的生态破坏作用。

最后在社会领域，威廉・W・凯利和梅里・I・怀特在第 3 章中找出日本社会体中造成神经痛的节点，正是在这些地方正在进行着社会和体制上的重组。他们具体着眼于学生、年轻工人、女性、老年人和非日本籍的永久性居民以及日本的归侨，他们证明完全不同的、没有交叉点的、个人的行为正在和一系列的意识形态及习俗发生摩擦并瓦解它们，首当其冲受到影响的是日本家庭的意识形态和习俗。戴维·莱昂尼在第9章中评述了有关日本的文化产品出口的成功故事。尽管日本政府试图利用这个成功，把它当成日本软权力的证据，莱昂尼强调这些成功的故事更多的是关于亚洲消费者把这些产品当成是他们对中产阶级生活的向往的一部分的各种方式，而不是不言自明的软权力。

通过本书的所有这些章节，我们可以归纳出两层含义：

首先，日本不再主导东亚的区域化进程。不能再把区域构成理解成只是单一国家模式的延伸。日本政府的行动自由很大程度上受制于几个因素，这些因素包括：美国安全议程中的重点以及它的新自由政策，还有日本自己的内部结构上的制约和国内政治。而且，中国作为世界上最大的制造业强国的出现以及它对区域构成的政治倡议（比如，和东盟的自由贸易协定以及已经提出的和日本、韩国的自由贸易协定）进一步使日本在区域事务中行使国家领导权的努力复杂化，这些可以在《清迈协议》和经济伙伴关系倡议中看出来。实际上，这个问题不能再局限于领导权的概念上，无论是日本的领导权还是中国的。

其次，更重要的是，在20世纪80年代和90年代主要受日本、韩国、中国台湾地区和华侨的外国直接投资推动的区域经济的发展，已经从根本上改变了东亚。经济发展为新兴的国家政治、新兴消费市场和市场推动下的进一步的区域化打下了社会基础。比如，东亚资本在整个东南亚的内流以不同方式在不同国家发挥了作用。但是这些资本所到之处都促进了新兴城市中产阶级的出现。这些新兴城市中产阶级的形成受到由外国直接投资和金融资本推动下的快速的全球和地区工业化的影响，他们的横向联合取决于但不再唯一局限于，他们通过国家在政治上表达自我、在文化上作为一个国家的代表的能力。因为中产阶级不仅仅是通过同种的国家文化，而且是通过市场网络和全球文化与资本的流动而形成的，中产阶级意识通过国家政府和国内及跨国市场之间的相互影响得到加强。

本章作为结论性的一章，将以这些想法为基础，同时说明上述这些想法现在在更广的区域内引起共鸣，原因在于现代性及它的生产、消费和代表机制已经植根于一个远远超过日本疆界以外、覆盖整个地区这么大的领域。新兴的区域性的中产阶级是东亚区域形成的重要发动机。

东亚中产阶级的形成

让我们首先通过回顾历史性地塑造了这个地区阶级构成的物质和观念上的动力及模式，来勾画出东亚新兴的中产阶级。

东亚的中产阶级是第二次世界大战后区域经济发展的产物。日本、韩国、新加坡、泰国、马来西亚、印度尼西亚、菲律宾、中国大陆、中国台湾、中国香港的国内生产总值 GDP 占世界国内生产总值中的份额从 1950 年的 10%上升到 1998 年的 26%，而同期美国所占比例从 27%下降到 22%，西欧的比例从 24%下降到 18%。区域经济的发展发生在美国，在“自由亚洲”的非正式帝国内，美国领导下的区域安全体制和三角贸易体制是它的两个主要支柱。而且，区域经济的发展还得到区域内国家政府的大力推进，无论处在民主还是专制的发展主义政权下，它们都拥护生产力政治学——将政治问题转变为产量问题并寻求倾向于对经济增长的一致意见来缓和阶级冲突的政治学。区域经济发展的第一波发生在日本，时间是 20 世纪 50 年代中期到 70 年代初，由此产生的结果是在 70 年代初的时候出现了一个中产阶级的日本。第二波在 20 世纪 60 年代到 80 年代发生在韩国和中国台湾（以及中国香港和新加坡），结果是到 80 年代在这些国家和地区形成了中产阶级社会。中产阶级在泰国和马来西亚，以及较小程度上在印度尼西亚和菲律宾的崛起，代表从 20 世纪 80 年代中期到 90 年代末，随着这个地区经济发展后阶级形成的第三波。我们现在正在目睹在中国大陆的城市中心中产阶级的形成，这是第四波。

东亚中产阶级形成的历史上有两个突出的点非常引人注目。

首先，尽管日本以及韩国和中国台湾的中产阶级主要是因为发展型国家和国家资本主义而产生的，中产阶级在东南亚的形成背后的推动力却是和国家形成联盟的全球和区域的跨国资本主义。从 20 世纪 80 年代中期到 90 年代初，当全球金融交易以指数速度扩大时，这些国家对它们的银行和有价证券投资制度实行自由化，从而使外国银行建立门店、外国金融机构投资者进入它们的股票市场更加容易。这些国家还对外国直接投资制度实行了自由化，当时因为1985年的《广场协议》导致日元、韩元、台币和新加坡元升值，迫使这些国家和地区的公司将它们的生产设施搬到东南亚。由此导致了商业网络的扩大和深化，无论是日本的、韩国的还是华侨的网络；同时还导致东亚国家经济进一步一体化。通过这个全球资本和外国直接投资领导下的区域经济发展，东南亚的主要城市中心越来越和全球及区域金融和生产体系结为一体。把总部设在像纽约和东京这样的全球中心的跨国公司在新加坡建立它们的地区总部，在曼谷、吉隆坡、雅加达和马尼拉建立它们的国家总部。跨国公司在各个国家的总部行使管理、国际金融、贸易和生产服务职能，实施并传达核心决定，如果有必要的话，和政府谈判，同时在郊区新开发的工业区建工厂，这些工厂通常都位于离国际集装箱码头近便的地方。劳动分工促使东南亚的主要城市中心和它们的郊区发生转型。泰国、马来西亚、印度尼西亚和菲律宾不断深入的一体化形成了全球金融体制和区域生产体制，为城市中心的商务专员和经理、工程师和技术人员、银行高级职员和股票分析师、顾问、律师、会计及白领办公室工作人员创造了就业机会，同时在这些地方的郊区为工厂管理者和工人提供工作。

其次，无论在日本、韩国、中国台湾还是东南亚，东亚的新兴城市，中产阶级，由于他们的中产阶级工作、教育和收入，反过来造就了和他们的中产阶级收入与地位相称的、属于他们自己的生活方式。这些中产阶级可能是日本人、韩国人、讲闽南话的台湾人、印度尼西亚的本地人、菲律宾华人、泰国人、新加坡人或者马来西亚的马来族人，但是比起他们父母那一代人，他们在职业、生活方式、品位、时尚和渴望上有更多的共同点：他们身为商务专员和经理、政府官员、顾问、医生、律师、会计师、记者和其他专业人员；他们的收入高于平均水平；他们受过较高层次的教育而且往往掌握两种，有时是三种语言；他们住在位于郊区的新城镇或城市的高级公寓里；他们有属于自己的汽车；在购物中心和集购物、餐饮、娱乐于一体的大型商业区购物；他们在美式快餐厅和时髦的意大利以及日本餐馆用餐；他们喜欢新的城市生活方式；把部分积蓄放到股市进行投资。大多数中产阶级人士是在他们这代人的时候得到他们现在的地位，但是他们的子女，那些看电视动漫和好莱坞电影、读日本漫画、打任天堂游戏、在麦当劳和肯德基就餐的人，把父母这代人的财富看成是理所当然的。

对东亚的中产阶级文化最好的理解是参考美国和日本国家建设过程中不同的历史经历和轨迹。就像松原隆一郎教授告诉我们的那样，在美国，阶级的形成和美国化是一致的。20 世纪 20 年代形成的美国中产阶级把“标准组合”（stardard package）的概念当成他们社会消费和自我代表的目标。即使人们不再相信持久的阶级结构，但是拥有汽车、收音机、电冰箱、洗衣机、化妆品和其他东西使人们成为中产阶级，从而有别于他人。同时，阶级的形成和自我定义和美国化的国家工程捆绑在一起，这包括把人口转变成“优秀的”、“没有历史的”美国公民，意思是，对于在本地出生的人和移民来说，忘掉他们过去的阶级、种族和语言，用和其他人一样的方式生活、照顾家庭。在这个中产阶级社会没有客观的标准，因为人们不再接受把上流阶层惹眼的消费作为效仿模式，而且没有传统上规定好的并令人接受的美国式的生活方式，“标准组合”——一个家庭所拥有的一整套东西（一幢位于郊区的房子，汽车、电视、冰箱、洗衣机，知名品牌的包装食品、服装和化妆品）开始定义“像其他人一样生活”的概念。20 世纪 50 年代电视的到来给标准组合的推广带来一场革命。通过大众传媒，美国式的生活方式——超越性别、年龄、阶级、种族、民族和区域差异，作为一个标准组合变得具有代表性。电视节目、好莱坞电影和百货商店展示作为标准组合的美国式的生活方式，并教人们如何穿衣打扮、如何装饰他们的房子、如何享受他们作为美国人的休闲生活。

美国在东亚地区的霸权试图通过把中产阶级的诞生当做其意识形态的远见的一部分，并通过和亚洲的发展型国家合作精心打造“自由亚洲”，来遏制共产主义。尽管中产阶级的形成出现在一个已经有日本公民存在的背景下，但是这个缔造中产阶级的工程在第二次世界大战后的日本特别有效。如果说在美国，在使人们变成中产阶级出现的同时，他们还不得不被变成美国人，那么在日本，这个工程包括使日本人变成中产阶级。日本人对美国生活方式的拥护对这个把日本人变成中产阶级的过程起到了调节作用。电视是美国化最重要的媒介。美国电视剧中由烤面包、牛奶和果酱组成的“典型的”美式早餐以及美国的“整体厨房”吸引着日本人。但是因为美国的产品不能进口到美元短缺的日本，美国的服务不能由讲英语的美国人提供，日本便选择进口替代品并依靠日本的公司满足这些市场需求。城市化和核心式家庭的增加扩大了市场需求并转化成对电视、冰箱、洗衣机和其他耐用消费品需求的扩大。城市化还改变了日本人关于住房的概念：厨房和卧室以及父母和孩子的卧室现在都是分开的，现在的住房都设有浴室和卫生间。房子成为一个独立的家庭空间，是包容家庭生活的外壳。和邻居之间的相互影响变得不那么重要，而电视、收音机、大规模发行的全国性报纸成为社会交流的首要媒介。到 20 世纪 70 年代，归功于经济的显著增长，绝大部分日本人都拥有中产阶级的收入，这使他们能像其他人一样生活，并拥有像其他人一样的家庭。

在一个已经认为自己是日本人的人群中，一旦大多数日本人都能过上舒适的生活，由“标准组合”所表明的文化的同源性很快就失去了吸引力。日本公司开始提出并推销新的生活方式。“新家庭”这个在 20 世纪 70 年代初由一个连锁百货公司杜撰出来的词，创造出这样一个家庭生活形象：人们身穿牛仔裤、T 恤衫，听音乐、看电影、出去就餐，一家人生活在一个装修得非常精美的房子里，以此作为“新家庭”生活的场景。还是在 20 世纪 70 年代，出现了新的时装和生活方式类杂志，如 *An An*，*Popeye* 和 *BRUTUS*，这些杂志按照时尚的目录，展示时尚的商品。住房广告、电视剧和室内设计杂志代表了人们对中产阶级生活的共同梦想，这些梦想又具体表现为新郊区城镇。因此，美国人的生活方式经过调整成为新的、混合后的日本中产阶级的生活方式，现在人们既吃烤面包又喝酱汤，住在既有榻榻米房间还有配有桌子和椅子的“西式的”房间的房子里，既听美国的流行音乐又听日本风格的流行歌曲（*kayo-kyoku*），还购买“亚洲”商品，如电饭煲和方便面。服务业、教育、卫生保健以及休闲领域也发生了这种土洋结合的转变，因为所有这些服务都是代替进口的，由日本人用日语提供。

美国化和东亚的土洋结合是形成中产阶级消费文化的两个相似过程。但是远不能只凭借消费能力来定义东亚的中产阶级，因为他们还是政治上的主体。他们在韩国和中国台湾地位的上升（代表中产阶级形成的第二波）对于重塑他们的政府以及形成新的民族主义具有重要的政治意义。

韩国和中国台湾的新民族主义者

韩国和中国台湾追随日本发展的轨迹，这些发展型国家和地区依赖生产力的政治学来把被定义为“韩国人”和“中国人”的现有人口，转变成中产阶级。但是中产阶级的上升，在向国家民主化施加更大的压力以及主张新民族主义方面在政治上证明了自己。

韩国在一代人身上经历了巨大的社会转型。1960 年，当朴正熙上台时，人均 GDP 是 80 美元；城市人口只占总人口的 28%；58%的农村人口是文盲；中产阶级只占总人口的 15%。但是到 1980 年，城市人口占总人口的 69%；到 1990 年，占 82%。1963 年，63%的工人从事第一产业（农业和其他自然资源产业），而 9%从事第二产业（制造业），28%第三产业（服务业）。1994 年，第一产业所占的百分比下降到 14%，第二产业上升到 24%，第三产业上升到 63%。高等教育的录取率从 1960 年的 15%扩大到 1980 年的 26%和 1985 年的 32%。期刊（包括日报）品种从 1961 年的 344 种增加到 1989 年的 3 898 种，而四大日报的总销售额从 1980 年的 860 亿韩元增长到 1987 年的 2 800 亿韩元，总共发行量达到 1 000 万份。电视拥有量从 1970 年的每 100 个家庭有 6.4 台增长到 1985 年的 99.1 台。

这样巨大的社会转型是由朴正熙领导下的迅速工业化带来的。1973 年，韩国开始大规模实施工业化，首先是钢铁生产、造船和汽车生产，1977 年以人均 GDP 达到 1 000 美元、出口超过 100 亿美元实现了目标。1979 年朴正熙遇刺，但是 1981 年他的继任者全斗焕成功地使韩国成为 1988 年汉城奥运会的主办国。在 1985 年《广场协议》后，美元贬值（韩元的汇率最初和美元挂钩）再加上国际金融市场的低利率、石油价格低廉，增加了韩国在国际市场的工业竞争力，韩国的产品潮水般涌入海外市场。韩国被赞誉为“亚洲四小龙之一”。1985—1990 年，韩国的股票市场上涨了六成。

社会转型带来了政治上的变化。但是，这并不是说不断扩大的中产阶级是民主化运动的先锋。1980 年掌权的全斗焕把他的军事政权塑造成朴正熙政权的样子。中产阶级的韩国人最初支持全斗焕的政权，因为他们想获得政治上的稳定。但是由于是通过暴力方式执掌国家政权，这个政权的合法性极不牢固，（对 20 世纪 80 年代初的经济低迷越发不满的）中产阶级很快就开始抱怨全斗焕政府的不公正和贪污行为。以由金大中和金泳三领导下的新韩国民主党为代表的政治上的反对派领导了这场运动，他们要求修订宪法、总统由选民投票直接选举产生。有关一位汉城大学的学生被折磨致死的报道唤醒了这场运动。以前是政治局外人的韩国中产阶级也加入这场最初主要由学生和工人组成的运动。1987 年 6 月，聚集了 180 万人上街集会示威，结果政府内部发生分裂，卢泰愚成为执政党的总统候选人。全斗焕总统被迫决定是使用武力向反对派施加压力还是向他们妥协。美国政府对此进行了干涉，反对军事镇压。中产阶级在这次运动中的出现防止了政府和反对派发生冲突。6 月 29 日，（已经在政府内部的斗争中获胜的）卢泰愚宣布政府将同意修改宪法和直接选举总统。

20 世纪 80 年代，韩国的经济发展还改变了消费模式。在工业化初期，人们为退休、应急、购买大宗商品以及子女的教育而攒钱。但是随着韩元在 80 年代末的升值和资产的增值，特别是在股票和房地产方面，韩国人花的钱开始比以前多了。在 90 年代，韩国成为一个大众消费社会。随着大众传媒和电信业的扩大，年轻的韩国人为像音乐、电视剧、电影和漫画这样的文化产品提供了一个不断扩大中的市场。

总之，经济发展、社会转型、政权更迭、年轻富有的消费者的出现加在一起导致了被韩国人称为“386 一代”的形成。出生在 20 世纪 60 年代（6），在 80 年代（8）时参加学生民主运动，到 90 年代时 30 多岁（3），这一代人是第一批没有直接经历过日本殖民统治和朝鲜战争的人，他们对老一代所拥护的独裁主义和发展主义持怀疑态度，现在他们支持卢武铉的民族主义努力，为韩国对抗美国在国际领域划出一个半自治的空间。

中国台湾经济的发展比韩国的开始得更早，持续的时间更长。1964—1973 年，中国台湾的平均经济增长率为 11.1%，1974—1979 年是 8.4%，1980—1986 年是 7.1%。1972 年，蒋经国调整了政府的发展政策，原来的发展目的是为了“反攻”大陆而在台湾建基地，现在变成为了台湾自己的工业发展。在 20 世纪 80 年代，劳动密集的出口导向型行业失去了国际竞争力，而技术密集型行业为台湾的工业发展提供了动力。

这种经济发展改变了中国台湾社会。人均国民生产总值（GNP）从 1960 年的 144 美元上升到 1970 年的 384 美元，到 1980 年的 2 293 美元再到 1988 年的 6 053 美元。第一产业中的就业人数在总人口中所占比重从 1960 年的 50%下降到 1985 年的 18%，而第二产业则从 21%上升到 41%，第三产业从 29%上升到 41%。受过大学教育的台湾人从 1960 年占总人口的 1.9%上升到 1988 年的 10.1%。随着台湾本地人加入最初由大陆人占优势的军人、公务员和学校教师的行列，中产阶级人口在总人口中所占的比重也从 1963 年的 12%上升到 1983 年的 40%。但是更重要的是，在 70 年代和 80 年代，中小型企业家和工程师、商务专员及管理人员都所有增加。

中国台湾处在国民党的控制之下，国民党长期以来是大陆流亡者对台湾本地人进行政治统治的工具。在 20 世纪 80 年代前，国民党政府强制实施的劳动分工将政治置于大陆人的手中，经济置于台湾本地人的手中。很长一段时间，这种划分方式引起双方关系紧张，但是并没有引发大陆人和台湾人之间的彻底冲突，这部分程度上是因为政府权力，也因为人均收入增加并没有加剧人口间的收入差距。

台湾不像韩国，经济由财团（韩国的商业大企业）控制，台湾的经济发展主要由中小规模的行业领军。经济发展创造出相当数量的台湾中产阶级，但他们却被排除在政治之外。韩国的民主化主要由来自下面的压力推动，在台湾，这个主动权来自国民党的最核心。在蒋经国当权的最后几年，他开始实行政治自由化改革，允许在 1986 年建立反对党，在 1987 年取消了战争法，为李登辉作为第一个在台湾出生的"总统"铺平了道路。宁静革命（the Silent Revolution）在李登辉的领导下继续进行，他在 1991 年宣布反共的内战结束，劝退了"永久性"议员，并在 1996 年台湾的第一次直接选举中攫取了"总统"的位置。同时，作为反对派的民进党 1991 年在它的政党纲要中正式提出"台湾独立"，并且把统一问题和台湾的"主权"作为重要的政治问题。

和台湾地区的经济发展一起成长起来的台湾中产阶级主要由出口导向型、中小规模企业的企业家和他们的商务专员及管理人员组成。他们以闽南话（以及客家话）为母语，但是由于接受汉语教育他们能用国语读写；因为上学、朋友、家庭和生意上的联系，他们在海外拥有广泛的交际网络。从政的企业家就来自他们当中，文化界的企业家已经使台湾成为以汉语为基础的文化产业中心之一。大陆的华人和东南亚市场说明流行音乐潮流的转变，比如，以前占主导地位的粤语流行音乐让位给国语音乐，台湾取代香港成为判断华人流行音乐口味的地方。

如果说，韩国新兴中产阶级政治和文化地位的上升是由一代人，即所谓的"386 一代"体现的话，中国台湾中产阶级的崛起则是通过少数民族政治来表现它自己，它使（特别是讲闽南话的）台湾人的经济权力、不断扩大的文化和政治权力与以前占主导的大陆台湾人对立起来，和中国大陆对立起来。韩国和中国台湾都目睹了以新兴中产阶级为享有特权的历史主体的新民族主义的兴起。但是，韩国的新民族主义是按照一代人来划分的，主要指的是年轻一代的韩国人赞同韩国在国际政治中相对于美国拥有更加独立自主的地位，而中国台湾的新民族主义则是按政治与种族来划分，指的是台湾本地人拥护一个既反对大陆台湾人又反对中国大陆的“独立”的（而且更重要的是）台湾。

就像在韩国和中国台湾一样，在东南亚——印度尼西亚、马来西亚、泰国和菲律宾中产阶级的产生是在具体的政治和社会结构中孕育发展的，并且按照不同的道路、不同的成功和失败率进行的。接下来的三个部分将结合泰国、印度尼西亚、马来西亚和菲律宾具体的政治和社会结构比较这些国家中产阶级出现的情况。

泰国上升的中产阶级

泰国从开始于20世纪50年代末并延续到90年代末的长期经济发展中受益，这个时期的经济繁荣在1987—1995年达到顶峰，并导致了中产阶级的出现和发展，他们在社会上密切联系、文化和知识上处于支配地位、政治地位趋于上升。

1987—1995年期间，泰国的经济以平均8%的速度增长。曼谷大城市区（首都曼谷和它的五个邻近省份）在这个阶段以一个世界级城市的面貌出现在世人面前。全球的金融和外国直接投资是这个进程背后的动力。曼谷大城市区的金融、保险、房地产行业在1989—1993年增长了160%。这股经济热潮在制造业，金融和保险，房地产开发，法律、信息、财务、翻译和营销服务，酒店、饭店业和娱乐业提供了具有中产阶级性质的工作。

但是专业人员，无论是商务专员、经理、工程师、银行高级职员、会计、律师，还是其他人员，都很短缺。因此，在经济繁荣的那些年，他们的工资迅速增长，是公务员工资的几倍。泰国的大学毕业生，大多数以前都是进入政府部门当职业公务员，在20世纪80年代却开始进入私有部门。在经济繁荣的那些年这个趋势的发展速度大大加快。政府官员也转投私有部门。曼谷的中产阶级人口（那些被归类为专业人员和技术员、经理和管理人员、白领、办公室职员的人）从1985年的31万人增加到1994年的71万人。

泰国新兴城市中产阶级还是教育扩大化的产物。1975—1985 年，大学生人数大幅度增加，从每 10 万人中 316 人上升到 2 009 人。大学教育的规模扩张不合比例地让传统的华裔泰国曼谷中产阶级受益。1994 年的一项调查发现，曼谷中上阶层专业人员中，月收入超过 2 000 泰铢的有 61%都是在曼谷出生的，59%是上过 14 年学的大学毕业生。

在年龄上，他们还更年轻。根据 1990 年的一项研究，曼谷中产阶级就业人口中有 56.2%属于 20～34 岁这个年龄段。他们主要是华裔泰国人。曼谷传统上是一个“华人”城。一项 1960 年的调查显示，30 多岁的人中 16.2%的人，40 多岁的人中 32.6%的人，50 多岁的人中 37.2%的人有中国国籍，而曼谷人口中 9 岁以下的人中只有 0.6%，10～14 岁的人中的 0.7%有中国国籍。换句话说，传统的曼谷中产阶级在 20 世纪 60 年代仍然有很多人拥有中国国籍，他们是商店老板、小商人和小工厂的老板。但是他们的子女，出生于 1945—1955 年，成为了华裔泰国人。同样这些人——在第二次世界大战后出生在曼谷的华裔，他们的父母很传统，往往是中国人，是中产阶级；他们是在 20 世纪 60 和 70 年代教育发展中受益最多的人，他们领导了 1973 年的学生革命，在过去的 20 年里成为新兴城市中产阶级。

中产阶级作为一个社会构成部分的崛起改变了曼谷的空间结构和它的社会文化生活。城市的中心地带建起了高级公寓，郊区的住宅综合小区配有购物中心、医院和学校。仅 1985—1992 年期间，就有 36 家百货公司开业（1985 年以前只有 25 家）。由于 90 年代初交通条件恶化，中产阶级中中高收入的人群发展了一种新的生活方式，他们在工作日待在只有一居室的城市公寓里（第一个城市公寓是在 1993 年被开发的），在周末回到他们位于郊区的家里。他们还得到“标准组合”里的东西。1984 年，曼谷 48%的白领拥有汽车，53%的人有电话。10 年后，超过 70%的白领有汽车，80%有电话，40%有手机。报纸和电视节目也为满足他们的兴趣爱好，发表有关汽车、公寓、电子产品和时装的特写文章。

传统上，泰国的中产阶级人数非常少。在 1960 年，中产阶级人口只占就业人口的 2.6%，他们当中 60%以上的人都就职于政府部门。沙立·他纳叻（Sarit Thanarat）是那个时代（1957—1963）的强人，他和美国结成联盟，向在美国和英国接受过培训的技术官员谋求支持，他将缔造一个中产阶级的泰国作为他建国的目标，为未来泰国经济的发展打下基础。但是接下来的发展在两个重要方面没有实现他的梦想。

首先，学生，主要是曼谷那些华裔泰国家庭、传统的中产阶级的子女，沙立所制造的发展型国家的产物，在1973年的学生革命中摧毁了独裁政权，并使国家开始了一个漫长的政治转型进程，最终导致泰国的中产阶级建立了文化垄断，并于20世纪90年代将这种垄断成功地转化为政治权力。这段历史是世人所熟知的。由学生革命所开创的开放政治（其中人数不多的城市中产阶级和农民、工人第一次以一种政治力量出现在历史上），和1976年的反革命政变一起被压制下去。取代它的是权力共享，这通常被称为半民主。军方和官僚机构的精英愿意和政党政治家及商界精英一起共享权力。尽管江萨·差玛南（Kriangsak Chomanand）和炳·廷素拉暖（Prem Tinsulanond）在当选总理之前都没有被选举为议会议员，但他们的政府的稳定性取决于他们能否成功地组成并保持多党执政联盟以及能否获得并保持军方的支持。在这个半民主的阶段，当地的老板变成了政党政治家，并开始主导以平均地权论者为基础的政党，用公共工程、直接花钱买选票来动员平均地权论者的支持，并把政治变成一个赚钱的生意。

1991年，随着差猜·春哈旺（Chatichai Choonhavan）执掌政权，半民主到达了一个重大的转折点。在炳·廷素拉暖执政时期，军方是高级伙伴，政党是低级伙伴；政党政治家差猜作为总理的崛起威胁到将会把军方降级到低级伙伴的位置。素金达·甲巴允（Suchinda Kraprayoon）领导下的军队进行反攻，发动了十多年以来第一次成功的政变。曼谷的中产阶级既不支持也不反对政变，因为他们对腐败感到震惊，腐败是差猜和他的副手们——地方老板变成政党老板的特点；再者，素金达承诺在不远的将来会恢复平民统治。然而，当素金达威胁要持续军方在政治中的支配地位时，中产阶级就起来反对了。在1992年2月的大选中，支持素金达的政党得到350个议席中的195席，但是在曼谷的35个议席中只得到2席。1992年5月曼谷发生了大规模示威，最终军队开枪射杀示威者，素金达辞去首相职务。事情的发展被誉为“成功的中产阶级起义”，让人回想起19年前的学生革命，尽管研究显示中产阶级并没有大规模参加示威，中产阶级起义的概念更多的是后来新闻报道中创造出来的词，而不是街头的实际情况。然而，正是同样这批人，1973—1976年革命期间那些在曼谷出生的华裔泰国学生和1992年中年的泰国城市中产阶级经理和专业人员，掌握了文化和知识上的支配权，并讲述了 1992 年“成功的中产阶级起义”的故事。

但是这个中产阶级的霸权还远没有结束。像沙立所预见的“中产阶级的泰国”（绝大多数泰国人享有中产阶级的地位、收入和生活）还没有出现。那些已经从经济发展中受益的人还仅限于曼谷的城市中产阶级，那些生活在泰国各府的人们，首当其冲的是占人口半数以上的农民和农场主，还处在繁荣圈之外。这是由经济结构造成的。泰国的经济发展主要发生在曼谷及周边地区，在这个过程中使曼谷的中产阶级受益。各府的农民和农场主被剥夺了上高中的机会，更不用说大学教育了，他们要么仍处在生产力低下的农业部门，要么移民到曼谷充当按短期合同做工的没有技能的工人。即使在 20 世纪 90 年代，泰国的农业人口仍占劳动人口的半数以上（而农业部门的国内市场总值比例在 1995 年下降到 11%）。这造成各省和曼谷大都市区之间巨大的并不断扩大的人均收入差距。曼谷的人均地区 GDP 是最贫穷的东北部的 10 倍，在 90 年代这个地区的人口占泰国人口的 1/3。因此将军们和官僚们可以宣称他们是农民和农场主中沉默的多数派的“真正的”代表和庇护者。在代议民主制下，农民和农场主支配选举权。在选举的时候，他们的选票受到军队和内政部官僚权力的影响，以及地方老板的金钱和势力的影响。

鉴于此种情况，城市和农村之间的差距在 90 年代时使政党分化就不足为奇了。比如，在 1995 年 7 月的选举中，以政客们靠贪污和花钱买选票而闻名的泰国民族党（Thai National Party）以各府的多数党身份出现，这个政党的党魁——班汉・西巴阿差（Banharn Silpa-archa）就当选为首相。但是该党在曼谷连一个席位都没有得到。在 1996 年的选举中，这种情况再次上演，差瓦立・永猜裕（Chavalit Yongchaiyudh）领导下的新希望党（New Aspiration Party）获胜，但是该党在曼谷只赢得一个席位。在这些选举中，主要的问题是贪污和花钱买选票。对于农村选民来说，当他们知道他们不会以其他方式从议会政治中得到任何好处时，只要有人出钱，他们把选票卖掉是很自然的事。而政客们一旦当选，就想通过贪污来回收他们的投资，这也很自然。但是曼谷的中产阶级对此深恶痛绝，一些有名的曼谷报纸曝光了贪污丑闻。

在 20 世纪 90 年代中期，在修订宪法的过程中展开了这场战争。然而，中产阶级的文化上的支配权从开始就向中产阶级倾斜。根据决定，负责修订宪法的委员会将由大学毕业生组成，尽管大学毕业生只占泰国 20 岁以上人口的 2.5%。由代表农民利益的政党和政党老板控制下的议会被寄予希望去反对由这个委员会起草的宪法修订。

就在这时货币危机席卷了泰国。由1993年一个离岸银行业务的建立而开始的资本内流在1993—1995年期间转变为境外资本输入交易的洪流，以前在1987年是276亿泰铢，在1995年达到6 504亿泰铢。这笔钱不仅流入股票市场和消费贷款领域，还流向房地产开发领域。仅1994年一年，就建了25万套住房，这个数字是1993年的3倍。这种房地产泡沫在1995—1996年期间突然就开始了。据一家国有银行估计，到1996年末有27.5万套住房没有售出，到1997年末有33.8万套。工业园和购物中心也没有售出或出租出去，处于空置状态。在这种危机的情况下，政党无力否决宪法修订，从而把经济危机深化为政治危机。最终宪法修正案得到通过。新宪法规定议会成员和内阁的部长必须有大学学位，这使通过非法赌博、卖淫和酒店业赚钱并控制以平均地权者为基础的政党的地方老板很难成为议会成员和内阁部长。而且，宪法修正案禁止议员充当内阁部长，使政客们很难通过公共工程和贪污赚钱。而且以前被任命的参议院成员要通过选举来遴选，军人不能参与议会。

但是危机对曼谷中产阶级的打击和对其他阶级的打击是相同的。许多金融机构关闭，跨国公司停止了生产经营活动，超过100万的工人失去了工作。中产阶级和其他人一样感到惊恐。这为从商界大亨转变为政治冒险家的他信·西那瓦（Taksin Sinawatra）弥补城市和农村的分化提供了一个难得的机会。他以靠国内需求推动下的发展（而不是过去外国直接投资和全球资本推动下的发展）战胜危机的首席执行官的身份出现在曼谷中产阶级面前，同时呼吁各省的农业发展应该是平等和自治的。他还在官僚精英面前把自己表现成一个能恢复他们主张的中央集权下的经济统治梦想的强人。他的新政党——泰爱泰党（Thai Rak Thai）（意思是泰国人爱泰国），以极大的优势在2001年的选举中获胜。然而，他信能否继续掌权以及泰国的中产阶级在文化上的支配权都要看未来几年泰国经济的表现。

马来西亚和印度尼西亚分化并具有依赖性的中产阶级

如果泰国的城市中产阶级是以连贯合理、文化上占垄断地位、政治上处于上升地位的一代人出现的话，马来西亚和印度尼西亚的中产阶级的出现，尽管也发生在同一代人身上，在种族上却是分化的，他们要依靠政府，并且无法以任何根本的方式重塑马来西亚和印度尼西亚的政治。

就像在泰国一样，在马来西亚，中产阶级是 1986—1997 年区域经济发展繁荣期的产物，在这一期间马来西亚经济以每年 8.6%的速度增长。马来西亚的中产阶级（在种族上可以分为马来人、华人和印度人），首先是马来人中产阶级，还是马来西亚发展型国家的产物。马来西亚自 20 世纪 70 年代初以来一直在国民阵线（National Front，NF）政府领导下。这是一个在马来民族统一机构（United Malay National Organization，UNMO）领导并控制下的种族和区域政党联盟。国民阵线控制着超过 2/3 的议席，而马来民族统一机构则控制着国民阵线手中议席的半数以上。因此，在过去的 30 年里马来民族统一机构掌握着国民阵线政府，并且把它当成创立马来人中产阶级的目标。

马来民族统一机构的新经济政策以及后来的国家发展政策部分程度上都是为了这个目标而进行调整——提高马来人的社会和经济地位并通过政府领导下的经济和教育发展创立一个马来人的中产阶层，同时用外国直接投资推动下的出口导向型经济增长安抚非马来人。马来人的就业和大学录取率都有固定的名额保障。马来语取代英语成为高中和大学授课所使用的语言。将马来人在公司中占 30%的比例设为目标。中央和州政府还建立了许多公共公司为马来人商业精英的诞生做好准备。一个马来人的中产阶层由此在 20 世纪 70 年代出现在公共部门中。

但是在马哈蒂尔·穆罕默德（Mahathin Mohamad）于 1981 年上台后没多久，马来西亚经济发展的速度就慢了下来。石油利润暴跌，公共公司的运转非常糟糕，中央和州政府的债务堆积如山。这迫使马哈蒂尔调整新经济政策的发展战略。通过和日本公司结成联盟，马哈蒂尔开始实施重工业化，建立了马来西亚重工业公司（HI-COM）。他还把他的发展重点从公有部门转向私有部门，并开始对公共公司实行私有化。政府官员以及公共公司的经理和管理人员从公有部门流向私有部门，被转变成马来人的商业精英。马来人的经理和管理人员的数量从 1970 年的 5 000 人上升到 1990 年的 54 000 人。

马来人的中产阶级还是政府领导下的教育发展的产物。大学教育稳步扩大。1975

年每1万人中有266个大学生。这个数字在1980年增加到419，1990年为679，1995年为971。教育的发展使马来人所得到的好处超过正常的比例。1970年在总共录取的7 677名学生中，有3 084名马来人和3 752名华人进入大学（几乎没有人出国接受大学教育），1985年22 271名马来人（占上大学的学生人数的37%）和9 142名华人（占15%）进入马来西亚的大学学习，还有6 034名马来人（占10%）和13 406名华人（占22%）出国接受大学教育。

在金融危机前（1981—1997），经济的发展和马来人及华人构成的新城市中产阶级的兴起极大程度上改变了吉隆坡的城市面貌。在吉隆坡的中心商业区建起了酒店、购物中心和办公楼。1996年宣布开发多媒体超级走廊计划（Multimedia Super Corridor）。吉隆坡的都市区随着郊区的发展而扩大。沿着刚刚建好的北—南高速公路，对郊区住宅综合体和新城镇进行商业开发。核心家庭的增多加速了房地产开发，扩大了对城市里高级公寓和郊区的住房及公寓的需求。在郊区开发配有大型停车场的购物中心，大型购物、餐饮、娱乐于一体的综合性商业体和休闲设施。购物中心里的铺面主要出租给日本和美国的零售商。

百货商店、购物中心、报纸和杂志、电视节目和广告里展示的都是新型的生活方式。尽管对种族、宗教偏好和食品及服装方面的禁忌仍很敏感，但这种新生活方式似乎超越了种族界限。无论马来人还是非马来人，中产阶级具有很多共同点。他们都面临一系列的住房问题，这些问题包括住宅开发存在缺陷、住房销售存在的问题。他们想让子女接受好的英语教育，而且他们关注环境问题和女权问题。在20世纪90年代，大众传媒做出反应，报道新兴中产阶级的忧虑、兴趣和问题。《新海峡时报》（*New Straits Times*）在它的生活方式版发表特稿文章，而《星报》（*Star*）的第二版则报道文化、艺术、环境、女性、休闲和娱乐。时尚亮丽的女性杂志展示的是新女性形象，她们身着西式服装，但戴着头巾；还有在装修得非常漂亮的公寓里或郊区住宅里的新生活方式。电视、报纸和杂志，以及百货公司和购物中心里展示的是汽车、耐用消费品、家具、品牌食品、服装、化妆品、代表生活方式的商品以及豪华公寓、联排别墅和度假别墅。汽车拥有量从1980年占全部家庭的19%上升到1991年的32%；电视拥有量从49%上升到78%；冰箱拥有量从27%上升到32%。城市青年文化还和快餐店、咖啡屋、迪斯科、品牌服装、汽车、旅游及主题公园一起发展起来。

然而种族之间的界限仍然存在。郊区的住宅综合楼和新城镇都是按种族聚居。马来人、华人和印度人在时装、电影和音乐方面有不同的品位。他们可能都喜欢美国流行音乐、好莱坞电影和日本的动漫，但是马来人喜欢马来的流行音乐以及印度尼西亚的流行音乐和电影，而华人喜欢香港的电影和音乐，印度人喜欢印地和泰米尔电影和印度音乐。

因此，种族分化仍然是马来西亚政治中最重要的分歧。但是马来人和非马来人中产阶级的兴起以其他方式在马来西亚的政治中反映出它的影响力。首先，马来民族统一机构变得更以商业为导向。该机构传统的社会基础是农民和农场主、公务员和学校教师。然而，到 20 世纪 80 年代末，商务专员和经理成为这个政党的主要力量。在 1987 年该党的代表大会中，25%的代表是商务专员和经理，19%是学校教师，23%是公务员，尽管在 1990 年马来人的就业人口中仅有 1.4%被归类为商务专员和经理。

然而，在 20 世纪 80 年代和 90 年代，马来民族统一机构以商业为导向又有了另外一层意思。随着建立福利特控股公司（Fleet Holdings）作为它的商业臂膀，马来民族统一机构大规模进军商界，在食品加工、酒店和房地产开发方面进行投资。它的各个分支机构也如法效仿。结果，到 20 世纪 90 年代中期，马来民族统一机构的中央领导机构、分支机构和政党领导人建立了 16 万多家公司。马哈蒂尔的私有化政策和他为大型基础设施开发项目（例如，北—南高速公路）引入的“建设—经营—转移”计划因为一切以商业为重，帮助了马来民族统一机构。这其中的逻辑是直截了当的。马来民族统一机构的领导机构控制着政府，它把商业机会分派给了它的支持者们。为了得到公共工程、政府投资的开发工程和“建设—经营—转移”工程中的业务，商务专员和经理们加入这个政党以便控制这个政党在全国、分支机构和地方组织中的重要位置。为了被选中担当党内重要职务，这些商界人士在竞选中要花很多钱，一旦当选，他们通过建立新的马来民族统一机构公司，得到公共工程、政府投资的开发工程和“建设—经营—转移”工程中的业务，要求政府和党的中央领导机构将更多的机会分派给马来民族统一机构的成员和商业机构来补偿他们当初在竞选中的投资。

正在崛起的马来人中产阶级中的伊斯兰复兴也深深影响马来民族统一机构。不仅接受马来语和阿拉伯语教育的马来人，更重要的是还有越来越多的接受英语教育的马来人开始追随拘谨的、阿拉伯式的伊斯兰教。泛马来西亚伊斯兰教党（Parti Agama

Se-Malaysia，PAS）是唯一一个大的马来反对党，它掌握在在中东接受教育的“年轻的突厥人”（Young Turks）手里，他们的权力基础是20世纪80年代的伊斯兰复兴运动的传播和教育群体。他们呼吁修改联邦宪法，目的是让联邦宪法和伊斯兰教的律法更一致，他们还攻击马来民族统一机构的领导阶层是“异教的”、异端的。在70年代和80年代伊斯兰学生运动也变得非常活跃，首当其冲的是安瓦尔·易卜拉欣（Anwar Ibrahim）领导下的马来西亚伊斯兰青年运动（Angkatan Belia Islam Malaysia，ABIM），该运动呼吁提高马来人在经济和社会中的地位，并强调伊斯兰教对于马来人身份的重要性。70年代，这个组织扩大了它在学生和城市青年中的影响。

马来民族统一机构的领导阶层利用泛马来西亚伊斯兰教党的伊斯兰“原教旨主义”倾向向公众提出警告，同时打压核心伊斯兰分子。该机构还试图拉拢伊斯兰复兴力量。安瓦尔·易卜拉欣——马来西亚伊斯兰青年运动的主席，加入了马来民族统一机构，并在80年代初成功进入国会，作为回报，他被吸纳成为内阁成员，并且在政党中的地位一路攀升，在1993年成为副总理。

因此，在80年代和90年代，马来民族统一机构在马来人群体面前是马来人经济利益和马来人伊斯兰身份的捍卫者。1993—1998年期间，在马哈蒂尔和安瓦尔·易卜拉欣领导下的马来民族统一机构体现了这种双重保护。首先，马来人仍然依靠政府，他们并没有如马哈蒂尔所希望的那样，像华人一样具有竞争力。其次，种族分化仍然存在。1991年，马哈蒂尔宣布了“2020宏愿”（Vision 2020），确立了马来西亚将在2020年加入到发达工业国的行列这样一个目标，在未来的20年里，马来西亚将保持7%的年经济增长率，以及以马来西亚国民意识为基础的国家建设速度。高经济增长和国家建设之间的纽带显而易见：调动非马来人的人力资源和资本对于实现7%的年经济增长来说是必需的。在一个象征性的提案中，政府解除了对大学体制的管制并对其实行自由化，还在90年代中期批准为非马来人学生建立私立大学教育。

然而，两代人之间的权力斗争使马来民族统一机构和以该机构占主导的国民阵线政府几乎遭到毁灭。这从1993年安瓦尔·易卜拉欣作为副总理开始。前马来西亚伊斯兰青年运动的活跃分子及年轻的商务专员和企业家也在他的帮助下势力上升，得到公共工程、政府投资的开发工程和“建设—经营—转移”工程中的商机。但是对商机的分配具有最终决定权的是马哈蒂尔而不是安瓦尔。当1997年金融危机开始时，马来民族统一机构的青年团是反马哈蒂尔力量的排头兵，他们宣布支持安瓦尔并攻击马来人第一的政策是“任人唯亲经济”。这激怒了马哈蒂尔，不仅因为他受到了攻击，还因为那些攻击他和他的新经济政策/国家发展政策的人正是他的政策和“任人唯亲经济”的产物和受益者。

接下来发生的事众所周知。安瓦尔·易卜拉欣被从副总理的职位上赶下来并被捕。他的支持者被从马来民族统一机构中踢了出来。年轻的中产阶级马来人对事情的发展和对待安瓦尔的方式——被捕、因鸡奸而受到审判并被判入狱——感到愤怒。他们成立了一个新政党——正义党（Keadian），由安瓦尔的妻子出任该党主席，并联合泛马来西亚伊斯兰教党形成替代阵线（Alternative Front）。在 1999 年大选中，马来人群体中不同世代之间的分化表现了出来。国民阵线得到 148 个席位，超过总议席的 2/3，尽管这个数字比 1995 年它所赢得的 162 个席位有所下降，但是马来民族统一机构只获得了 72 个席位，比 1995 年的 89 个有所减少。更重要的是，马来民族统一机构现在所控制的国民阵线的议席数还不到一半。马来民族统一机构还失去了对北方三个以上的州的控制，控制权落入泛马来西亚伊斯兰教党手中。其失败是由于马来人投票者疏远了马来民族统一机构。马来人占投票者 80%以上的选区有 40 个，其中马来民族统一机构获胜的只有 12 个，而泛马来西亚伊斯兰教党和正义党得到了其他选区的选票。在马来人占投票人数 50%～80%的 58 个选区中，马来民族统一机构获胜的有 56 个。显然马来民族统一机构获得的议席要归功于非马来人投票者。马来西亚社会按照社会群体产生了分化。现在马来人群体按照年龄代和意识形态发生了分化，但是仍然依赖于马来西亚的发展型国家。可是，种族和平和中产阶级马来人对马来民族统一机构的支持取决于马来西亚的经济表现，而这方面的控制权掌握在国民阵线政府和跨国资本主义手里。

和马来西亚的情况一样，印度尼西亚的新兴城市中产阶级也出现在苏哈托新秩序（New Order）统治下的一代人中。苏哈托所建立的政权以政府作为他的权力基础，以军队为支柱。这个政权是中央化、军事化、专制而又残忍的。军官不但掌管军队，还占有政府中民事部门里具有战略意义的位置——担任特区区长、市长、省长、秘书长以及部长。印度尼西亚政府的资金来源只有部分是来自正式的预算；它的非正式或者“预算外”资金具有相当重要的作用，这些资金来自国有公司和机构，如国家油气矿业公司（Pertamina）和国有后勤署（Bulog），近些年来则来自和苏哈托的副手、任人唯亲的商业大亨以及家庭成员之间所建立的联合企业。这些都牢牢掌握在苏哈托手中，并且是新秩序中央控制和指导下庞大的委派官职网络的基础。

由于以政府为他的权力基础，苏哈托将他的“潘查希拉”①（Panca Sila，指这个共和国立国的五项原则）民主的“国民一致”强加给印度尼西亚的民众，并以稳定和发展为名禁止公开谈论除了他的“潘查希拉”民主以外的宗教、种族、阶级和意识形态。“伊斯兰的”政党和组织被迫接受“潘查希拉”作为它们唯一的组织原则。伊斯兰激进主义分子受到监视、摧残、逮捕并被迫转入地下，在博物馆展出种族之间的差别。随着宗教和种族分化受到遏制，政府通过政治稳定和经济发展的政治策略解决阶级分化。

这种政治策略，再加上非政治化和对宗教和种族分化的遏制政策，很好地满足了苏哈托新秩序政权的需求。印度尼西亚的经济在1971—1981年的十年间以年7.7%的速度增长。1982—1986年期间经济增长速度下降到4%，但是在从1987年到1997年《广场协议》后经济繁荣的那些年里，年经济增长率为6.7%。这第二轮繁荣——部分是在日本、韩国和“华侨”外国直接投资的推动下，部分是由于全球金融资本的内流，目睹了由华裔印度尼西亚人商业群体和外国资本控制下的私有部门的扩大，这使曾是20世纪70年代和80年代初印度尼西亚经济中流砥柱的国有部门相形见绌。

新兴城市中产阶级就诞生于经济繁荣的这些年。根据1996年的统计数据，那些被归类为专业人员和技术员、商务专员和经理、白领办公室职员的人员总计为740万人，占就业人口的8.6%。若考虑到印度尼西亚的500万名公务员，则大多数各省的中产阶级都在国有部门中。然而，在雅加达，新兴中产阶级性质的工作是私有部门在1987—1997年这个时期的快速发展时创造出来的。这个阶段的经济发展，再加上新城市中产阶级的兴起，将雅加达变成一个拥有1 000万人口的新兴中产阶级城市。它把配有商业、银行总部、一流的酒店和购物中心的中心城市区和拥有工业园和新城镇的郊区合并到一起，让它们融为一体。

从1987年到1997年，雅加达的经济以三个产业为基础：制造业、商业和银行

① 这里是音译，Panca Sila来自两句梵文，“Panca”即五，而“Sila”即原则。——译者注

业。在市中心，1988年的金融自由化为全球金融资本打开了闸门。银行资本从1983年的63万亿卢比扩大到1992年的484万亿卢比，银行的数量从1988年的91家扩大到1993年时的214家。但是银行的专业人员极为短缺。由于在银行业工作，必须要懂英语，那些年龄在二三十岁，曾经在美国和英国的银行工作过或者在美国或澳大利亚受过教育的人成为年轻的银行业专业人员。私有银行雇用他们担任主管和经理，每月付给他们500万卢比的工资（一个制造业的新大学毕业生的工资是50万～100万卢比）。银行和房地产热导致雅加达中心商业区——金三角的扩大和再发展。印度尼西亚和外国的商业和银行总部建在那里。新办公楼、购物中心和商业综合体，酒店和高端公寓也建在那里。

另外，在雅加达郊区的扩展中，工业园和新城镇的发展起了关键作用。工业园是华裔印度尼西亚人商业团体和日本的商社沿着150公里长、连接佳拉望（Karawan）、贝克西（Bekasi）、雅加达、坦格朗（Tangerang）和西冷（Serang）的东西高速公路开发的。日本和韩国的公司在那里建立了它们的工厂。1998年在印度尼西亚有大约150个工业园，其中60%位于雅加达及其郊区。新城镇也沿东西高速公路建设。在每个高速公路的交汇处开发工业园和新城镇，就像一串葡萄一样。雅加达郊区的茂物、坦格朗和贝克西的人口在80年代以每年5.08%的速度增加，从1990年到1994年是4.47%，远远超过这个城市在80年代2.41%和1990—1991年2%的增长速度。越来越多的人口搬到经过商业开发的新城镇。

在大众传媒中有很多有关雅加达城市区的新兴的城市中产阶级的描绘。杂志周刊和月刊中有关于专业人员（商务专员、银行高级职员、记者、建筑师、律师、大学教授）的介绍，当电视业实行自由化、成立了新的私有电视台的时候，他们还出现在电视的访谈节目中。身着品牌西装，开着价格不菲的汽车，在一流的意大利、法国和日本餐厅就餐的年轻的银行专业人员，开始成为私有部门领导下的经济发展时代中新型专业人员的象征。他们的地位的上升还改变了中产阶级的形象。如果他们在20世纪80年代时是非“本地人”和非穆斯林，他们现在可能是本地人或非本地人，穆斯林或非穆斯林。尽管他们在很大程度上是政治庇护的产物，但是“有钱”还是变成很酷的一件事。在一项调查中，几乎70%的雅加达中产阶级被调查者都回答，他们愿意成为成功的商界人士。

然而对这个拥有多达2亿2 000万人口的大国来说，中产阶级的数量是很小的。而且，尽管不像在马来西亚那样存在种族隔离，他们在很多方面也存在裂隙。华裔印度尼西亚人和本地印度尼西亚人之间，依靠苏哈托家族及任人唯亲的人与独立的专业人员和主管们之间的关系很紧张。在公共和私有部门之间，在虔诚的穆斯林和名义上的/统计学意义上的穆斯林之间也存在着紧张关系。就像在马来西亚一样，伊斯兰复兴在其过程中深深影响了中产阶级印度尼西亚人。成千上万有关伊斯兰神学、政治、政治理论、历史、律法和革命的书被从阿拉伯文和波斯文翻译成印度尼西亚文。大学里的教师和学生在校园里组织讨论组，在附近的清真寺组织伊斯兰复兴宣传活动。父母把小学生送到伊斯兰暑期学校。在漂亮的办公大楼、购物中心、酒店和饭店建起祷告厅。房地产公司在西爪哇为富人提供“伊斯兰式的房地产”。伊斯兰教不再只和农村的贫困、宗教的教条主义、中东、反华人和反西方的情绪，以及原教旨主义者寻求建立一个伊斯兰政权联系起来。现在它还和电视访谈节目、移动电话以及斋月期间在麦当劳消费米饼（ketupat）联系起来。苏哈托在将伊斯兰复兴为他自己的政治利益所用中，成立了印度尼西亚穆斯林知识分子协会（Association of Indonesia's Muslim Intellectuals，ICMI），容忍伊斯兰和伊斯兰主义的政治激进主义，在军队中提拔虔诚的穆斯林军官，向名义上的穆斯林和非穆斯林提出警告。

到20世纪90年代，由于政权本身在那些年里经历了重大的转型，很明显社会分化不能再得到遏制了。从一个军事政权转为个人的/独裁的政权是对这种变化再好不过的概括；由于苏哈托比他同时代的对手活的时间都长，他成为在他统治的最后十年里无人能出其右的铁腕人物。曾经是他私人心腹的军官统管着军队；他的家人，每个人都建有他（或她）自己的商业帝国，公开掠夺国家的财富并且不受到任何惩罚。苏哈托的副手们（他的部长、司令、省长、特区区长和市长们）追随他们的上级对国家“私有化”的例子。政府因此越来越腐化，同时保有对社会的巨大权力。与此同时，秘密战争在亚齐（Aceh）和伊里安查亚（Irian Jaya）（以及东帝汶）正在进行，这些活动以共和国的名义杀害印度尼西亚人，并破坏了民众对这个共和国在那些地方仍享有的任何信任。雅加达对权力和资源的控制以及爪哇人对政府的垄断导致对地方自治以及在具有战略意义的省长、特区区长和市长这样的职位上任命“当地子民”的需求越来越大。

1997 年金融风暴袭击了印度尼西亚，使包括苏哈托的家族成员、亲信和副手们所建立并拥有的那些商业帝国面临破产的威胁。这场危机还破坏了政府的非正式融资机制，这是苏哈托长期委派官员的中流砥柱。已经深陷泥沼并且被堆积如山的不良贷款所拖累的银行业陷入了体制上的危机中。1997 年秋 16 家银行关门。到 1998 年初，在雅加达股票交易所上市的 80%以上的公司破产。1997—1998 年期间，在 100 多个地方发生了反华骚乱，包括 1998 年 5 月破坏了棉兰（Medan，北苏门答腊）、雅加达和梭罗（Solo，中爪哇）的购物中心的大规模骚乱。学生举行示威游行，军队内部的权力之争使军队进一步分裂。苏哈托谴责华人和全球金融机构造成了这场危机。但是军队和官僚机构的精英们得出的结论是，战胜危机的唯一途径是从政治这个身体上切下苏哈托和他的家族成员以及任人唯亲这个肿瘤。新兴城市中产阶级在政权变换中所起到的作用非常有限。他们对杀害大学生感到愤慨，从而导致了 1998 年 5 月中旬雅加达的大规模骚乱，但是他们对城市穷人的暴力和无政府感到震惊和恐惧。

苏哈托的下台显然标志着一个时代的终结。他的稳定和发展经济的政治策略现在显然已经破产。这个共和国政府深深陷于合法性的危机中。它的金融基础破败不堪，种族和宗教分化不能再被遏制或非政治化，阶级分化正威胁到要分裂印度尼西亚社会。这样，总统权威和权力基础非常薄弱的第三位总统哈比比（B. J. Habibie）想取代反对派，把自己当成一个改革者并提出措施，促使政权从中央集权的独裁政府转变成非中央集权的民主政体，就没什么可让人奇怪的了。议会开始和总统、军队一起成为新的权力中心。政党政治家们和军官、职业官僚们一起加入到政府中。有中产阶级背景的“地方”人士和官僚精英们一起掌握政府权力，资源从中央政府下放到特区和城市。

尽管中产阶级内部不同宗教和种族还存在着分裂，但民主政治因此变得对他们有利。那些分化已经促使在某些地方按照种族和宗教从属关系、在其他地方按暴力的种族和宗教冲突来和平分配政府职位（以及相应的资源）。然而，民主政治（更不用说非中央集权的民主政治）本质上是目光短浅的。无论是在中央还是在地方，政府并没有抢先采取政策措施解决长期问题，因为它要依靠议会的支持来批准预算，依靠军队和警察的支持来维护法律和公共秩序。

更重要的是，自从 1997—1998 年金融危机以来，阶级分化进一步加深了，并严重到使社会结构垮塌，因为危机对穷人的打击很大，自从危机后对于每年进入劳动市场的 250 万～300 万人来说没有足够的就业机会。（根据政府的报告，没有工作的人从 1997 年的 420 万上升到 1998 年的 506 万，1999 年是 603 万，而根据政府的定义，穷人从 1996 年的 2 250 万，占人口的 11%，上升到 1999 年的 4 800 万，占 24%。）由于国家结构支离破碎，权力分散并减弱，没有哪个总统能希望像苏哈托那样长期执掌政权。在很多方面决定了全国和地方政治按宗教、种族和阶级而进行社会分化的现象不能再为政府所容忍了。中产阶级的人数仍很少、处于分裂状态并且还在依靠政府，他们在不断深化的社会危机面前仍旧不堪一击。

梅加瓦蒂·苏加诺普翠（Megawati Sukarnoputri）政府在实现宏观经济稳定上已经取得成功，但是在改善投资环境、实现高经济增长及创造就业机会方面还没有进展。如果非中央集权的民主政权没有能解决这个问题，就不难看出目前的政权命运将会如何；人民，首先是中产阶级将会转投谁的怀抱来保护他们自己的阶级利益并反对他们的种族和宗教政治可能释放出来的力量。

菲律宾分散的中产阶级

如果泰国、马来西亚和印度尼西亚的中产阶级是在 20 世纪 80 年代和 90 年代在一代人身上形成的，菲律宾的中产阶级已经至少经历两代人了。这只是源于一个简单的事实——菲律宾的工业化早在 20 世纪 50 年代就开始了，尽管从那以后发展一直相当缓慢，但开始得比其他几个国家更早。这一点可以从统计数字中看出来。那些中产阶级性质的工作（专业人员和技术员、主管和经理、白领办公室职员）在 1956 年时占就业人口的 9.4%，在费迪南德·马科斯（Ferdinand Marcos）上台之前的 1965 年占 11.5%。菲律宾的经济在 20 世纪 70 年代的年增长率为 6.2%，但是在 80 年代的前半期保持不变，这种发展态势将慢慢破坏中产阶级眼中的马科斯独裁政权的合法性。在整个马科斯时代，那些从事中产阶级工作的人仍然按比例保持不变，还是占就业人口的 11%～12%。即使在后马科斯时代，菲律宾的经济增长仍很有限，1986—1997 年的年增长率为 4.1%。1995 年那些从事中产阶级工作的人仍然按比例保持在

11.5%。(但是，他们的数量随着时间的推移有所增加。那些专业人员和技术员、主管和经理的数量在 1985 年是 126.4 万，但是 1997 年增加到 218.5 万。) 他们仍旧依赖于政府。1985 年，那些被归类为专业人员和技术员、主管和经理的人中 67%受雇于公有部门，1994 年仍有 63%。

但是这只是总体情况的一个侧面。要理解菲律宾的中产阶级，有一点很重要，那就是要记住菲律宾比其他任何一个东南亚国家的教育发展起步更早且发展更稳。在菲律宾每 10 万人口中接受高等教育的学生人数在 1975 年为 1808 人，1980 年为 2 641 人，1995 年为 2 760 人。(相比之下，泰国 1975 年是 316 人，1995 年是 2 096 人；马来西亚 1975 年是 266 人，1995 年是 971 人。) 这样的教育发展，再加上菲律宾迟缓的经济发展，说明了为什么菲律宾在 20 世纪 80 年代和 90 年代成为一个专业人员以及帮佣和演艺人员的输出国，以及为什么菲律宾的劳动力没有分配在本国。2002 年，估计有 740 万菲律宾人，他们占总人口的 10%、劳动力的 21%，在 182 个国家汇回款项 74 亿美元，这个数字相当于菲律宾当年国民生产总值的 9%。据估计，有 2 250 万～3 500 万菲律宾人直接或间接依靠这些汇款生活，这些人口大致相当于这个国家人口总数的一半。造成菲律宾劳动力流向外国这种现象的还有另外一个原因，那就是菲律宾以外的其他国家和地区的发展。中东在 20 世纪 70 年代的石油热，以及东亚经济在 20 世纪 80 年代和 90 年代所经历的高速增长，使像沙特阿拉伯、日本、马来西亚、新加坡、中国香港、中国台湾这样的国家和地区成为海外菲律宾工人的主要受雇地。菲律宾劳工往往填补每个劳动力接收国由“储备部队”所造成的性别和职业的特殊空缺。学者们还指出菲律宾人的海外工作越来越女性化和“家庭化”的本质：在海外工作的菲律宾女工的百分比从 1975 年占被派遣工人的 12%，增加到 1987 年的 47%、1995 年的 58%、1998 年的 61%和 2001 年的 72%。

简而言之，一般可以认为缓慢的经济发展使菲律宾中产阶级人数少、社会关系稳定（并和农民、工人及城市贫民分开）、政治上有所表现但是作用不大、在过去的 20 年里很分散，因为大学毕业生往往出国工作或移民到美国、加拿大和澳大利亚。而且，由于菲律宾的政治权力长期掌握在拥有土地的寡头集团手中，政府从来都没有把在菲律宾造就一个可行的中产阶级当做其政治目标。

但是，这并不是说在菲律宾一点变化也没发生。金融的全球化和生产的区域化影响了菲律宾，首先是马尼拉和宿务（Cebu）。1985 年《广场协议》后，由于日元、韩元和台币的升值，日本的商社投资流向工业园区开发，但是时机不太合适。马科斯后的政治不稳定，可以从一系列没有成功的政变和不断恶化的基础设施（首先是权力匮乏）上看出来，这使日本公司失去了把它们的生产设备转移到菲律宾的勇气。但是，到 20 世纪 90 年代初，东亚一片繁荣。菲律宾政府不需要为得到外国投资而竞争，因为过剩资本不仅从新兴工业化经济体，还从泰国、马来西亚和印度尼西亚大量涌入这个国家。这远不止弥补了来自日本、美国和欧洲的外国直接投资的短缺。费德尔·拉莫斯（Fidel Ramos）总统很快就开始发挥这些亚洲资本流动的潜力，他马上朝着进一步的经济自由化迈进。一个主要的战略是打破垄断，比如电信业，出现了包括手机在内的电信公司。政府还在很大程度上放宽了国家对外国投资的限制，除了少数几个行业外，允许外资拥有百分之百的股权；甚至还开放了零售业。

1986 年后的时代还目睹了菲律宾国家政治中新政治家的到来。1986 年后，政党领导人的社会背景和 1972 年以前的政党精英们的背景不同。1972 年前的政党政治家和有土地的寡头集团有关联，他们的寻租和职业依靠政府的保护和干涉，而 1986 年后的政党精英们的经济基础更广泛、职业背景更多样。这使他们更倾向于自由企业和有限的政府。在经历了马科斯的独裁政权并且在 1986 年的“人民权力”革命中结成联盟之后，还让他们相信了民主政治的力量。这包括他们对自由化的支持以反对 1973 年以前的经济保护主义的不足和代价，以及在马科斯执政期间任人唯亲的资本主义的反作用。而且，政治经济的变化破坏了旧的有土地精英们的权力基础：出口谷物的重要性下降了，而制造业和服务业的重要性却显著提升。

因此，在 1986 年后的菲律宾出现了新兴城市中产阶级。他们的诞生离不开零售业、制造业、银行业、房地产开发以及像财会、广告、计算机和市场调研这样专家性的服务的扩大。在政府自由化和解除限制政策的强化作用下，这些新企业的发展方向既面向出口也面向国内市场，而且伴随着外国投资的来源越来越多样化和可变的转包、特许经营以及服务关系，菲律宾和其他东亚及东南亚国家之间的联系明显扩大了。对于许多资本家（无论大小、新老）来说，一个相当大的动力是以海外的菲律宾工人在国外的收入为核心的国内消费市场的增长。就像迈克尔·平奇斯（Michael Pinches）所指出的那样，这些年来最重大的变化是华裔企业家大举进入以前由老一代的西班牙或混血精英阶层所控制的领域，并建立起超过老一代有钱人的大型联合企业。使这种情况及相关发展成为可能的一个主要因素是 1975 年向菲律宾华人放开公民权。随着华人老板对他们的公司进行职业化，他们雇用了越来越多的受过教育的中产阶级非华人。同样重要的是，在菲律宾出生的年轻一代华人更多地讲英语、塔加拉语及其他菲律宾语言，而不是闽南语；许多人正在进入有名望的学校和大学，以前这些学校几乎只属于非华人，特别是混血菲律宾人；很多人已经从旧的中国城搬出来，搬到种族更为混杂的中产阶级和精英们聚居的郊区。

因此，菲律宾的中产阶级不像马来西亚和印度尼西亚的中产阶级那么分化（尽管敌视仍然存在），不像在马来西亚、印度尼西亚和泰国那么依赖政府，但是他们的人数比泰国和马来西亚的少，并且不像在泰国那样占有支配权。马科斯时代后民主的菲律宾的政治因此和 1992 年后泰国的民主政治形成了有趣的对比。由于缺乏文化上的支配权而且无力掌握议会和政府，中产阶级力量在支持政府和反对政府之间来回摆动。在科拉松·阿基诺和拉莫斯执政期间，非政府组织数量激增，从 1990 年时的 2 万个增加到 1993 年时的 5.8 万个，这在部分程度上要归功于非政府组织和阿基诺政府在非中央集权化和参与性发展方面达成了协议。然而当出现重大的国家政治问题时，如 20 世纪 80 年代末批准美军基地协议、在拉莫斯政府即将结束时宪法修正案的问题以及罢黜总统约瑟夫·埃斯特拉达（Joseph Estrada）的行动中，中产阶级人士选择走上街头游行。

东亚中产阶级形成的地区意义

东亚的新兴城市中产阶级是复杂的历史力量塑造出来的。他们是区域经济发展的产物，这个过程发生在美国在半个世纪里所建立的非正式的帝国浪潮下，先是在日本，然后在韩国、中国台湾、中国香港和新加坡，再后来是泰国、马来西亚、印度尼西亚和菲律宾，现在是中国大陆。他们还是发展型国家（无论是民主还是专制的）的产物，以及这些国家和地区的生产力政治战略的产物。中产阶级的生活方式受他们对美国、日本、中国、韩国、伊斯兰及其他观念和习惯的影响；还受到美国的、日本的、华侨的、伊斯兰的和其他生活方式的影响，这些影响方式很复杂并且常常是在市场调节下产生的。

东亚中产阶级的崛起所带来的政治后果各不相同：尽管是在一代人身上产生的，他们却沿着不同的历史轨迹发展，在每个国家和地区占有不同的社会、政治和文化地位，并产生不同层次的政治影响。韩国中产阶级在文化和政治上的支配地位体现在一代人身上，而中国台湾的中产阶级的这一支配地位则通过民族的多数派在政治上的肯定来表现自己。东南亚的中产阶级还提供了阶级构成的多样性和复杂性：泰国的中产阶级在社会生活方面是相互关联的，在文化上占支配地位、政治上处于上升地位；马来西亚和印度尼西亚的中产阶级在社会上是分化的、对政府有依赖性、政治上自信但脆弱；菲律宾的中产阶级社会生活方面是相互关联的，不那么依靠政府，文化上处于上升地位但是政治上左右摇摆。

这些中产阶级长期的文化支配地位和政治地位的上升很大程度上取决于他们各自国家的经济表现，因为高经济增长不仅意味着他们的生存、繁荣和扩大，还意味着社会地位更低的阶层也能过上比较富裕的生活，有经济能力进行消费。在这方面，印度尼西亚和菲律宾中产阶级的长期发展和稳定似乎有一定的问题。自从经济危机结束以来，印度尼西亚的经济每年的增长不超过4%，而菲律宾的经济在过去的25年一直毫无活力。这导致进一步的社会和政治危机，表现在工人的外流上（现在仅菲律宾一个国家就有超过800万人外流）；越来越分化的阶级政治在国家舞台上上演；国家政权的寻租人贪污并被逮捕；菲律宾共产主义革命者对政府的挑战和伊斯兰分裂主义运动；印度尼西亚的暴力反华骚乱，广泛的种族和宗教冲突，以及伊斯兰势力的扩大。

这种中产阶级的自信和脆弱性的结合具体可以从像力宝·卡拉瓦齐（Lippo Karawaci）这样的少数民族聚居地看出来。这是20世纪90年代在雅加达的郊区发展起来的一个新城镇，其中心地区建有一所大学、一个大型购物中心和一个高尔夫球场，代表了新兴中产阶级的东亚。力宝·卡拉瓦齐的社区设有大门并且有警察巡逻，这说明中产阶级一直生活在对下层阶级的恐惧中，这些下层阶级以家政人员、店员、服务生、看门人、球童及其他身份进城，或者像一个罪犯一样溜进来。而且，就像霍尔在本书前面的章节中所指出的那样，日本作为一个消费超级大国的出现可能使它的“影子生态学”不那么有争议而且更有破坏性，不那么以东南亚为中心而是更以中国为中心、更具有全球性，但是中产阶级亚洲的在韩国、中国大陆、中国台湾和东南亚的崛起现在预示着将使亚洲的“影子生态学”具有更大的破坏性。

同时，区域范围内的中产阶级对于跨国公司来说，是不断扩大的区域市场。如果是日本的、韩国的、中国台湾的和华侨的外国直接投资（在很大程度上是适应区域外的市场）在 20 世纪 80 年代和 90 年代促进了东亚的区域化，那么现在跨国公司把目标定在这个区域内的中产阶级身上。中产阶级的购买和消费能力从 2002 年 4 月 22 日《金融时报》的报道中就可以看出来。这篇报道指出在 2002 年，东亚的个人消费是大约 5 万亿美元，与欧盟的数字相等，和美国的 6.9 万亿美元相差也不是很远。而且，消费增长非常高，这是由于消费金融业务仍然是东亚金融机构增长的为数不多的几个有利润的领域之一。

无论是在时装、生活方式、音乐还是其他行业里，那些能成功抓住地区市场的公司就会蓬勃发展。商品需要适应市场需求。比如，韩国的娱乐公司就曾推广长着亚洲面孔的男生和女生乐队，其中至少有一个成员讲英语，其他的能讲日语或普通话。他们的名字往往是英文的首字母缩写（如 NRG，HOT），他们的歌曲副歌部分是简单的英文（如“I am your girl”，“I will be back”），他们用普通话、粤语或日语表演。熟悉的新鲜感是抓住区域市场或更加细分的市场的关键，这可以从电影、电视广告和流行音乐中长着亚洲面孔的男孩和女孩中得到最好的体现。

因此，遍布整个地区的中产阶级市场使建设市场调节下的国家和确立区域文化身份成为可能。Kasian Tejapira（泰国国立法政大学政治系的副教授）非常有说服力地指出泰国中产阶级的消费和身份：“无根的、不需提及象征国家身份或泰民族身份的商品的泰国身份，现在可以说是能在商品化的全球自由漫游，和意大利的耳环、美国的香氛、英国的羊毛制品、瑞士生产的手表，以及精工、三洋、丰田、华歌尔或其他各种各样非泰国的商品一起共生共存”。换句话说，市场就摆在那呢，现在稳稳的就是泰国人的（或者马来族马来西亚人的，或者华裔印度尼西亚人的或者是菲律宾人的），因为国家身份现在是错综复杂、难以确定的。商品可以被文化企业家和政客们包装、再包装，以创造出一个不与国家身份对立的“亚洲性”。

这里有两个有借鉴意义的例子。Periplus①，一个新加坡的出版社，为自己打造了

---

① Periplus 出版社的出版品种着重于亚洲及印度尼西亚的生态、风景、旅游等介绍书籍，以大量插图及说明的精印全彩书籍，成为亚洲地区最重要的，也是规模最大的出版社。——译者注

一个市场空缺——充当“亚洲风格”的传播者，出版从《巴厘风格》（*Bali Style*）到《新亚洲建筑》（*New Asian Architecture*）等各种图书。埃里克·乌（Eric Oey）于1995年出版了第一批这样的书——《热带亚洲风格》（*Tropical Asian Style*）。《亚洲周刊》（*Asiaweek*）报道说，“这些书反映出整个地区内新的一群有才华的设计师的崛起，他们一直在为亚洲的艺术寻找新鲜的表达方式”。与此同时，埃里克·乌发掘“中产阶级越来越前沿的品位和对豪华生活方式的渴望”。Periplus 的图书类别包括武术类图书（包括所有关于李小龙的书）和具有较大影响力的烹饪类图书及旅游指南。1996年，埃里克·乌并购了塔特尔出版社（Tuttle Publishing），一个他的美国母亲的表兄弟在东京成立的公司，现在变成 Periplus，出版的图书多达上千种，是亚洲排名前五位的英语出版社之一。安瓦尔·易卜拉欣出狱后计划复出时，他说了一番话，显露出他精明的政治冒险精神：“对于亚洲国家来说，掌握通信技术来发动反击不会太难。但是只有我们能提供面对全球观众自由选择极具竞争力的文化产品，这才有意义。这对亚洲人的创造力和想象力是一个挑战。”这里重要的不是他的过度自信而是他所说的如果在文化商品市场成功的话，“亚洲人”将拥有“亚洲人”的文化和身份。市场就在那里。值得拭目以待的是谁将生产出什么，从而在经济上将这个地区进一步融为一体，并为了经济和政治利益而构建一个亚洲人身份。

在过去的50年里，在民族国家的国家资本主义和跨国资本主义的推动下，一波又一波的经济发展造就了整个地区内的中产阶级。繁荣的日本（或者，就这个问题而言，韩国、新加坡、中国台湾、中国香港）不再远离“农民”的亚洲。日本和东亚其他国家之间各方面的、多样化的相互影响使日本更加离不开这个地区。全球性竞争正在迫使日本公司雇用非日本籍的工程师、经理和研究人员。日本的农民在菲律宾娶妻。更普遍地，“跨国婚姻”呈上升趋势。更多的老年日本人待在东南亚的休养所里。更多的年轻日本人，首先是女性，正在海外找工作。更多的东亚人（包括中国人）以游客、学生和工人的身份来到日本。日本的电视情节剧现在把场景设在日本以外的亚洲国家。而且日本正在和马来西亚、菲律宾、泰国、印度尼西亚及韩国，还有和东盟作为一个整体谈判的经济伙伴协议将向非日本人开放护工、护士及其他专业的劳动市场。

日本和东亚其他地区的相互影响还在改变着当代对日本参与东亚事务的理解和分

析的基础。关于 20 世纪 80 年代和 90 年代金融危机前的日本曾有两个论点，现在关于中国也是这两点：首先，区域化基本上是一个进程，在这个进程中一个单一的国家（无论是美国还是日本或中国）以它自己的形象创造出一个地区；其次，区域主义是由一个国家领导的，因此产生了中国现在将从停滞的日本和注意力集中在有限的问题上的美国手中接管这个领导权的想法。根据本章以及本书中所提供的数据，这两个论点是站不住脚的。就像日本深深植根于东亚一样，这个地区的其他国家亦如此，可以预见，将来中国（首先是它的沿海省份）也是如此。像“软权力”这种认为一个单一民族将施加单向的支配作用的概念，不但带有些许沙文主义的味道（就像莱昂尼在第 9 章中指出的那样），还忽视了创造性的解释和协调这样至关重要的过程（包括建设性的“误解”），在这些过程中不同的人理解、接受并使用着非本民族的文化产品。

政府、市场和社会之间的相互影响现在正在为东亚的区域一体化打下社会基础。这个一体化进程植根于具体的国家构成，而且可能还有跨越整个国家边界的区域认同。区域一体化和不断发展的区域认同正在改变国家对区域构成的倡议的范围，同时重新定义民族、民族主义和民族计划。

各章撰稿人

◎ 迪特尔·厄恩斯特（Dieter Ernst），夏威夷火奴鲁鲁东西方研究中心的高级研究员。

◎ H·理查德·弗里曼（H. Richard Friman），马凯特大学埃利奥特·菲奇（Eliot Fitch）国际研究中心的主席。

◎ 德里克·霍尔（Derek Hall），位于加拿大安大略省彼德堡市的特伦特大学的国际发展研究和政治研究副教授。

◎ 娜塔莎·汉密尔顿-哈特（Natasha Hamilton-Hart），新加坡国立大学东南亚研究项目的副教授。

◎ 彼得·J·卡赞斯坦（Peter J. Katzenstein），康奈尔大学小卡朋特国际关系讲席教授。

◎ 威廉·W·凯利（William W. Kelly），耶鲁大学的人类学教授及住友基金项目日本学研究的教授。

◎ 戴维·莱昂尼（David Leheny），威斯康星大学麦迪逊分校的政治学副教授。

◎ 宗像直子（Naoko Munakata），日本经济产业研究所（RIETI）的前高级研究员，目前是日本经济产业省下属的制造产业局纺织及服装课课长。

◎ 大河原伸夫（Nobuo Okawara），九州大学政治学教授。

◎ T. J. 潘佩尔（T. J. Pempel），加州大学伯克利分校的政治学教授及东亚研究所主任。

◎ 白石隆（Takashi Shiraishi），日本政策研究大学院大学的教授。

◎ 梅里·I·怀特（Merry I. White），波士顿大学的人类学教授。

图书在版编目（CIP）数据

东亚大局势：日本的角色与东亚走势/（美）卡赞斯坦，（日）白石隆编；王星宇译. —北京：中国人民大学出版社，2014.9
（人文社科悦读坊）
ISBN 978-7-300-20186-3

Ⅰ.①东… Ⅱ.①卡…②白…③王… Ⅲ.①国际关系-研究-东亚②对外政策-研究-日本 Ⅳ.①D831

中国版本图书馆 CIP 数据核字（2014）第 237821 号

人文社科悦读坊
东亚大局势：日本的角色与东亚走势
［美］彼得・J・卡赞斯坦（Peter J. Katzenstein）［日］白石隆（Takashi Shiraishi） 编
王星宇 译
Dongya Dajushi

出版发行	中国人民大学出版社		
社　　址	北京中关村大街 31 号	邮政编码	100080
电　　话	010－62511242（总编室）		010－62511770（质管部）
	010－82501766（邮购部）		010－62514148（门市部）
	010－62515195（发行公司）		010－62515275（盗版举报）
网　　址	http://www.crup.com.cn		
	http://www.ttrnet.com（人大教研网）		
经　　销	新华书店		
印　　刷	涿州市星河印刷有限公司		
规　　格	185 mm×260 mm　16 开本	版　　次	2015 年 1 月第 1 版
印　　张	16.25 插页 2	印　　次	2016 年12月第 3 次印刷
字　　数	252 000	定　　价	48.00 元

人文社科悦读坊

大国博弈

ISBN：978-7-300-19374-8
著者：［挪威］盖尔·伦德斯塔德
定价：42.00 元
出版时间：2015-01

领导术：卓越领导者 14 项修炼

ISBN：978-7-300-20182-5
著者：［美］彼得·G·诺斯豪斯
定价：49.00 元
出版时间：2015-01

政治学的思维方式

ISBN：978-7-300-20181-8
著者：［英］安德鲁·海伍德
定价：58.00 元
出版时间：2015-01

谁在反对美国

ISBN：978-7-300-20187-0
著者：［美］彼得·J·卡赞斯坦 罗伯特·O·基欧汉
定价：48.00 元
出版时间：2015-01

美帝国的形成

ISBN：978-7-300-20185-6
著者：［巴西］路易斯·阿尔贝托·莫尼斯·班代拉
定价：78.00 元
出版时间：2015-01

东亚大局势：日本的角色与东亚走势

ISBN：978-7-300-20186-3
著者：［美］彼得·J·卡赞斯坦 ［日］白石隆
定价：48.00 元
出版时间：2015-01

政治学与生活

ISBN：978-7-300-18703-7
著者：［美］迈克尔·G·罗斯金 等
定价：58.00 元
出版时间：2014-02

政治的常识

ISBN：978-7-300-19375-5
著者：［英］安德鲁·海伍德
定价：58.00 元
出版时间：2014-07

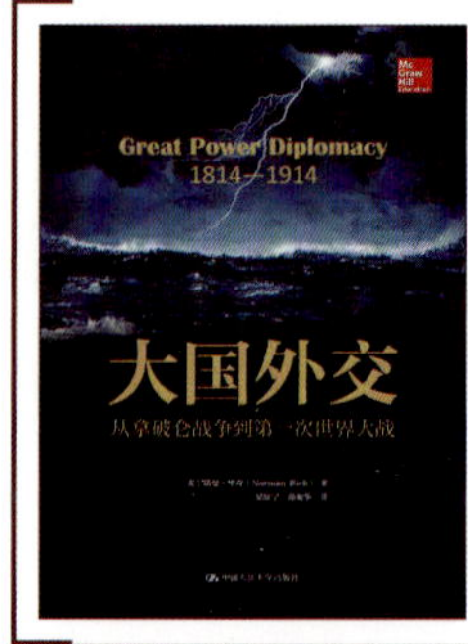

大国外交：从拿破仑战争到第一次世界大战

ISBN：978-7-300-21319-4
著者：［美］诺曼·里奇
定价：68.00 元
出版时间：2015-08

大国外交：从第一次世界大战至今

ISBN：978-7-300-17717-5
著者：［美］诺曼·里奇
定价：78.00 元
出版时间：2015-08

大国的解体与重生：戈尔巴乔夫 & 普京

ISBN：978-7-300-22004-8
著者：［美］大卫·M·科兹　弗雷德·威尔
定价：58.00 元
出版时间：2016-01

近距离看美国政治

ISBN：978-7-300-20531-1
著者：［美］詹姆斯·麦格雷戈·伯恩斯 等
定价：68.00 元
出版时间：2016-01

领袖（插图版）

ISBN：978-7-300-18307-7
著者：［美］詹姆斯·麦格雷戈·伯恩斯
定价：68.00 元
出版时间：2016-01

全球政治多棱镜

ISBN：978-7-300-22001-7
著者：［英］安德鲁·海伍德
定价：78.00 元
出版时间：2016-01

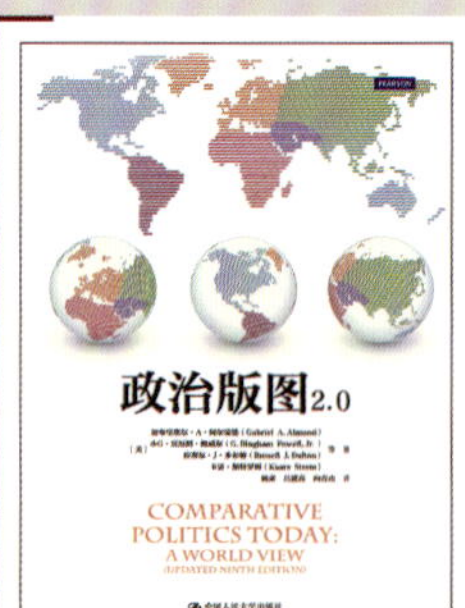

政治版图 2.0

ISBN：978-7-300-22003-1
著者：［美］加布里埃尔·A·阿尔蒙德 等
定价：88.00 元
出版时间：2016-01

政治的密码

ISBN：978-7-300-22002-4
著者：［英］安德鲁·海伍德
定价：42.00 元
出版时间：2016-01